教育路上的
思 与 行

秦 和 ◎ 著

中国文史出版社

图书在版编目（CIP）数据

教育路上的思与行 / 秦和著 . -- 北京：中国文史
出版社 , 2021.9

ISBN 978-7-5205-3225-9

Ⅰ . ①教… Ⅱ . ①秦… Ⅲ . ①教育工作－文集 Ⅳ .
① G4-53

中国版本图书馆 CIP 数据核字（2021）第 194508 号

责任编辑：梁　洁　　　　装帧设计：杨飞羊　蒲　钧

出版发行：**中国文史出版社**

社　　址：北京市海淀区西八里庄路 69 号　邮编：100142

电　　话：010-81136606　81136602　81136603（发行部）

传　　真：010-81136655

印　　装：廊坊市海涛印刷有限公司

经　　销：全国新华书店

开　　本：787×1092　1/16

印　　张：18.5　彩插：16

字　　数：200 千字

版　　次：2024 年 1 月北京第 1 版

印　　次：2024 年 1 月第 1 次印刷

定　　价：68.00 元

2015年3月，秦和委员在全国政协十二届三次会议上发言

2002年，时任教育部部长周济等领导视察吉林华桥外国语学院

2012年，时任教育部部长袁贵仁等领导视察吉林华桥外国语学院

2017年，时任教育部部长陈宝生等领导到吉林华桥外国语学院调研

2014年，时任吉林省省长巴音朝鲁视察吉林华桥外国语学院

2021年，吉林省委副书记、省长韩俊视察吉林外国语大学

2003年，时任教育部副部长张保庆视察吉林华桥外国语学院

2012年，时任全国政协教科文卫委员会副主席赵沁平，时任教育部副部长、
党组副书记杜玉波视察吉林华桥外国语学院

2015年，时任教育部副部长鲁昕视察吉林华桥外国语学院，时任吉林省政协副主席、吉林省教育厅厅长张伯军陪同

2003年学校升格本科更名为吉林华桥外国语学院

2005年吉林华桥外国语学院第一届获得学士学位毕业生合影

2006年吉林华桥外国语学院财产处置公证仪式

2007年吉林华桥外国语学院通过吉林省重点高校遴选

2011年吉林华桥外国语学院成为培养硕士专业学位研究生试点单位

秦和校长授予毕业生学位证书

2013年吉林华桥外国语学院举行联合国教科文组织命名地球村为"世界多元文化教育中心"揭牌仪式

2013年吉林华桥外国语学院举办海峡两岸私立大学校长论坛

2014年韩国庆南大学授予秦和校长名誉博士学位

秦和校长看望吉林华桥外国语学院派送到韩国庆南大学的留学生

2019年吉林外国语大学揭牌仪式

自　序

一

我生于20世纪60年代，属于伴随共和国波澜壮阔的发展历程成长起来的新一代。我的生命历程，注定与教育结下了不解之缘。我心中始终有一个教育梦想，渴望能投身教育，为中国的教育事业做一些有意义的事情。正是基于对教育的特殊情怀，20世纪90年代中期，我放弃国外优渥的工作和生活条件，毅然回到祖国，全身心投入教育，开启了无悔的教育人生。

26年前回国创业时，十分艰难，我没有充裕的资金，几乎从零起步。二十多年来，经过艰苦卓绝的努力，吉林外国语大学从无到有，从小到大，实现了一个又一个跨越。2003年，吉林华桥外国语学院（吉林外国语大学前身）被教育部批准为民办普通高等本科院校；2007年，被确定为吉林省重点建设高校；2011年，经国务院学位委员会批准，成为全国首批开展研究生教育试点的民办高校；2016年，成为全国唯一入选"国家中西部高校基础能力建设工程"的民办大学；2017年，成为全国第一所获批"中国政府奖学金"来华留学生招生资格的民办高校；2018年，经国务院学位委员会批准，成为当时全国民办高校中唯一的硕士学位授予单位；同年，经教育部批准，更名为吉林外国语大学，成为全国第一所更名为大学的民办高校。

多年来，学校始终高举公益性旗帜，始终坚持应用型定位，紧紧围绕国家战略需求和区域经济社会发展，着力优化学科专业布局，着力完善应用型人才培养体系，着力打造高素质教师队伍，着力提升科学化精细化管理水平，着力建立健全与非营利性办学相适应的治理体系，不断提升人才培养质量。学校连续多年跻身中国顶尖民办大学行列，多年排名中国语言类民办大学榜首，2020、2021 连续两年位居软科中国民办大学排行榜首位。教育部本科合格评估专家组对学校作出了如下评价：这是一所有境界、有品位、有追求、讲究修养、很阳光、很有定力的民办大学，是全国民办高校的旗帜。教育部审核评估专家组评价学校"有情怀、有担当、有贡献、有水平、有特色、有灵魂、有希望，不愧是全国民办高校的一面旗帜"。

二

回望 26 年里投身办学的历程，感恩这个伟大的时代，感谢方方面面的关心支持，我取得了一些成绩，为国家和社会做了一些力所能及的事情。但细数办学的点点滴滴，这个过程并不轻松。应当说，中国的民办高等教育是在法律法规和宏观政策尚不完善的情况下发展起来的，每一步都面临较大的不确定性，有许许多多的困难要克服，有一个又一个的坎要跨越。唯有在实践中，奋发有为，开动脑筋，不断摸索，才能走出一条新路。

某种意义上讲，我投身教育近 30 年，扮演了多种教育角色。既是学校的举办者，也是管理者，同时还是教育研究者。在办学实践中，遇到各种各样的问题，很多问题没有现成的答案，必须去研究，结合实践去寻找答案。正是在这样的过程中，我思考和研究了许多教育问题，主要是与民办高等教育相关的问题。但教育问题往往不是孤立的，许多教育问题的解决，有赖于大的教育环境。因此，在办学实践中，我的视野超出了民办高等教育领域。也许同时还受教育情怀的驱使，我关注和研究了一些高等教育领域以外的其他教育问题。

我对教育问题的关注和研究，主要是为了服务办学实践。凡是与办学实践相关的课题，只要有机会，我都会以适当方式参与，做一些调研，多方听取意见，并尽可能形成自己的认识和判断。在长期的办学实践中，我始终坚守教育初心，希望通过自己的努力，不仅仅是把学校办好；同时还要为中国的教育事业发展贡献智慧和力量。正是基于这一使命的驱使，让我有动力和精力在办学之余，坚持不懈地从事一些教育研究。坦率地讲，我从事教育研究，并不追求成果的公开发表，最大的期望就是能够得到有关决策部门的关注，让国家的教育决策更加科学、更加接地气。

三

承蒙上级组织的关心厚爱，让我有机会当选第十一届、十二届全国政协委员、第十三届全国人大代表，同时还连续担任了4届吉林省政协委员。对我而言，这是荣誉，代表了党和国家对我个人的肯定和信任；同时更是一份沉甸甸的责任。无论是作为政协委员还是人大代表，都必须积极履职、有效履责，找准定位，切实发挥应有的作用，绝不辜负党和国家的信任与重托。

我的办学实践以及对教育研究的投入，为我履行政协委员、人大代表职责提供了很好的平台。作为政协委员，我的界别属于教育界；作为人大代表，我主要代表基层学校，更多关注教育领域的事情。多年来，作为政协委员和人大代表，我参加了数十次与教育直接相关的调研，先后到过全国20多个省份。在政协委员、人大代表岗位上，让我有机会参与教育立法执法工作，有机会参与重大教育政策的研究制定和贯彻落实。

担任政协委员、人大代表期间，我十分珍惜岗位赋予的机会，累计提交了73份提案、议案和建议。这些提案、议案和建议，有的是办学实践中形成的认识和思考，有的是从事教育研究取得的成果，涉及教育改革发展的方方面面，几乎涵盖各级各类教育。其中：涉及民办教育的最多，有22份，占30.1%；涉及高等教育的有18份，占24.7%；涉及职业教育、基础教育、学前教育的有9份，占12.3%；涉及乡村教育的有7份，占9.6%；涉及教师队伍、教育投入等综合性问题的有17份，占20.5%。除了教育类提案、议案之外，还有少数涉及其他领域的提案和议案。

为了形成高质量提案、议案和建议，我事先会做一些调研，在选题上充分酝酿，尤其注重问题导向，体现针对性。我最终提交的提案、议案和建议，有相当一部分是呼吁完善民办教育有关政策，努力为民办高等教育发展争取更好的政策环境；同时，注重为贫困地区、弱势群体鼓与呼，推动解决事关群众切身利益的教育问题，让广大人民群众有更多的教育获得感幸福感。令我深受鼓舞的是，我的建议、议案得到了全国人大常委会和教育部等相关部委的高度重视和积极回应。其中，2019年，我领衔提出的《关于加快制定长江保护法的议案》，受到党中央和全国人大的高度重视，全国人大常委会列为1号议案和重点办理的提案2020年12月26日，中华人民共和国第十三届全国人民代表大会常务委员会第二十四次会议通过《中华人民共和国长江保护法》，在推动出台有关法律法规和政策方面发挥了积极作用。

四

教育是国之大计、党之大计，谋划和发展教育事业，必须提高站位，胸怀国家、胸怀天下。教育同时也是重大民生，牵涉到亿万家庭的切身利益。从事教育工作必须有人民情怀，始终坚持公平的价值导向，着力推动解决群众关切的教育热点难点问题。

党的十八大以来，中央对教育改革发展作出了一系列重大决策部署，对人大和政协工作也都提出了新要求。当前，第二个百年奋斗目标新征程已全面开启。在实现中华民族伟大复兴的历史进程中，教育的战略地位更加凸显，肩负着特殊而重要的使命。办好新时代中国特色社会主义教育，同样需要更好地发挥人大代表和政协委员的作用。

经过新中国成立以来70多年，特别是改革开放以来40多年的不懈努力，我国教育事业发展取得了举世瞩目的成绩。从规模上看，已成为全球第一教育大国，教育投入持续增加，各级各类学校办学条件大幅改善，发展教育的物质基础已经非常坚实。但同时也要清醒地认识到，与第二个百年奋斗目标的要求比，与人民群众的期望比，与世界先进水平比，我国的教育在观念、条件、质量、效益等方面都还有较大提升空间。从"有学上"到"上好学"，从教育大国迈向教育强国，依然任重道远。

作为全国人大代表，作为教育研究人员，尤其是作为对教育有着特殊情怀的一线教育工作者，我将立足岗位，带着感情、带着责任、带着使命，持续开展教育研究，多为教育讲实话讲真话，多为教育鼓与呼，努力为办好中国特色、世界水平的教育尽一份力。

是为序。

目 录
CONTENTS

第一编 01

宏观政策

尽快制定"学前教育法"[①]

（2010 年 3 月）

依据教育部发展规划司 2009 年的统计，到 2008 年为止，我国有幼儿园 13 万多所，在校生达 2400 多万人，专任教师（含幼儿园园长）已有 101 万人之多。从绝对数看，这个规模在世界各国之中都是空前的。但这并不意味着我国的学前教育已走在了世界的前列。

据联合国教科文组织发表的 2003 年到 2008 年的 6 份《全球教育概要》所提供的数据，有人对欧洲 39 个国家学前教育的发展状况做了统计。39 国适龄儿童毛在园率平均已达到 91%。目前正向 100% 的普及率迈进。世界经合组织（OECD）28 国适龄儿童毛入园率 2006 年达到 83.3%。而同一时期，我国适龄儿童毛入园率为 42.5%。与世界经合组织 28 国的平均数还差 40 多个百分点。目前我国适龄的可以接受学前教育的儿童在 6000 万人左右，但目前实际在园的只有 2470 多万人，初步估算，在园率也只有 41% 左右。可见，我国的学前教育同上述国家和地区相比，发展滞后，差距是不小的。

制约我国学前教育发展相对滞后的原因很多。从历史上看，首先，主要是因为我们人口多，底子薄，在相当长的时间内经济发展落后，极大地影响了学前教育的发展。其次，国家对学前教育的投入过少。近些年，我国对学前教育的投入只占教育总预算的 1.2% 到 1.3%，生均经费只有 280 元，而世界经合组织国家每年生均经费为 4882 美元，学前阶段政府投入的比例占各级

[①]　全国政协十一届三次会议提案。

教育总预算的8%。我国现在对学前教育的投入只有匈牙利的1/12、西班牙的1/10、法国的1/9。再次，我国社会各界对学前教育的重要性认识不足，没有立法保障。从当前世界各国经济、教育发展的趋势看，人们对人力资源开发的注意力逐渐转向儿童早期教育与潜能的开发。对此，发达国家纷纷立法，美国从20世纪开始至今先后通过了《儿童早期教育与发展法案》《儿童保育与发展固定拨款法案》等十几项学前教育法案。2009年，奥巴马就任总统后又专门设立了总统学前教育商议委员会。与这些国家相比，我们在认识上和措施上还需要加强。从立法角度说，改革开放以来，全国人大虽然先后通过了《中华人民共和国教育法》等多项教育法律，但是，还没有一项涉及幼儿学前教育的专门法律出台。

当前，社会各界尤其是幼儿家长，对我国学前教育发展相对滞后，优质教育资源短缺，"入园难，收费高""只管不教"意见很大。一些幼儿园师资水平差，设备简陋，质量不高，存在着成人化的教育倾向；在城乡之间、区域之间学前教育发展不均衡的矛盾很突出，存在着许多亟待解决的问题。在我国已经普及了九年义务教育和经济快速发展的条件下，我国的学前教育应该有一个更大的改革和发展。

第一，要根据社会各界，特别是幼儿家长的意见，加快学前教育立法的步伐，通过立法进一步明确学前教育的性质、宗旨和地位。即将颁布实施的《国家中长期教育改革与发展规划纲要》已经把制定"学前教育法"和基本普及学前教育作为重要的内容纳入发展规划。这令人欣慰。但关键在于"学前教育法"的起草一定要加快，以确保学前教育的健康、持续发展。

第二，要保证政府对学前教育的财政投入。政府应当对学前教育的发展有较大的财政支撑或补贴。从国际上看，多数国家的家长承担幼童学前教育的经费一般占10%左右。目前我国家长承担的费用过高，应予调整。在我国当前条件下，推进学前教育普及的目标，应当鼓励社会力量等多种渠道资金办学，但前提是必须坚持学前教育的公益性质。

第三，要加强对学前教师队伍的建设和培养。学前教育虽然是整个教育体系中最基础的部分，但对人一生的人格品质和智力开发具有重要作用，对其质量要求更高。很多国家对学前教师队伍有严格的要求，我国与之相比还有很大的差距。全国现有幼儿园专任教师（包括园长）101万多人，但只有半数以上的人拥有专科以上学历，其中60多万人没有职称，许多人根本不熟悉学前教育专业。这种状况保证不了学前教育质量。因此，建议一方面加大学前教师队伍的培养力度；另一方面通过法律的形式大力提高对学前教师的资质要求，提升学前教师师资水平。

第四，要鼓励学术界积极开展学前教育研究，广泛借鉴发达国家学前教育的研究成果，这对我国人力资源潜能的早期开发具有长远的意义。要构建科学的学前教育体系，解决好"托（儿所）幼（儿园）一体化"问题和"幼（儿园）小（学）一体化"问题。

总之，须尽快制定和实施一项既具有我国特点，又能客观反映教育规律与人才成长规律的"学前教育法"，以保证我国学前教育的普及与质量的提高。

加快特殊教育发展的速度①

（2012 年 3 月）

（一）

特殊教育（在我国主要指残疾人教育）是中国特色社会主义教育事业的重要组成部分。发展特殊教育，有助于改变残疾人的命运，提高残疾人的生存质量，帮助残疾人更好地融入社会。特殊教育的发展，是社会文明、进步、和谐的重要标志，也是国民教育发展水平的重要标志。

在我国，残疾人是一个数量众多、特性突出，特别需要帮助的群体。全国共有残疾人 8300 多万人，涉及 2.6 亿家庭人口。其中 6~14 岁学龄残疾儿童少年 246 万人。办好特殊教育，切实保障残疾人受教育权，是教育公平的内在要求，也是社会主义的本质要求，直接关系到亿万家庭的幸福和社会和谐与稳定。

（二）

党和国家历来关心残疾人，重视发展特殊教育事业，已先后召开 4 次全国特殊教育工作会议，研究、部署、推动特殊教育发展。国家多部法律法规

---

① 全国政协十一届五次会议提案。

明确了残疾人的受教育权。《残疾人保障法》第二十一条明确规定，"国家保障残疾人享有平等接受教育的权利"。《义务教育法》第六条明确规定保障残疾适龄儿童少年接受义务教育。《残疾人教育条例》也就保障残疾人教育权利做出了一系列规定。党的十七大报告明确要求，要关心特殊教育。党中央、国务院颁布的重大教育改革发展政策文件，反复强调了特殊教育的重要性。2010 年颁布实施的《国家中长期教育改革和发展规划纲要（2010—2020年）》（以下简称《教育规划纲要》）前所未有地将特殊教育作为一类教育单独规划，已就完善特殊教育体系、制定特殊教育办学标准、改善特殊教育学校办学条件、加强特殊教育师资队伍建设、建立健全残疾学生资助体系等提出了明确要求，并做出了安排和部署。

应当看到，改革开放以来，在中央和地方各级政府的努力下，在社会各界的关心支持下，我国特殊教育事业取得了长足发展，办学条件得以较大改善，特殊教育学校数量不断增加，在读学生规模逐步扩大，教育质量有所提高，残疾儿童少年受教育权利进一步提高。截至 2009 年，全国已有特殊教育学校 1672 所，全国特殊教育招生 6.4 万人，在校生 42.8 万人，专任教师 3.8万人。

（三）

在肯定成绩的同时也必须看到，我国特殊教育事业基础还比较薄弱，总体发展水平不高，远不能满足广大残疾儿童少年接受教育的需求。目前，以下几个方面的问题尤为突出。

1. 布局严重不合理

一是区域布局严重失衡。比如，目前上海市残疾人口为 94.2 万人，占全市总人口的 5.29%，共有特殊教育机构 66 家（包括特殊教育高校、机构和学校）；地处中西部欠发达地区的甘肃省残疾人口数为 187.1 万人，占全省总人口的 7.20%，但甘肃省仅有 14 家特殊教育机构，不足上海市的 1/6。另外，部分省（区）的特殊教育机构还是个位数。二是城乡布局严重失衡。

2011 年，城市、县镇、农村的特殊教育机构数分别为 746 所、839 所、87 所，农村特殊教育机构仅占全国特教机构总数的 0.05%。但据调查，全国残疾人口中，农村残疾人口为 6225 万人，占 75.04%。教育资源的匮乏和受教育群体的庞大，致使农村特殊教育的推进和普及受到严重阻碍。

2. 层次结构严重失调

长期以来，各级政府主要关注义务教育阶段的特殊教育。近年来，虽然学前教育、中等教育、高等教育阶段的特殊教育有所发展，但总体规模偏小，残疾人接受义务教育以后，升学非常困难。以高等教育为例，目前全国尚未有一所专门面向残疾人的大学，也鲜有以残疾人为教育对象的职业学校。绝大多数高校没有专门为残疾人开设的专业。

3. 财政投入严重不足

各级财政对特殊教育的投入虽然在不断加大，但与普通教育相比，明显不足。考虑到特殊教育办学成本比普通教育高很多，目前的财政投入更是捉襟见肘。以 2010 年财政投入为例，全国各级财政特殊教育经费投入为 45.48 亿元，仅占全国财政教育经费的 0.37%。由于经费紧缺，特殊教育学校建设滞后，办学条件改善难度很大，师资待遇也较低。

4. 师资培养严重滞后

由于历史原因，目前特殊教育学校的教师大多数是"半路出家"，未接受过专门训练。全国仅有北师大、华东师大、辽宁师大等少数高等师范院校设有特殊教育本科专业，南京特殊教育职业技术学院、营口职业技术学院等院校设有特殊教育专科专业。全国每年培养的中、高等特殊教育师资，远远满足不了广大残疾人就读需求。据估算，仅全面普及残疾儿童少年九年义务教育，全国特殊教育师资缺口就达 10 万人以上。仅靠目前的师资培养培训体系，远不能解决问题。

（四）

目前来看，党和国家的法律法规和政策文件对特殊教育是重视的。针对上述问题，《教育规划纲要》已经提出了未来 10 年特殊教育改革发展的思路和举措，关键是落实。建议有关部门切实贯彻落实国家有关特殊教育法律法规和《教育规划纲要》要求，采取有力措施，进一步加快特殊教育发展的步伐。

1. 进一步加大特殊教育投入力度

近年来，中央和地方各级财政加大了对特殊教育的投入力度，但由于我国特殊教育基础差、底子薄，在一些地方甚至是"零起点"。为此，建议中央和地方财政加大对特殊教育的投入，新增教育经费向特殊教育倾斜。一是要对特殊教育经费占财政性教育经费投入的比例提出要求。二是制定基础教育阶段特殊教育生均经费基本标准，督促各地落实。三是中央财政对各地义务教育阶段特殊教育学生，提高生均拨款标准，并加大对中西部地区的转移支付力度。

2. 优化特殊教育层次结构

在大力发展义务教育阶段特殊教育的基础上，为广大残疾儿童少年接受普通高中教育、中等职业教育和高等教育积极创造条件。

3. 大力发展面向农村残疾儿童少年的特殊教育

《教育规划纲要》提出，"到 2020 年，基本实现市（地）和 30 万人口以上、残疾人口较多的县（市）都有一所特殊教育学校"。据了解，这些学校基本建在城镇，广大农村地区的残疾儿童少年接受义务教育仍面临很大困难。为此，建议以适当方式，改善农村残疾儿童少年受教育条件，切实保障其教育权利，提高适龄残疾儿童九年义务教育普及率。

4. 坚持"特教特办"

一是加强特殊教育专业人才培养。加强高等特殊教育师范院校的建设，扩大特殊教育师资队伍，提高特殊教育师资队伍质量。二是创新特殊教育的教学理念、模式以及方法。三是将心理健康教育、青春期教育、升学就业指导等内容纳入特殊教育课程，关注特殊儿童发展的全过程，促进特殊儿童全面适应社会生活和素质均衡发展，提高特殊教育质量。四是加强对特殊儿童社会适应能力的研究，定期总结特殊教育工作经验，建设具有示范作用的特殊教育实验学校。五是学习借鉴国际上成功的特殊教育发展经验，如"正常化""回归主流""一体化""全纳教育"等特殊教育模式。

5. 完善特殊教育学生资助体系

充分考虑特殊教育学生及家庭的特殊困难，建立健全专门针对特殊教育学生的资助体系，减轻残疾儿童少年家庭经济负担。同时，在残疾学生就业、创业等方面，建议国家出台相应扶持政策。

6. 加强特殊教育的宣传

一是在农村开展残疾儿童少年接受义务教育的政策宣传和教育普及工作，提高残疾人家庭接受特殊教育的主动性和积极性。二是集中宣传一批在特殊教育领域表现优异的学校、教师和学生，为全社会树立榜样，弘扬主旋律。三是增加特殊教育的公益宣传频率和比重，在全社会营造残疾人平等参与社会生活的良好氛围，让更多人关心支持特殊教育发展。

加快推进吉林省教育现代化①

（2013 年 1 月 25 日）

《国家中长期教育改革和发展规划纲要（2010—2020 年）》和党的十八大报告都特别强调，到 2020 年，要基本实现教育现代化。目前，基本实现教育现代化已成为党和国家的意志。吉林省《教育规划纲要》也明确提出，到 2020 年，吉林省教育要基本实现教育现代化。对吉林省而言，这是一项躲不开、绕不过的任务。现在距 2020 年只有 8 年了。要想在如此短的时间内实现教育现代化，任务艰巨，时间紧迫。当前和今后一个时期，建议以教育现代化统领教育工作，加快实现传统教育向现代教育这一质的飞跃。

加快推进教育现代化，首先要明确教育现代化内涵。根据《教育规划纲要》的规定，结合吉林省省情、教情，应重点从以下十个方面把握教育现代化的内涵。

一是教育观念的现代化。

观念是先导。唯有确立现代教育观，以观念的变革为引领，教育现代化才能真正推进。具体而言，就是要打破传统观念束缚，牢牢确定适应现代经济社会发展需求和人的全面发展需求的教育观。

二是教育硬件条件的现代化。

这是基本实现教育现代化的重要前提，也是直接表征。对我省而言：（1）要彻底消除中小学存量危房，及时消除增量危房；（2）要按标准配齐教

---

① 政协吉林省第十届委员会第五次会议提案。

育教学设施；（3）要基本实现教育的信息化。

三是基本公共教育服务的均等化。

现代教育同时也是公平的教育，基本实现公共教育服务均等化是内在要求。要重点加快普及学前教育和普通高中教育，实现义务教育均衡发展。尤其是进一步加强农村教育这个薄弱环节。

四是教育的内容、结构基本适应经济社会发展需求。

根据科学研究和生产生活实践的最新进展，进一步优化课程和专业设置，改进课程内容，优化教育层次结构、类型结构（普通教育和职业教育）和区域结构。

五是教育更加关注人的发展需求。

深入实施素质教育，更加重视以公民教育为核心的品德教育，更加关注学生身心健康，改变以考试分数为唯一标准的评价方式，减轻中小学生课业负担，促进学生全面发展。尤其要深化教育教学改革，充分发挥学生主体作用，激发内驱力，使学习成为内在需求。

六是建设一支师德高尚、业务精湛、敬业爱岗的教师队伍。

教育的现代化离不开教师的现代化。与现代教育相适应的教师队伍，必须师德高尚，把立德树人作为根本任务；必须业务精湛，能胜任现代教学需求；必须敬业爱岗，体现高度责任心。

七是教育管理更加科学有效。

厘清政府、学校、社会的关系，合理定位政府职能，实现管、办、评分离，社会各方参与、监督和支持办学的积极性充分调动，学校自主权全面落实，自我发展、自我约束机制基本形成。

八是教育供给水平与经济社会发展水平大致相当。

面向社会需求谋划教育事业发展，教育的规模与经济社会发展需求大致相当，适当超前。

九是教育质量进一步提升。

更加重视教育的内涵发展，进一步扩大优质教育资源，提高各级各类教育人才培养高质量，基本满足人民群众对教育的良好期盼和社会对各级各类人才的需求。

十是形成开放、多样的教育体系。

首先，以面向东北亚为重点，提升教育国际化水平。其次，实现普通教育与职业教育、职前教育与职后教育、学校教育与社会教育的有效衔接。再次，建立健全行业企业参与办学的体制机制。最后，教育的内容、形式更加多样化，终身学习社会基本形成。

在基本明确教育现代化内涵的基础上，建议我省重点抓好以下四个方面的工作：

第一，构建教育现代化的指标体系。

目前，江苏、上海、浙江等许多地方已经启动了教育现代化监测和考核评估工作。我省要充分借鉴这些省市的做法，结合实际情况，尽快研究制定出教育现代化的考核指标或监测指标，为教育现代化提供引领和方向。

第二，坚持教育优先地位不动摇。

过去这几年，我省教育投入大幅增加，教育优先地位切实体现。但未来几年，我国宏观经济形势变数增多，财政增收增支压力很大。在这样的背景下，要继续高度重视教育投入，避免反弹。

第三，把改革创新作为根本动力。

下一步推进教育现代化，核心是提高质量、内涵发展。与外延发展相比，内涵发展不能仅靠增加投入，必须改革创新，扫除体制机制障碍，把所有力量集中到提高人才培养质量这一核心任务上来。

第四，加强教育现代化监测和考核评估。

一是要根据我省的教育现代化指标，对全省教育现代化实现程度进行一次评估，明确差距，找准下一步的着力点。二是要根据全省各地差异情况，加强分类指导，分别制定教育现代化的目标任务，明确路线图、时间表。三是要组织力量定期开展教育现代化监测或考核评估，将教育现代化推进情况纳入政府工作考核的重要内容，有力有序地推进。

中国教育亟须系统谋划和改革①

（2013 年第 495 期）

政协是中国特色政治制度的重要组成部分。党的十八大立足中国特色社会主义事业"五位一体"的布局，对政协工作提出了许多新要求。政协不仅是重要的统战阵地，还是我国政治民主化进程中不可或缺的重要环节，在我国政治生活和经济社会发展中起着不可替代的作用。

这次连任全国政协委员，我感到十分荣幸，也十分珍惜这次宝贵的机会。今年是我担任全国政协委员已第六年。近年来，我国经济社会保持持续快速发展的势头，综合国力不断增强，国际地位明显提升。担任新一届政协委员之后，在欣喜之余，我更多思考的是如何加强学习，加强调查研究，提高参政议政能力，切实履行好政协委员的职责，为党和国家的事业发展提出更多更好的意见和建议。

我是教育界的政协委员，首要任务是关注我国教育改革发展。当然，我也会关注其他领域的问题。今年，我准备提交四份提案，涉及高水平民办大学建设、职业教育改革发展、教育现代化等多个方面。我在关注某一类教育问题的同时，重点关注和思考如何从根本上解决当前我国教育改革发展面临的各种问题。

现阶段我国教育存在的一些突出问题，应该说是有目共睹。比如，学生课业负担重；青少年学生体质健康状况下滑；农村教育发展滞后，流动人口

---

① 刊登在《管理观察》杂志。

子女平等受教育权利缺乏有效保障；人才培养质量不高，人才培养与经济社会需求存在脱节；等等。针对这些问题，从政府到学校，都已采取许多对策，也取得了一定成效，但问题始终难以从根本上解决。

当前，教育领域许许多多现象和问题值得我们反思和追问。为什么素质教育理念已倡导十多年，但应试教育倾向仍难以扭转？为什么职业教育已经免费，但老百姓仍不愿意送孩子上职业学校？为什么孩子们的营养状况不断改善，但体质健康状况仍持续下滑？为什么政府对教育的投入大幅增加，但拔尖创新人才培养依旧乏力？为什么各级各类学校办学条件明显改善，但人民群众对教育的满意度并没有相应提高？这一系列的追问提醒我们：有必要透过教育现象，从更宽的视野、更深的层面审视教育问题。

一、存在教育难题的原因

当前我国教育之所以面临诸多难以破解的问题，根本原因在于以下几点。

（一）教育价值观发生严重错位

教育是培养人的活动，从根本上讲，其价值只能通过人自身的发展才能实现。国家发展教育，是为了扩大人力资源；个人接受教育，是为了提升社会地位和获得经济回报。这本无可厚非。但问题在于，在当代中国，一些人存在功利主义，教育被简单当作投资和谋利的工具，较少从人自身发展和意义建构的角度去审视教育，导致教育价值观扭曲，教育真正的育人功能被湮没在功利化的教育活动之中。

（二）教育发展方式遭遇"瓶颈"

过去，我国教育底子薄、基础差，投入严重不足。因此，我们更多依靠增加投入发展教育，将更多的精力用于扩大教育规模和改善办学条件，硬件建设成效显著。这样的发展方式，在特定时期是有效的，但内涵发展跟不上，出现了质量低、效益差等诸多问题。随着我国教育规模迈上新的台阶，教育主要矛盾发生根本转变，优质教育资源供应不足、分配不均的矛盾愈加凸显，提高质量的任务十分迫切。可以说，以往教育发展方式的"红利"已几乎消耗殆尽，难以适应新形势的要求。

（三）教育体制机制缺乏活力

改革开放 30 多年来，我国各级各类教育均获得长足发展。但各种原因，体制机制方面的变革依然滞后。例如，从管理体制来看，仍然存在管、办、评不分现象，学校自主办学难以真正落实。又如，从办学体制来看，社会办学的通道不够畅通，行业企业参与办学的制度仍不健全，教育的开放性仍显不足。体制机制的障碍严重制约了教育的发展，许多好的教育思想和举措，也时常因为体制机制不顺畅难以真正落实。

（四）教育改革缺乏协同和联动

要想改变我国教育的现状，根本上只能靠改革。教育是一个复杂的系统，涉及面极广。教育改革既需要顶层设计，更要靠各方协调，才能取得实效。过去这些年，我国始终高举教育改革旗帜，但并没有完全达到预期效果，根本原因在于许多教育改革局限于教育内部，其他部门没有联动。有的改革仅仅停留在中央和省级发文层面，在教育的整个链条上，改革力度不断衰减。

二、采取的措施

针对以上四个方面的问题，我认为当务之急，必须着力做好以下几个方面的工作。

（一）树立科学的教育观

在全社会倡导育人为本的教育价值观，克服教育工具主义和过度功利化。尤其要重视立德树人，增强学生的社会责任感，提高学生学习能力、实践能力和创新能力，培养现代社会的合格公民。

（二）着力推进教育发展方式的转变

把工作重心从外延式发展转移到以提高质量为核心的内涵发展上来。当务之急，是要研究各级各类教育质量标准，开展教育质量监测评估，引导和督促学校真正重视内涵发展。

（三）深化教育综合改革

把改革作为根本动力，以改革促发展，以改革添活力。不仅要进一步加强教育改革的顶层设计，明确时间表、路线图，还要更加重视完善教育改革推进机制，加强部门协同、上下衔接，形成改革合力，避免互相掣肘。与此同时，要加快教育自身改革的步伐。

（四）优化教育资源配置

一方面，围绕公平和效率这两大目标，进一步优化教育资源配置，实现基本教育公共服务均等化，提高资源利用效率；另一方面，充分发挥资源配置的导向作用、调控作用，围绕内涵发展，引导各级各类教育走上科学发展的轨道。

（五）积极转变政府职能

政府行为主导着教育发展的方向。要加快政府职能转变和简政放权步伐，改善宏观调控方式，建立高效、廉洁的公共教育行政管理体制。

积极稳妥地推进我国教育现代化[①]

（2013 年 3 月）

发达的教育，首先体现为现代化的教育。建设人力资源强国和教育强国，推进创新型国家建设，都离不开教育的现代化。实现教育现代化，是中华民族的百年梦想。经过新中国成立以来 60 多年，特别是改革开放以来 30 多年的不懈努力，我国教育事业发展取得了举世瞩目的成就，已经建成了世界上最大规模的国民教育体系，各级各类学校办学条件大幅改善，教育的普及程度显著提高，教育优先发展的地位切实落实，站在了新的历史起点上。

《国家中长期教育改革和发展规划纲要（2010—2020 年）》和党的十八大报告都特别强调，到 2020 年，我国要基本实现教育现代化。这是在教育改革发展的新阶段，国家审时度势、高瞻远瞩做出的重大决策。可以说，基本实现教育现代化，已成为党和国家意志，是当前和今后一个时期教育工作的核心任务。这项工作抓得好、抓出成效，将对我国教育发展、经济社会发展和整个国民素质提高产生重大而深远的影响。否则，我国将可能错失一次教育强国的良机。现在距 2020 年只剩下不到 8 年时间，时间紧迫，任务艰巨。为积极稳妥地推进教育现代化，应做好以下几个方面的工作。

一、积极引导和推进教育观念的转变

唯有确立现代教育观，以观念的变革为引领，教育现代化才能真正推

[①] 全国政协十二届一次会议提案。

进。要打破传统观念束缚，牢牢确定适应现代经济社会发展需求和人的全面发展需求的教育观。具体而言，就是要将素质教育观念贯彻到各级各类教育之中，更加重视以公民教育为核心的品德教育，更加关注学生身心健康，改变以考试分数为唯一标准的评价方式，促进学生全面发展。

二、尽快研究提出教育现代化的指标体系

什么是教育现代化？如何评价教育现代化的实现程度？这是当前推进教育现代化面临的首要问题。因此，要明确教育现代化的内涵，尽快研究提出教育现代化的评价指标体系。这个指标体系要具有全球视野，既要反映国际上通行的教育现代化的共性特征，又要立足我国国情，充分考虑我国幅员辽阔、发展不平衡的实际；既要体现我国教育现代化的方向性要求，又要考虑可操作性，对各省（区、市）的工作具有指导意义。

三、进一步落实和强化教育优先发展地位

基本教育现代化，经费保障是必要的前提。过去这几年，从中央到地方各级财政在增加教育投入上下了很大力气，财政教育投入水平大幅提升。据了解，今年预计能如期实现财政性教育经费占国内生产总值比例达到4%的目标，教育优先地位切实体现。但由于我国教育底子薄、基础条件差，需要花钱的地方很多，虽然能达到4%的投入水平，但还不能从根本上解决教育经费的充足性问题。特别是前几年的投入具有突击性质，缺乏稳定性，加上未来几年我国宏观经济形势变数不小，财政增收增支压力很大。在这样的背景下，要继续高度重视教育投入，避免出现反弹。同时，还要加强教育经费监管，尤其是要严格预算管理，各级政府和各级各类学校都要全面落实教育财务公开，发挥经费最大效益。

四、大力推进教育改革创新

教育现代化包括两个方面：一方面，体现为办学条件的现代化；另一方面，则体现为与现代经济社会发展和人类发展需求基本适应的教育质量。相

对而言，办学条件方面的现代化比较容易，通过增加投入、扩大教育资源就能解决。在教育现代化的早期阶段，重点是解决硬件条件问题；而到了这个阶段，核心是要解决质量问题。下一步推进教育现代化，必须在提高质量上下功夫。与过去相比，当前推进教育现代化和全面提供教育质量，不能仅仅关注增加投入，必须更加重视改革创新，转变教育发展方式，扫除体制机制障碍，把力量集中到提高质量上来。当务之急，是要推进办学体制改革，释放社会办学活力；要推进管理体制改革，实现教育的管、办、评分离；要推进考试招生制度改革，深入实施素质教育。

五、着力加强教育薄弱地区和薄弱环节

我国能否到 2020 年基本实现教育现代化，从根本上讲，取决于薄弱地区的教育和教育的薄弱环节能否切实加强。由于我国经济社会发展十分不平衡，可以说，一些西部地区省份，如果仅凭自身力量，到 2020 年实现教育现代化是不现实的。这就需要政府充分发挥统筹作用，在资金、政策等方面对欠发达地区予以大力扶持。在我国整个教育体系中，农村教育规模庞大，地位举足轻重。没有农村教育的现代化，就不可能有整个教育的现代化。进入21 世纪以来，虽然我国农村教育已得到切实加强，但仍然是最为薄弱的环节。今后，尤其要加强农村教育。有三个重点：一是加快农村义务教育学校标准化建设，全部消除农村中小学 C 级、D 级危房，按国家标准配齐音体美器材和其他各种教育设施；二是加强农村教师队伍建设，尤其是要出实招，大幅提高农村教师待遇，特别是边远地区村小和教学点教师待遇，吸引优秀人才在农村长期从教；三是建立城市学校教师和农村教师交流制度，建立农村不合格教师退出机制。

六、建设一支师德高尚、业务精湛、敬业爱岗的教师队伍

教育的现代化离不开教师队伍的现代化。与现代教育相适应的教师队伍，必须师德高尚，把立德树人作为根本任务；必须业务精湛，能胜任现代教学需求；必须敬业爱岗，体现高度责任心。在教师队伍建设上，建议重点

抓好三件事情：一是大幅提高教师特别是农村教师待遇，吸引优秀人才长期从教、终身从教；二是坚决落实师德"一票否决制"；三是建立教师交流机制和退出机制。

七、加强教育现代化监测和考核评估

一是要根据教育现代化指标体系，对全国教育现代化实现程度进行一次评估摸底，明确差距，找准下一步的着力点。二是要根据全国各地差异情况，加强分类指导，分别制定教育现代化的目标任务，明确路线图、时间表。三是要组织力量定期开展教育现代化监测或考核评估，将教育现代化推进情况纳入政府工作考核的重要内容，有力有序地推进。

科学顶层设计，积极稳妥推进
民办教育分类管理①

（2016 年 3 月）

2010 年 7 月，党中央、国务院印发的《国家中长期教育改革和发展规划纲要（2010—2020 年）》（以下简称《教育规划纲要》）明确提出"积极探索营利性和非营利性民办学校分类管理"。为落实《教育规划纲要》的要求和部署，2010 年 10 月，国务院办公厅印发《关于开展国家教育体制改革的通知》，部署有关地方和民办学校开展改革试点，为全国范围推进分类管理探索经验和路径。围绕分类管理，试点地区和学校进行了一系列有益探索和尝试。与此同时，国家层面在研究制定《关于鼓励社会力量兴办教育促进民办教育健康发展的若干意见》、推进民办教育促进法修订等有关工作中，将落实分类管理作为重要政策议题，进行了广泛深入研究，多方听取意见建议。但遗憾的是，在此过程中，各方面对民办教育分类管理如何落地始终都没有最后达成共识。

我们注意到，早在去年 4 月 1 日，《关于鼓励社会力量兴办教育促进民办教育健康发展的若干意见》就提交中央全面深化改革领导小组第十一次会议进行了审议，但至今迟迟未能出台。去年 12 月，全国人大决定推迟对民办教育促进法修订草案进行审议。据了解，无论是在全国人大立法层面，还是在政策制定层面，由于对分类管理如何落地存在重大分歧，支持和规范民办

---

① 全国政协十二届四次会议提案。

教育的相关工作难以推进，许多工作处于难产状态。总体上看，近年来国家层面鲜有针对民办教育的政策文件出台，有关民办教育改革发展的制度安排已明显滞后于实践。

需引起高度重视的是，《民办教育促进法》修订工作关系重大，已引起方方面面的深切关注。对民办学校现有举办者而言，如何对民办学校进行分类，以及不同类型民办学校未来面临的政策待遇，对学校办学有着直接而深远的影响，关系到学校何去何从。对更多有意投资教育的社会组织和个人而言，分类管理的顶层设计如果不能消除他们对政策风险的顾虑，将直接影响到他们的选择。可以说，如何适应新形势新要求，科学合理地设计民办教育分类管理制度，已成为当前我国民办教育改革发展中迫切需要破解的重大课题。特别是考虑到我国目前正面临经济下行、财政收入增幅收窄的巨大压力，今后一个时期公共财政大幅增加教育投入难度很大，需要进一步争取社会力量投资捐资办学，才能有效扩大教育的总体供给，更好地满足全社会对优质化、多样化、个性化教育的需求。在这样的大背景下，尽快对民办教育改革发展做出新的顶层设计，避免在争议和徘徊中错过民办教育发展的历史机遇，不仅关系全国 15 万多所民办教育机构健康持续发展，还关系到全面建成小康社会进程中我国教育事业的大局。

一、坚持民办教育分类管理的大方向不动摇

目前，我国民办教育机构数、教职工数、在校生数占全国的比例均已超过20%，规模举足轻重。无论从办学层次上看，还是从举办主体、举办目的来看，我国民办学校已呈现明显的多元化特征。不同类型的民办学校具有不同的属性，有着各自的诉求，肩负着不同的功能和使命。在这样的背景下，必须区分不同层次、不同类型民办学校的实际情况，构建差异化的政策支持体系和监管体系，精准施策。应当明确的是，目前有关分类管理的分歧，不是要不要分类的问题，而是如何分类以及不同类型民办学校应享受什么样的政策待遇的问题。切不可因为分类管理复杂而舍弃分类管理，否则将难以体现政策的针对性、有效性。

二、充分尊重我国民办教育的历史和现状

与西方发达国家不同，改革开放以来，我国民办教育是在社会资本发育尚不成熟、相关政策体系尚不完善的状况下诞生和发展起来的。在外部环境不是很理想的情况下，我国民办教育之所以能快速发展，根本原因在于经济的腾飞及社会公众对教育的巨大需求为其发展提供了难得机遇。从历史的角度来看，30 多年来，我国绝大多数民办教育机构的举办者是要追求盈利或合理回报的，这一点不可否认。鉴于此，关于分类管理的制度设计，不能仅凭想象，简单地要求所有民办教育机构在营利性和非营利性之间做出唯一选择。应充分考虑我国国情，特别是要考虑到数量庞大的民办教育机构的现实诉求，适当保护和调动其积极性，给予其发展的空间，以免大量举办者撤资，造成民办教育的止步不前甚至萎缩。

三、进一步强化公益性、非营利性导向

教育是公益事业，在公共政策的导向上，应倡导公益性、非营利性。应当看到，虽然我国现有民办教育机构普遍有追求经济回报的诉求，但随着我国社会资本体量不断扩大，企业家阶层不断壮大，相关政策环境不断改进，捐资办学或不以盈利为目的的办学者日渐增多。我们注意到，近年来越来越多的社会组织和个人表达了捐资办学或不以盈利为目的办学的意愿。从政府的角度讲，在努力改善民办教育整体政策环境的同时，应体现鲜明的价值导向，通过财政扶持、土地划拨、税收优惠、金融扶持、购买服务等多种方式，大力支持非营利性民办教育机构发展。政府应严格划定非营利性民办教育机构的界限，完善监管制度，确保非营利性方向，以免出现一些所谓的非营利性民办教育机构从办学中盈利的现象。尤为重要的是，政府对非营利性民办教育机构的扶持，不应以挤压其他民办教育机构的发展空间为代价。

四、分类管理要有利于促进发展

制定出台《关于鼓励社会力量兴办教育促进民办教育健康发展的若干意

见》，早在 2009 年前后就已启动。据了解，当时主要考虑的是，全面清理对民办教育的歧视政策，在政策上为民办学校发展松绑，并在资金、土地、税收等方面予以扶持。概括地讲，制定这个文件的核心目标是扶持，当然也有规范的内容。在文件制定期间，国家层面出台了吸引民间资金进入教育领域的政策文件，支持部分民办高校提升办学层次，清理了针对民办教育的歧视政策，部署开展了改革试点等，主要目标也都是为了更好地扶持。可以说，当前我国民办教育制度设计需要解决的主要矛盾是更好地扶持。对民办教育实行分类管理，也应符合这一总体目标，更好地促进发展。

五、进一步体现精准施策

正如上所述，我国民办教育类型多样，对不同类型的民办学校，无论是支持、规范还是限制，很难用"一刀切"的办法。之所以要对民办学校实行分类管理，根本原因也在于民办学校形态多样，只有实行分类管理，才能有效地解决公共政策"搭便车"的现象，许多好的政策措施才能真正落地。下一步，无论是《民办教育促进法》的修订，还是出台有关民办教育的政策文件和措施，都应进一步区分不同层次、不同类型、不同规模、不同办学模式民办学校的实际情况。特别是要考虑各地的差异性，留下一定的政策弹性，赋予地方更大的探索空间。另外，建议加强对民办教育统计工作，全面掌握民办教育规模、资产、举办者等具体信息，为差异化决策提供支撑。

总之，站在新的历史起点上，我国民办教育面临新的发展诉求、发展机遇、发展空间，肩负着时代赋予的新使命。与此同时，又面临生源减少、竞争加剧等前所未有的挑战。在政策的层面，必须对民办教育做出新的定位，完善顶层设计，积极稳妥地让分类管理落地，健全支持和规范民办教育发展的政策措施，引导广大民办学校尽快实现从注重规模的外延式发展向注重质量的内涵式发展转变。

支持特殊教育的发展①

（2016 年 9 月 5 日）

全国政协组织的这次特殊教育专题视察，十分必要。通过这次调研，我进一步了解了特殊教育的现状。对我而言，这既是一次调研，同时又是一次很好的学习机会。

一、从战略上思考和布局特殊教育

据统计，我国共有残疾人 8300 多万人，涉及 2.6 亿家庭人口。其中 6 ~ 14 岁学龄残疾儿童少年 246 万人。如何办好特殊教育，事关国家发展大局。从全面建成小康社会决胜阶段的全局看，特殊教育是国家教育事业的组成部分，解决好特殊教育的问题，是建设小康社会的重要内容，直接关系到亿万家庭的幸福和社会的和谐与稳定。从社会主义的本质看，切实保障残疾人受教育权，实现教育公平，是建设社会主义的题中应有之义。从国家承担的国际责任看，在我国已经成为世界经济总量位列第二的大国以后，加快发展特殊教育意义重大，办好特殊教育，也是对整个人类的贡献。从残疾人的生存境遇看，他们更需要得到关爱和呵护。为残疾孩子提供受教育机会，保障他们平等接受教育的权利，是社会进步的标志，也是评价社会文明水平的重要尺度。支持特殊教育，不能仅仅算教育账、算财政账，还要多算政治账、算文明账，从国家战略、社会文明的高度给予高度重视。

---

① 在全国政协委员视察特殊教育座谈会上的发言。

二、特殊教育面临的困难和问题仍不容忽视

党和国家历来关心残疾人，重视发展特殊教育事业，多次召开全国特殊教育工作会议，研究、部署、推动特殊教育发展。改革开放以来，在中央和地方各级政府的努力下，在社会各界的关心支持下，我国特殊教育事业取得了长足发展。特别是"十二五"期间，国家部署实施了特殊教育提升计划，实施了特殊教育重点建设项目，提高了特殊教育公用经费标准，中央和地方各级财政纷纷加大对特殊教育的投入，并对残疾儿童参加高考等给予了特别关爱（如出盲文试卷，为残疾学生参加考试提供特殊服务等）。从这次到学校调研了解的情况看，特殊教育确实取得了很大成绩。但同时也应当看到，我国特殊教育仍面临许多困难。

一是特殊教育资源布局十分不均衡，中西部地区特别是农村地区特教资源严重紧缺，特殊教育的城乡差距非常大。据调查，我国农村残疾人口为6225万人，占全国残疾人口的75.04%，而农村特殊教育机构仅占全国特教机构总数的0.05%。

二是特殊教育课程教材建设仍比较滞后，适合不同类型残疾儿童学习的图书资料偏少，虽然许多残疾孩子进了学校，但学的效果并不理想。

三是特殊教育师资队伍严重不足，全国每年培养的中、高等特殊教育师资，远远满足不了需求。据估算，仅全面普及残疾儿童少年九年义务教育，全国特殊教育师资缺口达10万人。

四是社会各界对特殊教育关心、支持和参与明显不足。总之，希望有关方面对特殊教育面临的问题做一些系统梳理，并有针对性地采取干预措施。

三、采取特殊支持政策发展特殊教育

特殊教育的教育对象具有特殊性，需要采取特殊支持政策。

（一）抓宣传，形成社会共识

一是增强特殊教育公益宣传，营造残疾人平等参与社会生活的良好氛围，让更多的人关心、关注、重视、支持特殊教育的发展。二是开展残疾儿

童特别是农村残疾儿童接受义务教育的政策宣传和教育普及工作，提高残疾人家庭接受特殊教育的主动性和积极性。三是大力宣传在特殊教育中表现优异的学校、老师、学生，为全社会树立榜样。建议在各级教育网站开辟特教专栏。

（二）抓落实，坚持有法必依

国家多部法律法规明确了残疾人的受教育权。如 20 世纪 50 年代，中央人民政府颁发《关于改革学制的决定》，这是新中国成立后国家关于发展特殊教育事业的第一个重要法规。改革开放后，特殊教育法制建设工作迅速发展。1982 年颁布的《中华人民共和国宪法》，把残疾人教育问题第一次写进国家的根本大法。中共中央 1985 年发布的《关于教育体制改革的决定》指出，在实行九年制义务教育的同时，还要努力发展幼儿教育，发展盲、聋、哑、残人和弱智儿童的特殊教育，首次明确了特殊教育中应当包括弱智儿童的教育。这一内容次年被写进《中华人民共和国义务教育法》中。为了促进残疾儿童少年特殊教育的发展，1988 年召开了新中国成立以来第一次全国特殊教育工作会议，会议讨论通过了《关于发展特殊教育的若干意见》。这是专门指导残疾人教育事业开展的纲领性文件。1990 年，中国保障残疾人权利的第一部专门法律《中华人民共和国残疾人保障法》颁布。1994 年，《关于开展残疾儿童少年随班就读工作的试行办法》颁布。同年，第一部有关残疾人教育的专项行政法规《残疾人教育条例》颁布。2006 年新修订的《中华人民共和国义务教育法》大大充实了有关特殊教育的规定。2007 年，中共十七大报告明确提出"关心特殊教育"。2008 年，中共中央、国务院将"发展残疾人教育"作为促进残疾人全面发展的第一项意见，写入《中共中央国务院关于促进残疾人事业发展的意见》。同年，《中华人民共和国残疾人保障法》（以下简称《残疾人保障法》）修订，修订后的《残疾人保障法》，充实了禁止歧视残疾人的有关规定。2016 年，国务院办公厅印发了关于转发教育部等部门特殊教育提升计划。我们的重要责任，就是对相关法律和规定抓好落实，要加快制定实施细则，并加强特殊教育的执法力度。

（三）抓提升，切实改善现状

一是各级财政继续加大对特殊教育的投入，重点保障农村残疾少年儿童接受教育。财政状况好的时候，要确保特殊教育经费稳步增加。财政困难的时候，也要确保特殊教育经费不削减。二是广泛争取社会投入，千方百计拓展特殊教育资源。大力宣传特殊教育的公益性，广泛争取爱心企业和社会热心人士的支持，提高特殊教育经费中社会资金所占的比重。三是优化特殊教育层次结构，突出重点难点。在大力发展义务教育阶段特殊教育的基础上，为广大残疾儿童少年接受学前教育、普通高中教育、中等职业教育和高等教育积极创造条件。四是抓好师资队伍这一关键要素。大力支持发展特殊教育的教师教育，扩大特殊教育教师培养能力。提高特殊教育教师待遇水平，拓展特殊教育教师发展通道，增强特殊教育教师岗位吸引力。五是推进特殊教育改革创新。将心理健康教育、青春期教育、升学就业指导等内容纳入特殊教育课程，关注特殊儿童发展的全过程，促进特殊儿童全面适应社会生活和素质均衡发展，提高特殊教育质量。加强对特殊儿童社会适应能力的研究，学习借鉴国际上成功的特殊教育发展经验，如"正常化""回归主流""一体化""全纳教育"等特殊教育模式。

（四）抓立法，推进法治进程

改革开放以来，尽管我国特殊教育的法律、法规不断完善，但是，到目前为止，我国尚没有专门的特殊教育法。从国际特殊教育发展的趋势与人权的角度来看，通过立法实施特殊教育已成为衡量一个国家残疾人是否享受平等人权的基本尺度。因此，首先，必须加快制定与颁布特殊教育法的进程。其次，要修订并完善现有的特殊教育相关法律、法规，加强特殊教育的执法力度。

（五）抓问责，责任落实到位

加强对特殊教育工作的督促检查。完善特殊教育法律法规，提高各级政府依法履职的意识，将特殊教育发展指标纳入地方发展规划和政府工作考核体系，加强督导检查，建立相应的奖惩机制，确保发展特殊教育各项任务落到实处。

新起点，新征程——非营利性办学的中国道路选择①

（2017 年 2 月 20 日）

去年 11 月，十二届全国人大常委会第二十四次会议审议通过了修订《民办教育促进法》的决定，最近国务院又出台《关于鼓励社会力量兴办教育 促进民办教育健康发展的若干意见》及 2 个配套文件②（以下简称"1+2 文件"）。这次修法和一揽子政策文件的出台，必将带来我国民办教育发展政策环境的深刻调整，其中影响最为重大、最为深远的就是从法律层面确定对两类民办学校（即营利性民办学校和非营利性民办学校）实行分类管理，为长期以来在徘徊中前行的非营利性办学指明了方向，广大非营利性民办学校的发展道路将越来越清晰、越来越宽广。

这条道路选择，是中央统揽全局做出的重大部署。经过改革开放 40 年来的快速发展，民办教育已成为我国教育事业的重要组成部分，是今后一个时期教育事业发展的重要增长点。目前，我国各级各类民办学校数、在校生数占全国总数的比例分别为 32.66%、18.55%，涉及民办教育的任何政策调整，都将对整个教育事业发展产生重大影响。党中央高度重视民办教育的改革发展与政策调整，习近平总书记先后主持召开中央全面深化改革领导小组会议和中央政治局常委会议，专门审议相关文件，并对修法指明方向。可以

---

① 发送教育部。
② 指《民办学校分类登记实施细则》和《营利性民办学校监督管理实施细则》。

说，这次修法和"1＋2文件"的出台，是党中央、国务院立足当前经济新常态和教育需求更加多样化的时代背景做出的战略选择。

这条道路选择，契合我国民办教育改革发展实际。提供教育服务有两个着眼点：一方面，教育作为公共产品，具有很强的公益性；另一方面，教育需求具有差异性、多层次性，教育服务提供应体现多样性。从满足公共产品基本需求的角度讲，办教育必须坚持公益性，不应以盈利为目的；从满足个性化、差异化、优质化教育需求的角度讲，可利用市场机制办教育，允许适当盈利。从我国民办教育办学现状来看，既存在大量以追求合理回报为目的的民办学校，也存在为数不少的不要合理回报、以公益性为唯一诉求的民办学校。这次修法和出台"1＋2文件"不仅从法律层面明确对民办学校实行营利性和非营利性分类管理，同时还进一步明确了营利性民办教育的范围。这样的制度安排，符合我国社会主义初级阶段的基本国情，符合民办教育实际，避免了理念与实践的脱节，从法理上解决了长期困扰民办教育的"合理回报难以界定、难以落实"问题。不仅有利于政府更加精准地扶持非营利性教育，还有利于社会人士捐资投资非营利性教育，同时也为公民和法人举办营利性学校、发展教育服务业提供了空间。从长远看，这必将引导各类民办教育机构各安其位，在各自定位上办出特色、办出水平。

这条道路选择，为非营利性办学注入了强劲动力。新修订的《民办教育促进法》和"1＋2文件"，在制度设计上，同时允许举办营利性学校和非营利性学校。但不难看出，国家的政策导向是鲜明的，那就是特别强调民办教育的公益属性，明确要鼓励和大力支持非营利性办学。这是正本清源，是对教育事业本质的回归。"1＋2文件"从财政投入、学校用地、税收优惠、师生权益保障等方面提出的一揽子支持民办教育的政策措施，都优先考虑非营利性民办学校。《民办教育促进法》修订后，政府支持非营利性办学有了更加明确的法律依据，非营利性民办学校在中国特色社会主义教育体系中的地位更加巩固。可以预计，随着"1＋2文件"的实施及相关配套政策的落实，非营利性民办学校将获得更多支持，将更加具有凝聚力，必将迎来新的发展契机。政策的不确定性将大幅降低，站在新的历史起点上的中国非营利性民办学校，也必将迈入一个新的征程。

　　总之，作为一名基层民办学校工作者，作为非营利性民办学校的举办者，我对这次的民办教育重大政策调整完全赞同，且深受鼓舞。我们坚信，在新的法律和政策环境下，坚持非营利性办学，道路将越走越宽广。我们一定会坚定地承担起自己的责任，义不容辞地维护教育的公益属性，坚持社会主义办学方向，走出一条具有中国特色的非营利性民办高校办学之路，推动学校发展不断迈上新的台阶。

强化部门协调机制，推进地方政策落地，促进民办教育更好发展①

（2017 年 3 月 7 日）

改革开放以来，我国民办教育经历了一个从恢复到保持快速增长的发展历程。当前，民办教育改革发展面临新形势，进入了一个新阶段。

一是肩负新的历史使命。随着教育供求关系发生根本性变化，更加需要通过发展民办教育，满足人民群众对优质化、多样化、个性化教育服务的需求，进一步激发整个教育体系的活力。二是面临新的重大挑战。近年来，我国教育供给的总量日趋饱和，民办学校普遍面临生源递减压力。唯有提高质量、办出水平，才能求得生存和发展。三是面临新的发展机遇。现在国家支持民办教育的政策意图更加坚定，群众对多元教育服务的需求更加迫切，大量社会资金在寻找进入教育领域的切入点和突破口。因此，民办教育有很大发展潜力。

去年 11 月，全国人大对《民办教育促进法》做了修订，随后相继出台了"1＋3 文件"②，形成了当前我国民办教育改革发展的新制度政策体系，这是贯彻落实中央教育改革战略部署的重要举措，是对民办教育改革发展的系统安排。这次民办教育新法的核心是实施非营利性和营利性民办学校分类

---

① 在教育联组会议上的发言。

② 指《关于鼓励社会力量兴办教育促进民办教育健康发展的若干意见》和《民办学校分类登记实施细则》《营利性民办学校监督管理实施细则》《关于加强民办学校党的建设工作的意见（试行）》。

管理，建立差别化扶持政策，立足"扶持"和"规范"并举，促进各级各类民办学校更好地实现高水平特色化发展。

总的来看，这次修法及出台"1+3文件"，既回归了教育的公共属性，又尊重了教育服务提供的多样性、差异性，指明了今后一个时期民办教育发展的方向。但同时应看到，在新的历史起点上，我国民办教育仍面临诸多发展"瓶颈"，如民办学校的法人类型（事业单位、企业单位、民办非企业单位），政府财政扶持，民办学校人才队伍建设，民办学校用地与税收优惠，民办学校产权界定，捐资激励制度，民办学校举办者权益等。这些困难和障碍，都需要借助这次修订《民办教育促进法》和"1+3文件"的出台加大统筹协调力度，深入细致地做好落地工作。一方面，国家层面加强部门协调，抓紧落实有关政策；另一方面，需要国家有关部门指导推动各地因地制宜，积极稳妥地做好本次民办教育政策贯彻执行。

一、明确任务分工，加强部门协调

要落实新的民办教育重大部署，涉及教育、发改、财政、民政、税收、工商、国土、编制等多个部门职责。建议由教育部牵头，对贯彻落实工作进行全面梳理，形成任务清单，并进行责任分解，明确完成时间。同时，将各项任务完成情况纳入国务院重点督查事项，确保真正落实，以免因部门认识不一致迟迟不能落地，错过改革发展的宝贵时机。避免再次出现像2002年出台的《民办教育促进法》及实施条例中有的条款至今都没有落实的现象。

长期以来，各部门因站位不同，对许多问题的认识存在分歧。这次修订《民办教育促进法》和出台"1+3文件"，在大的方向上有高度共识。但在具体操作上，在细节问题上，仍需进一步凝聚共识。

建议充分发挥《关于鼓励社会力量兴办教育促进民办教育健康发展的若干意见》中提出的建立部际联席会议制度，协调解决，研究落实本次新法中民办教育的重点难点问题，确保法人登记、财政扶持、税收优惠、捐资激励、土地、金融等方面的关键改革政策能够落实到位。

二、加强指导督导，落实地方责任

鼓励社会力量兴办教育，顶层设计需要国家层面进行统筹；但应看到，这是地方事权，责任主体在地方。考虑到我国地区发展十分不平衡，各地发展民办教育面临的客观条件千差万别，国家层面的顶层设计必须与地方实际情况进一步结合。为此，一方面，要切实简政放权，在民办学校设立、招生计划安排等方面，减少不必要的行政审批，给地方留下自我发展的空间；另一方面，要加强指导，设定红线，及时纠正各地的不当做法，确保差异化的探索不触碰底线。尤其是本次民办教育新法有多项重要内容均授权给各省结合各自实际情况来制定。这就需要国家层面加强指导与督导，以促进民办教育发展为原则，稳妥地推动各地结合实际、兼顾好各方利益，确保民办教育新法落地生根。

三、加强总结引导，做好正面宣传

从多年来的实践来看，真正推动民办教育改革发展的力量在基层。我们注意到，针对民办教育改革发展中的不少问题，国家层面往往难以决策，不可能用"一刀切"的办法解决。同时我们也看到，民办教育发展中遇到的许多问题，如财政支持问题、产权归属问题、教师社会保障问题等，在地方和学校层面有破解之策。下一步，国家要在政策协调上寻找各部门的"最大公约数"，确保在税收、土地、金融等方面的关键政策能够落地的同时，及时总结基层的成功经验，采取适当方式，鼓励、宣传、引导，形成自下而上推动的局面。

四、调动多方资源，开展政策评估

新修订的《民办教育促进法》和"1＋3文件"落实得好不好，需要经受实践的检验。各地的民办教育政策措施是否成功，同样需要以其实际发展效果为准绳。为此，建议调动社会各方资源，包括政府有关机构、社会专业机构和中介组织，及时开展政策评估。既要组织自评，又要注重第三方评估。国家层面可考虑建立民办教育政策评估机制，密切跟踪落实情况。可考虑设立一些可感知、可测量的评价指标，定期监测各地民办教育发展的效果。根据评估结果，对各地民办教育工作进行指导，对已出台的政策措施做出必要的调整和完善。

关于召开全国教育大会的思考与建议①

（2017 年 3 月 29 日）

一、关于当前教育面临的形势

能否开好这次教育大会，对形势的准确研判是重要前提和基础。对此，目前各方面的认识仍存在一定分歧。一种观点认为，我国已建成世界上最大规模的教育体系，学校办学条件大幅改善，教育的物质基础雄厚，教育普及水平已位居世界中上水平，处在历史上最好时期，形势大好。也有观点认为，我国教育改革进入了"深水区"，各种矛盾和问题交织，现有教育体系培养不出国家和社会所需人才，不能有效地满足家长和社会的需求，许多家长不得不送孩子到国外上学，中国教育不如西方。

以上两种认识代表了当前社会上对教育形势的两种认识，都有其片面性。研判教育的形势，不能简单化、静态化、情绪化。既不能妄自菲薄，又不能回避问题和矛盾。对当前教育的形势，可概括为四句话。一是"大而不强"。我国已是教育大国，但还不是教育强国，突出体现为学校人才培养质量总体不高，与发达国家差距较大。二是功能发挥不够。教育在提高国民素质、传承民族文化、服务经济社会发展、维护党的长期执政等方面的重要作用还有待进一步发挥。三是挑战不小。宏观经济形势下行，经济结构调整和转型升级，新一轮科技革命和产业革命，都对教育提出了新要求新挑战。四

---

① 给教育部陈宝生部长的回信。

是机遇难得。教育在党和国家事业发展和实施重大战略中的重要地位愈加凸显，信息技术为教育创新和赶超提供了新的可能，我国社会资金体量庞大且进入教育领域的热情很高，这些都为教育发展提供了新的机遇。

二、关于下一步需解决的突出问题

当前，我国教育确实存在不少问题。几乎每个家庭都可以就教育发表意见，都可以讲出几个有关教育的问题。关注问题固然重要，但一定要对问题做具体分析。一是要分清问题的主次，哪些是主要问题，哪些是连带问题和次要问题。二是要分清问题的层次，哪些是学校层面解决的问题，哪些是地方层面解决的问题，哪些是国家层面解决的问题。三是要分清问题的轻重缓急。哪些问题是迫在眉睫的，哪些问题是需要从长计议的。四是要分清问题归属的部门。哪些是教育自身的问题，哪些是其他社会问题引发的问题，哪些是其他部门应当解决的问题。五是要分清问题涉及的范围。哪些是全局性问题，哪些是局部性问题，哪些是个别化问题。这次召开教育大会，制定有关教育现代化的两个文件，主要是研究解决事关全局的重大问题、关键性问题。具体来讲，以下几个方面的问题尤其需要从战略层面引起关注。

（一）教育的短板问题

这次教育大会是在全面建成小康社会的大背景下召开的。因此，必须着力解决制约小康社会目标实现的"瓶颈"问题，核心是要补齐教育的短板。比如说，一定要确保所有学校都能达到国家基本办学标准，一定要确保所有孩子都有上学的机会，不能到了宣布全面实现小康的时候，还有学校存在D级危房、没有课桌椅，还有不少贫困家庭的孩子因贫失学辍学，还有学生需要克服旅途艰险才能上学。

（二）教育的结构问题

这是我国教育由大向强迈进过程中尤其需要高度关注的问题。没有合理的结构，教育的规模效益体现不出来，将带来教育资源的浪费和人力资源的错配。对我国而言，教育的结构问题体现在多方面，但主要体现为普通教育与职业教育失衡。这种失衡不仅体现在规模上，维系普通教育与职业教育 5：5 的比例已显得十分不易。同时，更多还体现在质量上。职业院校办学质量不高，缺乏吸引力，得不到人民群众的普遍认可，行业产业急需的技术技能人才培养不出来。

（三）教师队伍问题

我们讲中国教育大而不强，主要是因为人才培养质量不高。制约人才培养质量的最大瓶颈就是教师队伍。过去这些年，我国教育事业发展取得了巨大成就，成绩是主要的。但如果要说我国的教育有什么遗憾，那么最大的遗憾就是教师队伍建设滞后于整个教育事业的发展，集中表现为教师待遇低，社会地位不高，优秀人才不愿意从事教师职业，特别是边远山区农村教师"下不去、留不住、教不好"。曾经在很长一段时期，许多优秀学生会考虑上师范，特别是不少农村优秀学生上中师。但现在这样的教师培养体系被打破了，在一些地方，现有教师队伍的整体素质甚至不如过去。

（四）教育投入问题

进入 21 世纪以来，我国财政性教育经费大幅增加，可能有人觉得教育投入已不是问题。但应当看到，在财政性教育经费大幅增加的同时，非财政性经费的增幅明显减缓，出现了政府投入对非政府投入的"挤出效应"。在当前的宏观经济形势下，大幅增加财政投入很困难，但许多教育的支出是刚性的，不仅不能减，还需要随着物价水平稳步增加。这对教育支出造成了巨大压力。去年以来，我们注意到一些地方出现了拖欠教师工资的现象，已使得这一问题开始显现。如何开源节流，切实保障办现代教育所需的经费，是当前和今后一个时期我国教育工作面临的重大问题。

（五）民办教育问题

我国教育能否如期顺利实现现代化？以什么样的方式进入现代化？民办教育是最大的变数。今后相当长一个时期，民办教育能否得到充分发展，能否办出一批高水平的民办学校，不仅直接影响到教育供给的总体规模，还关系到个性化、多样化的教育需求是否能够得到有效满足，同时还关系到整个教育的效率和效益。去年，全国人大新修订了《民办教育促进法》，国家层面出台了支持和规范民办教育发展的若干文件，对今后一个时期民办教育改革发展做出了新的系统部署。这次重大部署，从法律层面明确对民办学校实行营利性和非营利性分类管理，旨在引导两类民办学校各安其位，在各自定位上办出特色、办出水平。但应当看到，支持和规范民办教育发展的许多政策措施，远远没有落地，还需要在今后一个时期作为工作重点，在落实上狠下功夫，切实破解制约民办教育发展的"瓶颈"问题。尤其应当看到，在新的历史条件下，我国民办教育肩负着新的历史使命。这个使命，更多的是要提供多样化、差异化、选择性教育需求。为此，要支持发展高水平有特色民办学校，培育民办优质教育资源，打造一批具有国际影响力和竞争力的民办学校。

（六）教育的评价问题

这个问题极为关键。当前我国教育面临的不少问题，如课外辅导热、学校盲目追求升格、教育与经济社会发展需求脱节等，都与评价的不当导向有着密切关系。如何构建科学合理的教育评价体系，切实发挥好评价的导向、激励和约束作用，是一个需要尽快解决的大问题。

三、关于教育改革发展的好做法好经验

我国幅员辽阔，地区差距巨大。不同地方发展教育，在资源禀赋、文化传统、地理条件等方面都面临特殊情况。特别是到了目前的发展阶段，我国教育区域分层现象已十分显著，不同地方教育发展处在不同发展阶段，面临不同的矛盾和发展任务。因此，简单地将一个地方的经验推广到全国，具有一定风险，需要非常慎重。搞不好，会造成新的"一刀切"，甚至可能出现"水土不服"现象，结果"南辕北辙"。

在发展教育上，的确有一些共同的做法和经验，值得各地相互学习和借鉴。比如，党委政府高度重视教育，特别是"一把手"重视教育。在不少地方，教育由民主党派的领导分管，推动起来确实要难一些。在一些地方，主要领导亲自抓教育，教育发展起来就要快一些。比如，职业教育校企合作，

这也是一条共同的经验，无论采取什么方式方法，唯有走校企合作之路，职业教育才有出路。偏离了这一条，职业教育不可能办好。再比如，政府大力扶持非营利性民办学校，这是办好非营利性大学的重要经验，也是我国民办教育发展的方向。

另外，在好做法、好经验的推广方面，建议国家层面重点进行总结提炼，搭建好信息沟通交流的平台，要求各地结合实际学习借鉴。各地探索的经验，不一定都要由国家层面做出制度安排。因为一旦到了国家制度设计的层面，"粗"了没有针对性，"细"了可能又不符合实际，容易陷入"两难"。

加快推进教育领域供给侧改革①

(2017 年 4 月 26 日)

随着我国经济进入新常态，党中央做出了实施供给侧改革的重大部署。这一改革的核心是，通过优化产品供给，促进经济结构调整，提升经济发展质量，从源头上解决产能过剩、消费疲软、有效需求供给不足等突出问题，着力培育经济增长的持久动力。对教育领域而言，同样也面临结构调整的问题。当前，我国教育普及水平已大幅提升，截至 2015 年年底，全国学前毛入园率达 75%，小学净入学率达 99.88%，初中毛入学率达 104.0%，高中阶段教育普及率达 87.0%，高等教育毛入学率达 40.0%。全国在学研究生 191.14 万人，其中博士生 32.67 万人、硕士生 158.47 万人。从规模上看，我国已经成为名副其实的教育大国，教育总体供给位居世界第一。

但同时必须看到，当前我国教育供给出现了一些新情况新问题。主要体现在两个方面。一方面，从个体和家庭的层面看，对优质化、多样化、个性化教育的需求迅速增长，且越来越迫切，矛盾十分突出。例如，义务教育阶段的"择校热"问题，其本质是优质教育资源供给不足问题。再如，虽然高等教育已接近普及水平，但进入高水平大学的难度并未降低，竞争越来越激烈。另一方面，从劳动力市场的反映看，新毕业大中专学生的数量逐年递增，就业难度越来越大，但同时又有许多企事业单位反映招聘不到合适的人才，特别是技术技能型人才严重紧缺，学校人才培养与社会需求存在明显脱

① 发表于《人民政协报》。

节现象。以上两个方面充分说明，尽管目前教育供给的规模不小，但优质教育资源偏少，与需求不能很好地匹配。解决这一问题，须加快推进教育领域供给侧改革，借此优化教育供给的结构，提高教育供给质量和水平，更好地对接需求，从根本上解决教育资源错配的问题，进而提高教育资源利用的效率。为此，须围绕"教育质量提升"和"教育结构优化"两大战略任务，坚持问题导向，进行系统设计，有针对性地采取措施。

一、加强教育规模调控

加强教育规模调控是推进教育领域供给侧改革的首要任务。目前，我国教育普及程度总体上已达到中上收入国家水平。下一步，要区分不同类型层次教育的实际情况，科学调控教育规模和增速，逐步将更多的教育资源用于优化结构和质量提升。尤其要发挥好院校设置、事业计划安排等调控手段的作用，稳定职业教育规模，引导各地各校将办学资源和精力聚焦到内涵发展上来。

二、补足教育供给短板

在学前教育阶段，要加快解决农村普惠性学前教育资源不足、城镇新建小区幼儿园建设不配套等突出问题。在义务教育阶段，要进一步加强资源统筹和整合力度，集中力量、科学实施薄弱学校改造计划，确保在"十三五"期间全国所有农村学校达到基本办学标准。在高中教育阶段，大力改善贫困地区普通高中办学条件，重点支持集中连片特困地区提高普及水平。

三、调整优化教育结构

调整优化教育结构是解决教育供需失衡问题的根本举措。推进教育结构调整，一方面，要立足国家经济社会发展阶段，面向行业产业需求，合理确定教育的层次结构、类型结构，形成动态调整机制，增强教育结构相对于经济社会发展的适应性。特别是要针对我国技术技能人才紧缺的问题，在提高大职业院校人才培养质量、提高技术技能人才待遇等方面，综合施策，切实增强职业教育吸引力，让更多的家庭选择送孩子上职业学校。另一方面，要建立学科专业建设与行业产业需求、岗位需求联动的机制，根据需求变化，及时调减或增加有关学科专业的培养规模，及时淘汰或增设新的学科专业，确保学校所培养的人才与劳动力市场需求更好地衔接。

四、抓住教师这一关键

实施教育领域供给侧改革的一项重要任务，就是要提高教育质量。提高教育质量是一个系统工程，涉及改善基本办学条件、提高教师队伍素质、课程教材建设、创新人才培养模式等诸多方面，但最为核心的是教师队伍。多年来的教育实践一再证明，即便学校硬件条件差一点、经费紧张一点，只要教师爱岗敬业，具有良好专业素质，教育质量就有保障。加强教师队伍建设，关键是提高教师待遇水平。今后，要从全局上考虑，从长远计，大幅提高边远贫困地区教师工资收入，持续改善他们的工作生活条件，拓展他们的职业发展空间，真正吸引优秀人才报考师范专业或选择教师职业，到农村长期从教、终身从教。

五、发挥社会力量作用

提高教育供给水平，离不开社会力量的参与。教育需求具有层次性，教育供给同样也应体现多样性。政府的作用主要体现在两个方面：一方面，是保基本、促公平；另一方面，是落实国家战略，着力保障涉及国家安全、国家利益的教育服务的供给。对于人民群众个性化的教育需求，要更多考虑由社会力量提供。下一步，要按照新修订的《民办教育促进法》及有关文件的部署，大力支持民办教育，加强规范办学，在满足人民群众多样化教育需求方面切实发挥民办教育的作用。在加大教育财政投入、强化政府教育责任的同时，尤其要注重防止"国进民退"。

六、深入实施教育信息化

教育借助信息化手段，可以更加有效、低成本地拓展优质教育资源，对于促进教育公平、提高教育质量具有特殊而重要的意义。多年来，我国在教育信息化方面投入不少，在我国许多地方的学校，信息化硬件设备设施总体是不错的，甚至超过了发达国家的配备水平。但同时面临两大问题：一是难以持续，过度依赖财政投入，没有建立教育信息化的长效机制；二是与教育教学的结合不够紧密，有的学校的信息化设备甚至处于闲置或半闲置状态。下一步，建议进一步处理好教育信息化的公益性与市场属性的关系，积极探索教育信息化成本分担和增值服务有偿使用的机制；紧紧围绕人才培养，大力开发建设优质教育信息化资源，切实发挥教育信息化的重要作用。

鼓励支持建设高水平非营利性民办高校①

（2018 年 3 月）

改革开放后不久，我国民办教育得以恢复并迅速发展，目前已经成为中国特色高等教育体系的重要组成部分，在扩大高等教育入学机会、缓解高等教育财政压力、培养多样化人才等方面发挥了不可或缺的作用。随着中国特色社会主义进入新时代，我国民办高等教育再一次站在了新的历史起点上，处在改革发展的又一关键时期。

一方面，从全国来看，高等教育即将进入普及化阶段。2017 年，全国高等教育毛入学率超过 45%，入学机会总体不足的矛盾已基本解决，优质高等教育资源供给不足成了主要矛盾。在这样的大背景下，对民办高校而言，规模导向的粗放式发展模式已难以为继，唯有提高质量、办出特色、向高水平迈进，才能求得生存和发展。

另一方面，2016 年新修订的《民办教育促进法》明确规定，实行营利性和非营利性民办教育机构分类管理，国家层面出来了一系列文件，专门就此做出部署。目前，有关部门正组织起草完善《民办教育促进法》的实施细则，将进一步细化分类管理的制度安排。对民办高校而言，需要在营利性和非营利性之间做出选择。

目前国家层面关于民办高等教育的顶层设计，旨在引导营利性和非营利性民办高校各安其位，在各自定位上办出特色、办出水平。但从实际情况来

---

① 十三届全国人大一次会议议案。

看，办好高水平民办大学，必须走非营利性发展道路。从理论层面看，高等教育是公益事业，坚持非营利性更能体现我国国情，更加符合学校长远发展目标，不仅有利于拓展民办高校的办学资源，还有利于维护师生利益，最大限度地维护和保障公益性。从办学实践看，在目前发展阶段，非营利性更能体现社会主义属性，更容易得到师生、家长和社会的认可，对于保证学校生源数量和质量、维系学校良好办学声誉、吸引凝聚高层次人才等意义重大。从国际比较看，无论是发达国家还是发展中国家，普遍强调私立高等教育的非营利属性，几乎所有位列世界一流的私立大学，如哈佛大学、耶鲁大学、牛津大学、早稻田大学、中央大学（日本）、高丽大学，都是非营利性大学。根据美国新闻网（USnews）的最近大学排名，全球排名前 100 名的大学，超过一半是私立大学。

基于上述情况，建议着眼于建设高等教育强国，将"鼓励支持建设高水平非营利性民办高校"作为一项国家战略，重点引导支持一批基础较好的非营利性民办高校加快向高水平迈进。力争经过 10～15 年的努力，形成一批国内领先甚至世界领先的高水平民办高校，与公办"双一流"形成对照和互补，激发"双一流"建设的活力。具体建议如下。

一、将高水平非营利性民办高校建设纳入"双一流"顶层设计

目前已公布的"双一流"高校和学科名单全都是公办高校，这是在现有学科评估基础上，综合考虑区域布局、行业分布等因素确定的。单从学科发展水平看，目前阶段，民办高校冲击一流还比较困难。但从长远看，非营利性民办高校体制机制灵活，在人才队伍建设、学科优化布局、办学资源整合、产学研结合等方面具有优势。今后一个时期，随着社会资本日趋成熟和捐赠配套制度不断完善，预计将有越来越多的企业和社会贤达愿意捐资高等教育，这将为发展高水平非营利性民办高校提供必要的物质基础。建议遴选确定一批基础扎实的非营利性民办高校，纳入"双一流"高校名单，引导、激励这批高校向高水平迈进。

二、进一步落实支持非营利性民办高校的政策措施

非营利性民办高校与公办高校一样，都属于公益事业，都不以盈利为目的。2016 年新修订的《民办教育促进法》，从法律层面明确要对营利性和非营利性民办高校分类管理，并体现了支持非营利性民办高校的政策导向。当务之急，要尽快明确非营利性民办高校的政策待遇，并着眼于推动非营利性民办高校向高水平迈进，加大支持引导力度。一方面，要从政策层面，明确非营利性民办高校在学校用地、税收减免、学科建设、师生权益等方面享受与公办高校同等待遇。特别是要从制度上改变非营利性民办高校教师"二等公民"的现状，在缴纳社会保险、职称晋升、落户等方面，切实做到与公办高校教师一视同仁。另一方面，要根据学校事业发展实际情况，通过科研项目投入、财政专项支持、生均经费补贴等多种方式，对非营利性民办高校予以支持。非营利性民办高校体制机制活，管理效率高，没有机构臃肿、人浮于事的掣肘，一定能把政府的支持利用好，发挥好效益，最终惠及学生、惠及学校长远发展。

三、健全非营利性民办高校治理体系

要主动适应非营利性办学要求，指导推动非营利性民办高校完善治理体系，健全董事会、理事会、监事会、校务会、教授委员会、教代会等一系列制度，扩大民主参与，加强内部外部监督，构建非营利性办学的制度屏障。合理控制办学成本，努力做到学校所有经费及办学资源用于学校事业发展，把民办的优势特色真正发挥出来。

四、引导非营利性高校走特色立校、质量兴校的发展道路

与公办高校相比，我国民办高校起步晚、底子薄，学科布局相对单一，短期内不可能全面开花，必须凝聚核心目标，集中力量突破。当前，要围绕国家战略和服务地方经济社会发展，调整优化学科布局，提高人才培养的针对性、实效性。另外，还要通过招生计划安排、质量监测评估等多种方式，加强政策调控，引导其更加注重提高人才培养质量，走内涵式发展道路。

加快推进学前教育立法，构建学前教育公共服务体系^①

（2018 年 3 月 5 日）

学前教育是现代国民教育体系的重要组成部分，是终身学习的开端。儿童心理学研究充分证明，3～6 岁是儿童身心发展的关键时期，幼儿早期智力开发和社会融入，对其终身发展具有重要影响，甚至起着奠基性的作用。教育经济学有关研究显示，在各级各类教育中，学前教育投资的收益率最高，公共财政和家庭加大对学前教育的投入，可以带来丰厚的回报。

我国学前教育起步较晚，在相当长一段时期内，幼儿园被当作福利机构，尚未全面纳入公共教育服务体系，城镇幼儿园大都由党政部门、事业单位、军队、国有企业举办，绝大多数农村地区没有独立设置的幼儿园。为改变学前教育发展严重滞后的状况，2010 年党中央、国务院出台《国家中长期教育改革和发展规划纲要（2010—2020 年)》（以下简称《教育规划纲要》），首次从国家政策层面将学前教育纳入规划范围，提出了到 2020 年"基本普及学前教育"的目标，并将农村学前教育作为发展的重点。《教育规划纲要》颁布实施后不久，国务院印发《关于当前发展学前教育的若干意见》，提出了一揽子支持学前教育发展的政策举措，并连续实施了三期学前教育三年行动计划。中央和地方各级财政切实加大对学前教育的投入，学前教育事业发展取得了显著成效。从普及水平看，学前三年毛入园率已从 2012 年的

---

① 十三届全国人大一次会议议案。

64.5%快速增加至 2017 年的接近 80%，达到了世界中上水平，提前完成了《教育规划纲要》确定的目标。可以说，我国用较短的时间，实现了学前教育的跨越式发展。

但应当看到，我国学前教育发展的基础十分薄弱，仍面临诸多困难和挑战。过去几年来，我国将主要财力精力用于扩大办学资源、提高普及水平，学前教育管理体制机制尚未完全理顺，政府对学前教育的责任划分不清且缺乏法律约束，学前教育在投入、管理、教师、监管等方面的制度尚不完善，违规办园现象仍比较突出。特别是近年来，学前教育的低门槛、高收益，使其成为资本市场角逐的重要领域。当前和今后一个时期，学前教育面临双重矛盾挤压：一方面，园舍资源特别是普惠性资源仍严重不足，供需矛盾十分紧张；另一方面，诸多不规范办园乱象亟待治理，科学保教的任务尤为艰巨。

同时还要看到，受社会观念变革、独生子女政策、大量农村劳动力进城务工、公众"从众心理"等因素的影响，学前教育成为刚性需求。家长对学前教育的诉求，已经不仅仅满足于获得入园机会，还普遍希望能够送孩子到优质普惠性幼儿园就读。可以预计，随着"全面二孩"政策的落地，对学前教育的需求将更加强劲，矛盾将愈加突出。近年来，媒体不断曝光幼儿园虐童事件，反复炒作，学前教育被推向了风口浪尖，甚至一度影响到社会稳定。

当前，迫切需要聚焦学前教育面临的突出问题，立足社会主义初级阶段基本国情，进一步完善学前教育顶层设计，制定切实可行的学前教育发展规划，这涉及科学合理规划布局幼儿园、落实幼儿园建设用地、完善学前教育经费保障机制、配齐配足配好幼儿教师等方方面面，涉及教育、人社、编制、财政、发改、国土、住建、工商等多个部门。从根本上讲，构建学前教育公共服务体系，最重要的是出台学前教育法，将学前教育的地位、各级政府对学前教育的责任、科学保教要求等从法律层面确定下来，推动学前教育改革发展走上制度化、法制化的轨道。在学前教育立法中，建议解决好以下四个方面的问题。

一、关于法律定位问题

明确学前教育是国民教育体系的重要组成部分，是政府必须提供的教育公共服务。为每一名适龄幼儿提供适当的学前教育服务，是政府职责所在。政府要根据人口分布等因素，科学合理布局幼儿园。同时，对学前教育的目标、任务及教育内容做出明确规定，防止"小学化"倾向，促进幼儿身心健康发展。

二、关于经费投入问题

明确各级政府对学前教育的投入责任，逐步提高教育财政性经费中用于学前教育的比例，加大公共财政对学前教育的保障力度。要求各省（区、市）出台学前教育生均拨款标准或生均公用经费标准，将幼儿园日常运行经费纳入财政保障范围，逐步建立学前教育财政投入稳定增长的长效机制。鼓励企事业单位举办普惠性幼儿园，拓宽学前教育经费渠道。科学合理制定学前教育成本分担机制，各地可结合实际，适当提高公办园收费标准。

三、关于教师队伍问题

明确幼儿教师是教师队伍的重要组成部分，其权益应依法得到保障。明确学前教育教师资质要求，并对职称、待遇等做出规定。出台公办园教师编制国家标准，指导督促地方出台本地区公办园编制标准并按标准核定幼儿园教师编制。全面实施幼儿教师资格考试制度，严格执行教师资格定期注册制度，健全幼儿教师培养体系，加大幼儿教师培训力度，扩大幼儿教师有效供给。加强幼儿教师师德师风建设，完善师德考评制度，提高教师专业素质。对符合条件的公办园非在编教师，实行同工同酬，并逐步纳入编制管理。设立民办园教师最低收入标准，保证幼儿教师的合理待遇。

四、关于监管问题

坚持公办民办并举的政策导向，继续引导、鼓励、支持发展民办园。

平衡好民办园公益性和营利性的关系，通过政策扶持、财政调控等手段，加强学前教育督导，重点督查安全、财务、保教、教师等方面的情况，确保达到国家基本标准和要求，建立联动监管机制。通过健全幼儿园监管体系，为幼儿园营造良好发展环境、树立良好形象，为其可持续发展拓展更大空间。

以就业为导向，加快提升职业教育发展水平①

（2018 年 3 月）

在各级各类教育中，职业教育与行业企业的联系最多，与劳动力市场的关系最近。能否办好职业教育，既是民生问题，也是关系经济社会发展全局的重大问题。无论是落实脱贫攻坚、促进就业，还是制造业升级、实现经济高质量发展，都需要职业教育提供充足的技术技能人才作为支撑。

党中央、国务院历来重视职业教育发展，本届政府更是将职业教育摆在重要战略位置，寄予厚望。五年来，国家层面采取了一系列重大举措，大力改善职业学校办学条件，健全职业教育学生资助体系，积极推进产教融合、校企合作，大力培育职业教育集团，不断健全职业教育学生资助体系，加快构建现代职业教育体系。应当说，过去几年职业教育发展很快，全社会对职业教育的重要地位作用已有高度共识，职业学校投入水平有了很大提升，办学条件得到明显改善，人才培养质量也在逐步提高，已形成了一批办学特色鲜明、成效显著的示范性职业学校。

但同时也要看到，职业教育仍是我国教育的一大"短板"，各地职业教育发展参差不齐，一些地方职业院校办学条件仍比较差，职业教育投入水平偏低，人才培养质量不高，还不能很好地适应经济社会的发展。特别是近年来，为数不少的职业学校盲目追求升学、升格；在一些地方，中等职业学校普遍举办升学班，背离了职业院校应有的发展方向。近年来，尽管职业教育

---

① 十三届全国人大一次会议议案。

人才培养规模不小，但大都处于较低层次，到企业还不能很快上岗。许多企业反映，难以招聘到合格的技术技能人才，成为发展的一大"瓶颈"。下一步，迫切需要以就业为导向，从破除体制机制障碍入手，加快职业教育发展步伐。

一是利用这次政府机构改革的契机，进一步完善职业教育管理体制，加强办学资源统筹，打破学历文凭与职业资格之间的壁垒。

二是出台切实可行的激励引导政策，创新办学体制，着力破除企业独立举办或参与举办职业院校的体制机制障碍，鼓励和支持社会力量参与举办职业教育，实现职业院校人才培养规模、结构等与劳动力市场有机衔接。

三是改革人才培养模式，密切跟踪行业技术技能发展动态，不断改革和丰富课程体系。加强双师型教师队伍建设，强化实践教学，切实提高人才培养质量，确保所培养人才到企业能用得上。尤其是注重发挥行业龙头企业和国有大型企业的作用，鼓励支持其深度参与职业学校人才培养。

四是发挥好院校设置、财政投入、质量评估、招生计划安排等政策手段的调控作用，坚决遏制住职业院校盲目追求升格、升学的不良倾向，引导职业院校注重内涵发展，毫不动摇走就业导向的正道。

五是深化社会用人制度改革，在入编、落户、待遇等各方面，系统清理各类歧视技术技能人才的政策，克服文凭主义，在全社会营造有利于技术技能人才发展的氛围。

营造良好教育生态①

（2018 年 3 月）

教育是培养人塑造人的活动，肩负着培养一代又一代社会主义合格建设者和可靠接班人的重任，是崇高的公益事业。教育事业发展需要良好环境，这样才能最大限度地凝聚共识，最有效地统筹育人力量，形成发展合力。

改革开放以来，我国教育事业发展取得了举世瞩目的成就，教育投入成倍增加，各级各类教育普及水平大幅提升，入学机会总体不足的矛盾已经得到基本解决，教育质量稳步提高。但同时也应当看到，近年来社会各阶层不同程度存在教育焦虑，甚至面临诸多教育选择困惑，分别站在不同立场对教育提出意见和批评。政府在解决许多教育问题时面临两难选择，众说纷纭、众口难调。特别是一些地方教育领域矛盾比较集中，甚至出现了一些不良现象，亟待综合治理。下一步，建议针对当前社会关切的热点难点问题，加大治理力度，为教育事业健康持续发展营造良好生态。

一、坚决纠正教师补课谋利

在许多地方，教师收费补课成了普遍现象，扭曲了师生关系，背离了教育价值导向。更有甚者，有的教师课上不全教或不认真教，学生不得不课后找老师补课，严重败坏教师和教育良好形象。有调查显示，在一些地方，学生课后参加老师有偿补课的比例超过 50％，补课费成为教师重要的收入渠

---

① 十三届全国人大一次会议议案。

道，同时也成为家长沉重的经济负担。对这一现象，迫切需要重拳治理。一方面，旗帜鲜明地禁止教师以任何形式参与有偿补课，对令行不止的，予以通报，并在职称晋升、绩效分配等方面进行限制；另一方面，发挥教育督导的作用，指导、督促各中小学不折不扣落实国家课程标准，确保在课堂上系统讲授学生必须掌握的知识技能，把每一堂课上好。

二、深入解决 3 点放学难题

近年来，义务教育低年级学生 3 点放学后，上班族家长没法按时接回家，成为社会反映强烈的民生问题，已不单纯是教育问题。针对这一问题，去年有关部门专门出台《关于做好中小学生课后服务工作的指导意见》，要求各地结合实际，妥善解决。从实际情况看，虽然这一问题已得到缓解，但在一些地方还没有得到很好解决，仅仅简单地对学校提了要求，对课后服务到底安排什么活动、课后服务所需条件如何保障、课后服务如何与学校的育人工作有机衔接等，还没有进行系统谋划。希望有关部门对各地提供课后服务情况进行督查，加大推动落实的力度；同时，探索将提供课后服务纳入中小学校内活动统筹安排，实现制度化规范化，切实将这一问题解决彻底，完全打消家长的后顾之忧。

三、设法减轻校外培训负担

近年来，校外培训已经从少数学生向多数学生蔓延。有关调查显示，中小学校外培训参与率超过 50%，在一些学校甚至超过 90%，可谓"校内减负，校外增负；课堂减负，课后增负"，不仅加重学生学习负担，还裹挟了家庭，家长不得不为孩子参加培训投入大量时间和费用，成为家庭的沉重经济负担。在一些大城市，有的家庭每年为孩子培训支付的费用甚至超过 10 万元。在这样的情况下，学校教育对于学生成长成才的作用被削弱，家长的经济实力和教育能力对孩子的发展产生了越来越大的影响。特别要看到，家庭教育消费对其他生活消费产生了"挤出效应"，不利于经济的良性发展。我们注意到，最近教育部等四部门已联合采取行动，对校外培训乱象进行专项治理。希望标本兼治，在治理不规范培训、违规培训的同时，赋予学校更多的自主权，允许和支持学校开展必要的学科培训和文体培训，把学校该做的事情做好，让学生在校内就能享受到目前培训机构才能提供的服务。

四、切实激发出教育的活力

这些年，我国教育投入增加了，教育体量大了，入学机会更多了，但整体上仍显活力不足。针对这一问题，一方面，建议充分发挥市场机制在教育资源配置中的作用，以落实营利性和非营利性民办学校分类管理为着力点，积极鼓励和支持两类民办学校在各地定位上加快发展、特色发展。特别是加大对非营利性民办教育的支持力度，引导民办学校坚守公益属性。另一方面，加强和改进政府对各级各类学校的宏观管理，完善监督体系，在教师选聘、教学安排、资源配置等方面赋予学校更多自主权，使学校成为真正的办学主体，对自身办学行为负责。

五、让广大教师有尊严地位

抓好教师队伍建设，是办好教育的关键所在。近年来教育领域之所以出现诸多乱象，从根本上讲，都与教师队伍弱化有着密切关系。进入21世纪以来，尽管党和国家在加强教师队伍建设方面采取了许多举措，但从整体上看，教师地位作用下降。主要表现在：师范院校生源质量大不如前，目前成绩相对较好的学生第一志愿报考师范专业的已明显减少；教师待遇明显偏低，许多地区乡村教师的收入甚至还不如当地农村劳动力的收入，近年来公务员享受的许多津补贴（如车补等）教师没有享受；教师工作缺乏责任边界，校园内发生的各类事故，简单地将责任推给教师，导致教师工作压力大，职业倦怠问题突出。因此，建议国家从战略上抓教师队伍建设，站在中华民族伟大复兴的高度，大幅提高教师特别是边远地区乡村教师的待遇水平，使其有尊严、有地位，这样才能吸引更多优秀人才选择从事教师职业，并且能够安心从教、长期从教。

关于高等教育稳定规模优化结构的建议

全国人大代表、吉林外国语大学校长　　秦　和

　　20 世纪末，我国开始实施高校扩招战略，高等教育自此加快向大众化迈进。截至 2019 年，全国高等教育毛入学率已达 51.6%。按照世界公认的标准，已进入普及化阶段。过去 20 年，我国高等教育先后实现了从"精英型"向"大众化"、从"大众化"向"普及化"的跨越，走过了许多发达国家用半个多世纪才走完的路。从规模上看，我国已成为名副其实的高等教育大国，在全球高等教育格局中的影响不断扩大，令全世界瞩目。

　　但同时也要看到，我国高等教育仍"大而不强"。虽然规模已位居世界第一，但与发达国家相比，还有较大差距。从各类大学排行榜看，全球排名前 100 名的大学，我国的大学寥寥无几。无论从人才培养质量看，还是从大学的科研水平看，美国、日本、英国、德国等发达国家都大幅领先我们。进入 21 世纪以来，自然科学领域的诺贝尔奖和菲尔兹奖等重大奖项，几乎被发达国家包揽。虽然这些奖项不是绝对的评价指标，但也足以说明我国高等教育质量水平与发达国家还有一定差距。

　　尤其要清醒地看到，我国高等教育规模快速拓展中，积累了不少问题和矛盾。一方面，在扩大高等教育入学机会的同时，还没有建立和完善一整套宽进严出的质量保障体系。另一方面，高等教育存在明显的结构失衡问题，既有学科专业结构失衡的问题，也有类型结构失衡的问题，同时还有区域发展不平衡的问题。

　　随着我国高等教育进入普及化阶段，迫切需要从战略层面，对高等教育

发展目标、任务和举措作出调整。当务之急，要稳定规模、优化结构，引导督促各部门、各地区、各高校将资源和精力聚焦到内涵建设上来。为此，提出以下几个方面的建议：

1. 创新高校招生计划管理模式。稳定高等教育规模，必须从源头上宏观调控高校招生计划。为此，建议在编制国民经济和社会事业发展第十四个五年规划时，对高等教育规模和招生总量作出规定。建立高校招生计划弹性管理机制，实行高校招生计划指标核定与人才培养质量、毕业生就业状况、高校经费保障水平等挂钩。对保障能力足、培养质量高、毕业生就业好的地方和高校，可适当增加招生计划指标。通过严格招生计划管理，倒逼地方和高校深化改革，不断提高人才培养质量。

2. 及时调整优化高校设置政策。稳定高等教育规模、优化高等教育结构，高校设置政策发挥着重要作用。进入 21 世纪以来，我国新设置了近千所高等学校，为实现高等教育普及化作出了重要贡献。下一步，迫切需要根据新的高等教育发展需求，对高校设置政策作出调整。一方面，要围绕内涵发展和提高质量，提高设置门槛，严把标准。原则上，新设立的高校，应以高起点办学为主。另一方面，要实行总量控制，建立高校退出机制。对办学质量不高、条件保障不力的高校，可探索通过多种方式退出，推动高等教育健康、高质量发展。

3. 大力支持培养应用型人才的高校。许多国家高等教育发展的实践已经证明，高等教育进入大众化阶段特别是迈入普及化阶段以后，肩负着双重使命：一方面，要在普及化的环境下培养拔尖创新人才，引领和促进文化传承创新，攀登科学的高峰。另一方面，要为社会培养为数众多的实用型人才。目前，尽管我国尚未对高校实施严格的分类管理，对于什么是应用型大学在政策层面也没有清晰的界定。但从现实状况和未来发展方向看，都需要将培养实用型人才作为重要战略，这是当前我国高等教育最大的短板。对以培养实用型人才为主要目标的高校，在政策和经费方面加大扶持力度，建立以应用型人才培养为导向的资源配置机制和考核评价机制，引导督促各地、各高等学校合理定位，面向区域经济社会发展需求培养人才。

4. 进一步调整优化高校学科专业布局。目前看，我国高校部分学科和专业已不适应科技革命的要求，也不能很好地适应经济社会发展的需求，毕业生在劳动力市场难以就业。对这类学科专业，要在评估的基础上，适当压缩培养规模。要紧跟科技革命发展趋势，面向国家重大战略需求，在通信技术、生物科技、新材料、新能源、人工智能、深空深海探测等领域，超前布局一批新兴学科专业，促进学科交叉融合。同时，要以优化学科专业布局为抓手，在高校建设一批重大科研基础设施，为高校培养拔尖人才和攀登科学高峰搭建平台。

5. 加大对中西部地区高等教育的扶持力度。进入 21 世纪以来，虽然各地高等教育都获得了长足发展，但高等教育的区域差距依然很大。特别是近年来，受经济发展水平及财政能力的制约，东北、西北省份的高等教育发展遇到一些困难，经费投入不足，人才流失等问题进一步凸显。建议国家层面将扶持东北、西北地区高等教育纳入区域开发战略，在财政投入、人才政策、科研项目等方面，加大倾斜力度。

关于加强学生心理健康教育的建议

全国人大代表　秦　和

　　心理健康是学生身心健康的重要内容，是落实党的教育方针的必然要求。近年来，学生心理健康问题越来越突出。据有关调查，在一些地方的中学，患抑郁或有抑郁症状学生比例超过6%；在有的高校，大学生中患抑郁或有抑郁症状的比例超过9%。从体量上看，这已经是一个十分庞大的群体。经了解，近年来北京、上海、广州等大城市的精神疾病专科医院接诊对象中，学生数量及所占比例均呈增长态势。2019年，仅全国某知名高校，就有不少于5名学生自杀身亡。特别是今年疫情期间，学生自杀现象骤增，引起全社会深切关注。通过媒体报道等多种渠道，我们对有关情况进行了初步了解和梳理。据不完全统计，疫情期间，全国已发生数百起学生自杀事件。尤其值得重视的是，自杀学生低龄化现象越来越突出，有的自杀学生还不到12岁。

　　一个个鲜活生命的逝去，对每一个家庭都是难以承受的悲剧，令人痛心。我们为每一个陨落的生命感到惋惜，但作为教育工作者，我同时也深感有责任对这一问题进行严肃的探讨，搞清楚到底是什么原因让这些青春尚未绽放的孩子决然选择放弃生命。全社会都有责任采取对策，尽最大可能杜绝或减少此类悲剧一而再地发生。为此，我们对近年来发生的一系列学生自杀事件作了一些分析。结果发现，尽管每一个学生的自杀，都与其个性、家庭、社会环境以及特殊的境遇有关，但毫无疑问，频发的学生自杀事件，首先凸显了学校教育、家庭教育的短板；同时，也是我们这个时代诸多社会问题的集中写照。

　　总体上看，自杀学生情况各异，但总体上与以下几个方面的因素有关：从个体的特点看，一是抗挫折能力欠缺。有的学生家境好，学习成绩一直也很好，是典型的优等生，在成长中几乎没有遭遇过任何"失败"。一旦遇到困难和挑战，一时想不开，容易选择轻生。二是以自我为中心。此类孩子大都是独生子女，一直处在家庭的百般呵护之下，几乎所有的诉求都会得到满足，习惯于被迁就和照顾。一旦遇到问题与家长或外部环境发生冲突，以错误方式应对，容易采取极端行为。从学校环境看，一些孩子的自杀行为，与学业竞争激烈、评价方式单一有关。虽然素质教育理念已经提出多年，但受评价"指挥棒"的影响，在许多地方难以落地，仍是以分数作为评价学生的唯一标准。一些学业困难的学生，难以获得价值感、认同感，长期承受巨大压力，成为抑郁甚至自杀的重要诱因。同时还发现，一些孩子的抑郁与沉迷网络、遭受欺凌等有密切关系；农民工随迁子女、农村留守儿童、贫困家庭学生、单亲家庭学生往往承受更多成长压力，如果长期得不到排解，也可能导致抑郁。

　　学生心理健康问题，已经成为一个事关党的教育方针落实、事关孩子们健康快乐成长、事关每一个家庭幸福的重大问题，需引起全社会足够的重视。加强学生心理健康教育，及时发现、有效干预学生心理健康问题已刻不容缓。为此，提出以下几个方面的具体建议：

　　1. 配齐配强学校心理健康教师。加强心理健康教育，首先要有合格的师资。要落实中小学教师编制标准，严格按照教育部印发的《关于培育和践行社会主义核心价值观进一步加强中小学德育工作的意见》要求，配齐学校心理教育需要的专、兼职教师。对各级各类学校心理健康师资配备情况，要进行督查；对未按要求落实的，督促整改。要系统研发中小学心理健康教师培训课程，开展全员培训，既重视理论指导，又加强实践能力培养。同时，要为每一所学校建设心理健康场地、配备必要的设施设备，确保心理健康教育能常态化开展起来，及时发现并解决学生的心理健康问题。

　　2. 深化教育评价制度改革。全面落实党的教育方针，坚持五育并举，着力促进学生德智体美劳全面发展，更加重视德育、体育、美育、劳动教育，设法给学生提供丰富多样的课程体验，牢固树立人人皆可成才的理念，不再将考试分数作为评价学生的唯一尺度，不再单纯以升学率考核学校和教师，将学生从沉重的课业负担中解放出来，德智体美劳全面发展。

3. 加强学校与家庭、社会的协同。 学生心理问题的产生，很多时候是学校、家庭与社会多种因素共同导致的。学校要通过家长委员会、家长学校等多种渠道，与家庭保持沟通。一方面，向家庭传导正确的教育理念，不要溺爱孩子，注重培养孩子抗挫折能力、情绪控制能力等非认知能力，克服自我中心主义；另一方面，及时了解家庭的状态及其对孩子的影响，有针对性地做好心理健康工作。学校要主动与有关方面沟通，争取支持，加强校园周边环境治理，综合整治校园欺凌等问题，不要让孩子们沉迷游戏，营造有利于身心健康的良好氛围。

4. 关注随迁子女、留守儿童、单亲学生等特殊群体。 此类群体由于家庭关爱和教育的缺失，容易滋生各种心理问题，需要社会和学校更多的关注。尤其是在一些农村学校，更要加强对留守儿童的心理健康教育的力度，提供及时的心理咨询和干预。对随迁子女，不仅要保证入学机会，还要设法解决其融入问题。对留守儿童，要建立各方面共同关心关爱的体系，使其感到家庭的温暖。对单亲学生，要关注其家庭状况和思想动态，以适当方式多关心，使其阳光快乐成长。

5. 加大教育宣传力度。 要以"心理健康日"等特殊时间节点为契机，举办形式多样的心理健康专题活动，使学校和家长了解心理健康知识，增强心理健康教育意识，改变认识误区，提升心理健康教育能力。要通过课堂及各类媒体，加强生命教育，让广大学生了解生命的过程，敬畏生命，珍惜生命，努力建构生命的意义。

关于大力培养拔尖创新人才的建议

秦　和

拔尖创新人才培养是一个老话题，进入 21 世纪以来，无论是公共政策层面还是学术研究层面，都反复提及；同时也是一个新的重大课题，至今我们都还没有形成一整套成熟的拔尖创新人才培养制度。拔尖创新人才供给不足，始终是我们面临的一大瓶颈。当前，我国拔尖创新人才依然紧缺，经济社会发展诸多方面受制于"卡脖子"技术瓶颈，不仅影响经济高质量发展，还给国家安全带来隐患。要想实现教育高质量发展，支撑经济高质量发展，实现中华民族伟大复兴，拔尖创新人才培养必须取得新的突破。

为此，提几点建议。

1. 加强系统化培养。拔尖创新人才培养是一个链条，要从学前抓起，贯穿整个基础教育，并延伸到整个高等教育阶段。围绕拔尖创新人才培养，许多中小学和高校进行了探索。但总体而言，没有真正形成合力。建议国家层面进行系统设计，打通基础教育和高等教育的壁垒，注重在招生、课程、教学、评价等各方面更好地衔接，让拔尖创新人才培养前后接续，避免半途而止。特别是在考试招生制度改革中，加强普通高中教育与高等教育的衔接，为拔尖创新人才培养创造有利条件。

2. 强化学校主体作用。拔尖创新人才培养，需要发挥政府统筹作用，加强资源整合。但同时更加重要的是要充分发挥学校的主体作用，赋予学校充分自主权，鼓励和支持学校结合实际大胆探索。建议遵循拔尖创新人才培养规律，打破僵化的、"一刀切"的管理模式，科学安排课程、师资和教育教学活动，在创新人才识别、选拔、培养等方面形成一整套制度安排，形成拔尖创新人才培养的良好生态。

3. 注重价值引领。总书记反复强调"为党育人，为国育才"，我理解就是要求我们培养能够担当民族复兴大任的时代新人。拔尖创新人才不仅仅是各个行业、各个领域的引领者、开拓者，同时还要肩负国家使命。在拔尖创新人才培养实践中，要采取灵活多样的方式，有效开展思想政治教育，加强价值引领。不仅要培养学生对于特定学科、特定领域的兴趣，还要让他们理解这个国家、这个时代，深刻意识到肩负的历史使命。许多学校的培养实践证明，通过使命驱动，学习的动力才能从深层次激发出来，拔尖创新人才的潜能才能真正挖掘出来。

4. 处理好拔尖创新人才培养与均衡教育的关系。均衡教育的主要着眼点是公平，面向每一名学生，旨在推进教育基本公共服务的均等化。拔尖创新人才培养着眼点是培养一流人才，属精英教育。无论是大众教育还是精英教育，都是党和国家事业所需，但在教育实践中，往往难以有效统筹。为此，要正确处理拔尖创新人才培养和均衡教育的关系。既要努力办好面向全体学生的教育，还要注重英才教育，特别是要重视智力超常儿童教育，避免在教育实践中把二者对立起来。

5. 处理好国内培养和教育开放的关系。拔尖创新人才是国家核心资源、核心竞争力，是世界各国关注的重点。培养拔尖创新人才，必须自力更生。近年来，西方发达国家在人才和科技领域对我国全面封锁打压，倒逼我们立足国内加快提升拔尖创新人才培养能力。同时要看到，我们培养的拔尖创新人才，必须具有全球竞争力，不能故步自封。西方国家越是封锁打压，我们越要有开放意识、全球视野，千方百计从国际上争取一流资源、一流人才为我所用，培养具有国际竞争力的顶尖人才。建议有关部门着眼拔尖创新人才培养和重大科技创新，统筹国家各方面资源和力量，对教育对外开放进行系统谋划。

第二编 **02**

贯彻落实《民办教育促进法》
和《教育规划纲要》

研读《调研报告》①，进一步落实《民办教育促进法》②

（2006 年 11 月 21 日）

8 月底，朱丽兰主任和教科文卫的同志去吉林时，曾到我们学院去调研、指导工作。这次又邀请我们来北京参加座谈会，非常感谢。全国人大这样关心民办教育事业的发展，使我们倍受鼓舞，也感到很温暖。借此机会，我想谈点个人体会，谨仅供各位领导参考。

一、对《调研报告》的认识

通过学习报告，我们感到这份报告写得很务实，问题抓得很准，概括得比较全面，建议也符合当前我国民办教育发展的实际，是一份准确反映民生民意的好报告。

1. 报告肯定了在《民办教育促进法》及其条例实施后，我国民办教育取得了空前的发展。各级地方政府和部门在贯彻和落实《民办教育促进法》方面，做出了许多积极的探索，民办教育健康发展的社会环境与法律政策环境正在初步形成。应该说，报告对我国民办教育发展态势的这种认识与估计是恰当的，也是客观的。

2. 报告对《民办教育促进法》及其条例实施以来面临的一些问题和存

① 指《全国人大教科文卫委员会关于〈民办教育促进法〉贯彻落实情况的调研报告》。
② 在全国人大教科文卫委员会关于《民办教育促进法》贯彻落实情况汇报会上的发言。

在的主要矛盾进行了科学的分析。报告认为："民办教师、受教育者的平等地位和合法权益尚未得到充分保障，并没做到与公办学校一视同仁，尤其是民办学校都登记为'民办非企业单位法人'。民办学校教师要按照企业职工退休标准领取养老金，这与公办教师的差距是巨大的。同时还存在社会没有公平对待民办学生的现象。《民办教育促进法》规定的民办学校与公办学校一样享有的法定的税收优惠政策还没有得到落实，民办学校资产归属不清问题也很突出。还有如何认识与执行'合理回报'问题，由于国家尚没有与之相适应的会计制度可遵循，办学结余、净收益、净资产无法计算，包括预留发展基金问题，也没有补充和细化的可操作性的实施办法。有一些地方政府对民办教育认识不到位，没有把民办教育很好地纳入自己的管理范围，加之部分举办者不潜心研究教育规律，内部管理混乱，办学急功近利，导致了公众对民办教育缺乏正确的认识。"

3. 报告对进一步贯彻落实《民办教育促进法》及其实施条例所提出的四个方面的建议具有鲜明的针对性，我们完全赞同，深感"一法一例"有些条款不清晰，迫切需要补充制定具体的法规细则，对"一法一例"中概念模糊的、对实践中感到不好操作的、对社会反映较大的部分，还需要进一步完善。

二、根据《调研报告》中建议部分的想法

1. 报告中谈到了要建议政府细化和完善有关民办学校的税收优惠政策问题。这个问题应该及时解决。实际工作中我们碰到的最突出的矛盾是不同法律对同一问题口径不一，造成执法行为碰撞冲突。比如《民办非企业单位登记管理暂行条例》规定：社会力量办的院校属于"民办非企业单位"。《民办教育促进法》第五条和第四十六条规定："民办学校与公办学校具有同等的法律地位""民办院校享受国家规定的优惠政策"。《财政部、国家税务总局关于教育税收政策的通知》规定："对从事学历教育的学校提供教育劳务取得的收入，免征营业税。"而我国的税法则规定"凡民办非企业单位都要向国家交纳税款"，按这一规定，民办学校属于应纳税的范围。报告所提出的将民办学校的收费纳入财政预算外资金专户管理，从而使民办学校享有与公办学校同等的企业所得税减免优惠的建议，解决了我们基层工作中的实际困难。我们同时还感到，重新界定作为公益性事业的民办学校法人类型问题，也是关键。如果能够根据《民办教育促进法》第三条"民办教育事业属于公益性事业，是社会主义教育事业组成部分"，将民办学校法人界定为"民办非公有制事业单位"，停止使用《民办非企业登记条例》所涉及的民办学校的相关条款，不但能够解决税收优惠政策问题，而且还能够解决享受信誉贷款、用地建设等问题。此外，主管单位应该是教育厅，学校可以具有独立人事管理权，教职工的教龄和工龄与公办大学相同，教师职称评聘直接对教育厅，不再经过人才中心，这样不仅有利于教师队伍的稳定，还有利于公办与民办学校之间人才的合理流动，有利于优化配置教育资源，切实实现教育资源共享，彻底解决执法中的难题。

2. 报告中关于对依法保障民办学校教师和受教育者合法权益的若干建议，真实反映了现实中仍然存在许多事实上的不平等。我们认为，《民办教育促进法》中民办教师、受教育者保障条款较少且不具体。

例如，《民办教育促进法》第三十条规定："民办学校应当依法保障教职工的工资、福利待遇，并为教职工缴纳社会保险费。"我们感到民办学校教职工保险条例应该健全，可以借鉴台湾私立学校完善教职工社会保险制度和监督机制，教育主管部门应负起监督民办学校的责任，同时学校应担负为教师缴纳社会保险费的责任，并对违法者给予处罚。

《民办教育促进法实施条例》第二十四条规定："民办学校聘任教师、职员，应当签订聘任合同，明确双方的权利、义务等。"但在实际操作中遇到很多问题，因此民办教师聘任条件、签订聘用合同等方面须进一步细化。我们应该借鉴美国和韩国的做法，规范教师聘任及解聘条件，规范教师工资和任职资格，规范雇用和辞退教师的手续和标准，由政府制定相关法规，达到规范化管理的目的，以保护广大教师的合法权益。

《民办教育促进法》第三十二条规定："民办学校依法保障受教育者的合法权益。"但如果民办学校违规操作，向家长、学生集资，收取依法禁止收取的费用，对合法保管的学生财产进行违法使用，目前对学校的这种行为尚无明确处罚规定。

在实际工作中，我们感觉到民办学生助学贷款是学生最关心的问题，也是难点问题。我们可借鉴国外给私立学校的学生提供贷款的方法，加以完善和解决。比如，美国采取的方式是：国家直接贷款给学生，政府为学生担保向银行贷款，家长贷款和抵税贷款。其中抵税贷款比较独特，抵税贷款是指学生在校读书期间，其家庭年收入中有 10000 美元可以免税，如果申请人在读大学期间，两年年考成绩都在"B"以上，其家庭享受 1500 美元的退税退款。美国学生贷款制度不仅考虑学生的支付能力，而且把贷款和享受有关的优惠与学生学业成绩直接挂钩，这种制度的设计体现了支持私立学校多出人才、多出优秀人才的指导思想。根据我国目前的情况，在国家相关政策正式出台以前，也可采取一些过渡性的措施，比如，由学生家庭所在地的政府相关部门设立专项基金，用于学生助学贷款，家庭和学校则必须提供有法律效力的证明，这样就能有效缓解学校、家庭和社会的压力。政府还可考虑给坚持公益性办学思想，不要回报，办学效益高，教育教学水平评估合格的，从事学历教育的民办学校的学生提供贷款、奖助学金。可参考上述贷款方法，政府能否尽快出台一整套健全民办学校奖助学金的管理机制。

3. 《民办教育促进法》第四十五条规定的扶持与奖励的条款不够具体，只是一般性地提出县级以上的人民政府可以设立专项资金，用于资助民办学校，并未明确说明资助的对象和条件，我们应该进一步完善政府扶持与资助制度。

从国内外民办学校发展历程来看，凡是办得好的民办学校，都相继得到过国家在财政和资金上的资助。南开大学从 1932 年起每年都得到政府的补助，资助经费有时多达学校当年总收入的 53.5%；复旦大学创建初期也曾得到孙中山的特批补助金。在国外，政府认为，私立学校为国家分担了理应属于政府承担的一部分教育责任，所以政府对私立教育给予大量资助。例如，美国联邦政府每年给私立学校大量的资助（到 1970 年就已上升到 17 亿美元），韩国政府采取"统管与扶植支援"相结合的政策，以及建立"私学振兴基金会"，保障了私立学校发展所需资金的稳定性。各国政府通过设立资金，让公立大学和私立大学凭借教学和科研实力参与公平竞争，制定了大量的资助私立大学的法律和政策措施。例如，政府对非营利性学校实行免税制度；社会捐助的税收导向机制为此创造了各种条件和环境，相当一部分私立学校靠社会捐助，才能够得到正常的发展。有关社会捐助，国外政府对学校的帮助也有一定的制约。在美国，不仅在管理上将营利性和非营利性学校严格区别开来，而且同政府的资助紧密相连，非营利性学校用于学校发展的产业都可以免税；在法国，政府资助私立学校时一般都要签约，只有同意按照契约的规定，接受国家督查，私立学校才能享受资助，并且要定期公开会计制度和财务制度。

我们认为，完善民办教育的政府资助制度，也应注意区别营利性与非营利性，原则上只资助非营利性的学校，对出资人要求取得合理回报的一般不予资助。政府资助要以法律的形式做出明确的规定。

4. 当前政府对于民办学校管理不到位的现象不容忽视。民办高校正处于一个严峻的转型期，主要看民办高校如何管理和改革。我们要认真研究世界各国私立高校先进的管理经验。依法管理私立学校是美国的一大特点，一是通过认可各种鉴定机构的方式，对私立大学保持间接影响；二是通过资助向私立学校注入国家和政府的意志，加强对私立学校的具体管理，使其更为科学化和制度化；三是从学校性质、培养目标、办学条件到开设课程内容都有严格规定，专门对私立学校定期评估。

为了防止投资者单纯因盈利而不顾及教育质量，达不到既定标准，违背公益性原则；为了防止民办学校滥用办学自主权，用虚假广告坑害百姓、不诚信办学、办学不端庄；为了防止民办学校在正常运营中出现财务危机，我国政府应当学习其他国家的经验：完善对民办学校的教育教学质量定期评估制度，完善政府监管制度，完善财产监管制度，完善学校审批条件制度，完善违反学校设置法规的法律责任制度，完善民办学校违法的个人责任制度（不能光有职责和权利，不讲责任和义务），完善民办学校违法的责任制度，完善各种奖罚制度。

5.《民办教育促进法》没有对法人治理结构做进一步规定，且民办教育机构设置不合理，管理的弊端日益凸显，须对学校的法人治理结构进行规范，建立健全内部管理和监督制度，实行民主管理，保证民办学校的稳定健康有序发展。

如日本的私立学校设立决策机构——理事会，同时设有监事会和评议会。采用董事会或理事会领导下的校长负责制，即校长同时向三者负责，三者同时有监督校长的权利，体现了制衡理念、民主理念、规范理念。

完善的法人治理结构是现代民办院校制度的本质特征之一，民办院校作为独立法人实体，必须在举办者、决策者、管理者和教职工等权益相关人之间，建立一套有关运营与权利配置的机制或组织机构。它是民办院校实现《教育法》《民办教育促进法》所规定的公益性重要制度的保障，有助于民办院校形成集体决策和权力制衡机制，有助于自我治理、自我发展、自我约束机制的形成，提高自主自律的能力，实现办学的民主化、法制化。因此，我们认为须重点加强以下几个方面的工作：一是完善学校理（董）事会的结构，其产生的方式应设标准，应规范；二是完善院务委员会制度，校长任职标准应规范，只有具备担任校长资格才可任校长；三是完善教职工代表大会制度；四是完善党委、工会制度；五是完善学校内部的各项监督机制；等等。

6. 在《民办教育促进法实施条例》第三十八条中，明确了捐资举办和不要合理回报的民办学校享受与公办学校同等的税收及其他优惠政策，要求合理回报的民办学校享受的税收优惠政策还要等待国务院有关部门来制定，在政策不明的情况下做出要求合理回报的选择需要仔细掂量，建议有关立法部门对合理回报做出明确的有法律依据的具体条款，以利于相关法律规定和地方性法规能够妥善解决有关民办学校的合理回报问题。建议有关部门尽快明确要求合理回报的税收优惠政策，有些该给的扶持政策不应当因要求合理回报而减免。

当然，国家根据公益性的不同给予民办学校不同的优惠待遇，立法应当明确，要合理回报和不要合理回报需要有明确区分，对出资人要求取得合理回报的民办学校给予较为严格的限制并减少所享受的优惠待遇，是符合民办教育立法宗旨的，也是符合民办教育发展规律的。

三、对我国民办高等教育未来发展趋势的建议

我国民办教育发展到今天，已经进入了法制的全新时期。政府如何依法行政，这是广大民办教育工作者最为关心的问题。如果方针正确，政策落实，注重自身内涵发展，民办教育一定会有更加广阔的发展前景。

分析和总结我国近年来民办教育发展的基本经验，要提升民办教育发展的水平，保持持续、健康、稳定的发展，最为关键的是抓好外部环境和内部环境建设。

从外部环境建设来说，一是国家和社会应当高度重视和关注民办教育的发展，加强扶持、加强支持、加强管理。各地区均应根据国家和地方社会的需要，将民办教育纳入政府总体教育发展战略中思考，形成公办教育与民办教育共同发展的格局，并依据经济和教育的"十一五"发展规划统筹兼顾，合理布局，为全国和各地区民办教育的生存与发展留出应有的空间。

二是应该进一步开展调查研究。依据《民办教育促进法》及其实施条例颁布以来的实践，对其中不够明确、不够具体的内容和条文，制定可操作性强的细则和办法。就当前民办教育工作中亟待解决的问题，出台相关的系列政策：发展改革委、财政、人事、劳动等部门，都应制定相应的法规；各地政府也应根据各地特点和状况，制定相应的地方性法规，以保证《民办教育促进法》的贯彻和执行。

三是必须采取切实可行的措施，加大《民办教育促进法》的宣传和学习力度。教育行政主管部门、民办教育举办者和民办教育工作者，包括政府相关部门，都要认真学习领会，并做好宣传工作；各种媒体应当采取积极的态度，正面引导社会舆论对民办高等教育发展主流的正确认识。

四是政府应对各级各类民办学校分层次进行具体指导和规范管理。建议成立民办教育协会，充分发挥协调、管理、监督、评估功能，加强行业管理和行业自律。

　　五是建议国家和地方政府特别是主管部门认真考虑，多为民办教育的举办者和管理者提供进修或培训的机会，使民办高等院校的领导者能够切实地提高自身的素质，不断加强自身建设，掌握国家的法规和政策，尊重教育规律，把握正确的办学方向，使民办高校充分发挥它的历史作用。

　　从内部环境建设来说，就是要重视抓好民办院校自身建设和发展。必须尽快从机遇性发展向实力性发展转变，端正办学指导思想；在办学层次和发展规模上，准确定位；加强内涵建设，从严治校，从严治教，从严治学，从严治管；以特色求生存，以质量求发展。正确认识并处理好下列六种关系：第一，正确认识并处理好社会效益与经济效益的关系；第二，正确认识并处理好市场经济规律与教育规律的关系；第三，正确认识并处理好数量与质量的关系；第四，正确认识并处理好应试教育与素质教育的关系；第五，正确认识并处理好特色建设与品牌建设的关系；第六，正确认识并处理好积极扶持与规范管理的关系。

　　应该指出的是，我国民办教育还处于发展的初级阶段，由于自身的弱点，在其成长的过程中，难免会存在这样或那样的问题，对此我们应该有清醒和正确的认识，要看到这只是前进中的不足。中国民办教育未来的发展，要靠我们这一代人努力开创，要靠更深刻地洞察和预测经济社会发展的大趋势，要靠更透彻地理解教育的精髓和更准确地把握国际高等教育发展的主流，以此来提升民办教育的社会声誉。一百年以后，我国民办高等教育中一定会出现像哈佛、耶鲁那样世界著名的私立名校，我们这一代人甘愿做民办教育发展过程中的铺路石。

当前民办教育亟待解决的几个问题^①

（2008 年 3 月）

一、关于贯彻落实《民办教育促进法》及其实施条例的问题

《民办教育促进法》及其实施条例已经颁布实施几年了，在实施过程中，发现有的地区落实不够，执法不严；有的条款可操作性不强，过于抽象，不好操作；地方配套性法规的制定及实施差距较大，有的地区至今没有制定出相匹配的地方性法规；有的重大事项在法规中没有明确下来，比如民办教育的法人身份等。针对这个问题，应督促各地方建立健全地方法规，加大执法检查力度。建立国家和省两级落实"一法一例"和制定地方法规检查监督机制，并列出检查执法情况和制定地方法规时间表。地方立法应注重可操作性条款，在支持鼓励和平等待遇方面应有明确具体的内容。实行监管问责制，对执法和监管不力的，对严重违反《民办教育促进法》和《民办教育促进法实施条例》的应予以严肃处理，并追究负责人的责任。

二、关于民办教育的法人身份问题

《民办教育促进法》第九条规定"举办民办学校的社会组织，应当具有法人资格"，但没有明确民办学校的法人身份。《民办教育促进法》落实不够以及民办教育权益得不到保障等问题，与民办教育法人身份不确定有直接关

---

① 　全国政协十一届一次会议提案。

系。民办教育属于公益性事业，理应是事业单位法人，但实际上都作为"民办非企业单位"来对待，既不是企业单位，又不是事业单位。法律规定不明确导致民办学校合法权益和各种优惠政策得不到充分保障。建议修订《民办教育促进法》及《民办教育促进法实施条例》，进一步补充完善民办高校的法人身份、产权、合理回报、师生公平待遇、财政支持、优惠政策等内容。例如，在《民办教育促进法》中应进一步明确民办高校法人应属事业单位，以便有效地解决《民办教育促进法》规定的一系列优惠政策和平等法律地位的落实问题。根据办学质量和办学水平，应明确财政扶持和奖励额度及其使用办法。实行扶优奖优限劣政策，不搞"一刀切"。要区别民办教育营利性与非营利性，原则上应资助非营利性的学校和办得好的学校，政府资助应以法律的形式做出明确的规定。

三、关于民办教育的法律地位问题

《民办教育促进法》第三条规定，"民办教育事业属于公益性事业，是社会主义教育事业的组成部分"，但是在现实生活中民办教育的法律地位并没有得到解决，还没有同公办教育处于同等的法律地位。中国教育事业的发展不能走单一公办教育之路，世界各国教育事业尤其是发达国家教育事业都走多元化教育发展战略，采取一系列积极的宏观扶持政策措施，促进公办与民办教育事业的共同发展，也极大地促进了经济社会发展。中国民办教育是整个教育事业的重要组成部分，同公办教育一样承担培养合格的社会主义事业建设者和接班人的历史任务，具有与公办教育相同的公益性质，因此应享有与公办教育同等的法律地位，应享受与公办教育事业单位一样的优惠政策待遇，政府应予以更大的政策支持力度，促进公办与民办教育和谐发展。

四、关于民办教育内部管理体制问题

目前民办教育内部管理体制混乱、不健全，缺乏民主制约监督机制。在地方立法中，可对民办学校法人治理结构中没有明确规定的部分加以补充完

善，包括：完善学校理（董）事会的结构，其产生的方式应设标准，应规范；完善院务委员会制度，校长任职标准应规范，只有具备担任校长资格才可任校长；完善教职工代表大会制度；完善党委、工会制度；完善学校内部的各项监督机制。

对《民办教育促进法》执行情况开展检查①

（2009 年 3 月）

改革开放以后，我国民办教育事业从无到有，迅速崛起，受到党和国家的高度重视。2002 年 12 月 28 日，第九届全国人大常委会第三十一次会议审议通过了《中华人民共和国民办教育促进法》，正式确定了民办教育的法律地位和指导方针。该法于 2003 年 9 月 1 日起实施。由此，我国民办教育事业步入积极健康发展的轨道。多年来，我国民办教育事业取得重要成就，对于增强国家教育能力，加大教育投入，拉动投资和消费，增加教育服务品种以及多样性、差异性、选择性教育资源，促进教育公平，深化教育体制改革和制度创新，做出了积极的贡献。

同时必须看到，与不少国家相比，我国民办教育的规模还不大，层次还较低，质量还不高，影响还尚小。当前，我国民办教育的发展在地区间、学校间的差异很大，很不平衡；有些地区的不少民办学校已经倒闭或陷入难以维系的困境，当地的民办学校举办者、办学者普遍信心不足，疑虑很多；有些民办学校问题多，管理乱，存在不少风险隐患。尤其是政府有关部门及有些地方政府至今对民办教育重要意义的认识或对《民办教育促进法》精神的理解还不统一，致使该法的不少重要条款至今得不到落实；国务院于 2004 年3 月 5 日下达的《中华人民共和国民办教育促进法实施条例》中缺少应有的内容，某些重要条款存在着操作性不强、难以实施的问题；有关法律、政策

---

① 全国政协十一届二次会议提案。

互相掣肘；该配套的不少政策迟迟不能出台；某些针对临时突发事件出台的规定又未达到总揽全局的高度和立足长远的视角。总之，《民办教育促进法》已实施5年，期望形成的促进发展的局面在全国一些地区并未形成。上述情况需要引起高度重视。

我们一致认为，应将积极促进民办教育的发展作为深入贯彻落实科学发展观，建设全民学习、终身学习的学习型社会和人力资源强国的一项重大战略，按照党的十七大报告关于"鼓励和规范社会力量办学"的总要求，全面贯彻落实《民办教育促进法》，切实维护民办教育和广大民办学校及其师生的法律地位，坚定不移地贯彻"积极鼓励、大力支持、正确引导、依法管理"的方针，进一步解放思想，深化改革、鼓励创新，大力开创我国民办教育事业的崭新局面，为实现全面建设小康社会目标和建设社会主义和谐社会做出重要的贡献。

为此，提出如下建议，由全国人大教科文卫委员会牵头，国务院法制办、教育等部门以及民办教育行业协会参加，于今年或2010年，在全国范围开展一次对《民办教育促进法》执行情况的大检查。检查和调研的重点专题如下。

（一）国务院有关部门和各级政府落实"积极鼓励、大力支持、正确引导、依法管理"方针、促进民办教育发展的情况；

（二）国务院教育行政部门"对全国民办教育统筹规划、综合协调和宏观管理"，以及各级人民政府"将民办教育事业纳入国民经济和社会发展规划"的情况；

（三）各级政府部门保障民办学校享有法定办学自主权的情况；

（四）民办学校教师、受教育者关于与公办学校教师、受教育者享有"同等法律地位""同等权利""同等权益"规定落实的情况；

（五）国务院有关部门和各地政府关于落实设立专项基金、采取经费资助、税收优惠、信贷支持、给予用地及建设优惠以及给予合理回报等法定扶持、奖励规定的情况；

（六）各级各类民办学校依法办学的情况。

　　在检查和调研的基础上，总结、推广典型经验，发现问题，查找原因，修改完善《民办教育促进法实施条例》，采取有力措施，切实保障《民办教育促进法》的贯彻落实。

　　同时，希望政府有关部门高度重视，通力合作，针对当前我国民办教育发展进程中出现的新情况，把握突出问题，广泛征求各方意见，进一步解放思想、实事求是、与时俱进，就《国家中长期教育改革和发展规划纲要》以及"民办教育分规划纲要"的制定，提出有效新政，确保全国民办教育积极、健康和持续地发展。

认真落实《教育规划纲要》，加大建设高等教育强国力度①

（2010 年 3 月）

《国家中长期教育改革与发展规划纲要（2010—2020）》（以下简称《教育规划纲要》）已经把建设高等教育强国作为重要的历史任务纳入其中，这令人鼓舞。

众所周知，我国已进入了高等教育大众化的阶段，成为世界上高等教育规模最大的国家。但是，我们还称不上是高等教育强国，主要差距表现在两个方面：一方面，我们的高等教育刚刚进入大众化阶段，还没有赶上西方发达国家，达到普及化阶段，即受高等教育的同龄人还未达到50%以上；另一方面，我们在人才培养上，还有许多薄弱的环节，尚未能培养出一大批世界级的顶尖人才。

因此，建设高等教育强国是摆在我们面前需要认真思考和认真对待的重大的历史任务。在我国实现高等教育强国的目标，主要标志有以下三个。

一是从高等教育的规模与比重上说，要完成从高等教育大众化阶段向普及化阶段的过渡，即从现在的23%扩大到50%以上。要能完成普遍提高国民教育程度的任务。从人才培养的质量上说，我国的高等教育要成为培养世界级顶尖创新人才的摇篮。也就是说，我国的高等教育要在 21 世纪中叶之前培养出一大批世界级的科学家、政治家、科技领军人物，也要培养出影响世

①　全国政协十一届三次会议提案。

界历史进程的思想家、社会科学家、技术专家、哲学家、教育家、经济学家和一大批企业家。

二是高等教育内容要真正实现产学研一体化，从而对经济与社会的发展、对科技的创新与提高产生更为直接的推动作用。

三是对构建社会主义和谐社会，增强中华民族的凝聚力，提高全民族的道德水准、精神生活，引领社会舆论向着健康、文明、进步的方向发展产生或发挥更为直接的积极作用与影响。

对如何落实好《教育规划纲要》，加大对建设高等教育强国的力度，现提出如下建议。

第一，要提高社会各界对建设高等教育强国的认识程度。建设高等教育强国是有利于提高全民族素质，有利于建设先进文化，有利于提高综合国力的重大战略思考；建设高等教育强国是要使整个高等教育适应和促进我国经济社会的发展。这是一个整体工程，它不仅仅就是建设"985""211"工程问题，而是涉及整个教育、涉及全中国力量总动员的大工程，必须有全面和正确的认识才能实现；不仅仅是教育战线自身的责任，更是国家意志的体现和全民族的共同任务。

第二，要加大战略性研究力度。落实《教育规划纲要》，建设高等教育强国，完成这样的历史任务，应当认真借鉴发达国家在建设高等教育强国过程中一些好的经验和做法，要结合我国的实际国情，进行有针对性的深入研究。特别重要的是正确认识和处理好教育部直属院校与地方院校、重点院校与一般院校、公办院校与民办院校、基础教育与高等教育的关系，既要有全国性的规划，也要有分区域、分省市、分行业、分科类的合理布局，使之与经济社会发展相适应，实施全面推进、重点发展、分类指导、分阶段、分步骤的战略，从而使规划逐年落到实处。

第三，要加大对高等教育的战略性投入力度。据了解，到1998年为止，世界多数国家财政性教育支出平均比例占GDP的5.5%。《教育规划纲要》规定到2012年才能达到4%的目标，我国教育投入偏小的这种局面必须尽快扭转。一方面，国家财政要保证逐年提高对高等教育投入的总量；另一方面，要科学地调整高等教育系统内部的分配比例与结构，提高投入效率。同时应当建立以省为主的教育财政分担机制，中央政府的主要责任是通过规范的财政转移支付制度均衡省级政府的教育财政能力。在保证政府投资为主的前提下，要大力支持和吸引社会各方面向高等教育投入。在投资体制、办学体制等方面坚决实施两条腿走路的方针，从而真正形成公办教育和民办教育共同发展的新格局，并在未来半个世纪中形成若干世界一流的人才培养名校。

近代以来大国崛起的历史经验证明，一个国家高等教育的强弱程度直接关系和影响到综合国力的强弱。因此，我们要加快建设高等教育强国的步伐。教育行政部门要有这样的历史紧迫感，教育工作者要有这样的历史紧迫感，全社会也都要有这样的历史紧迫感。

《教育规划纲要》涉及民办教育条款
如何细化并落实①

（2010 年 3 月）

在"两会"召开前夕的 2 月 28 日，《教育规划纲要》征求意见稿全文公布。同日，国务院新闻办公室联合五部委（教育部、发展改革委、财政部、科技部、人力资源和社会保障部）召开新闻发布会，教育部部长袁贵仁指出，按照中央"问政于民、问需于民、问计于民"精神，公开向全社会征集意见，以便完善《教育规划纲要》的最后出台。

3 月 2 日，由人民政协报主办，北京吉利大学、北京人文大学协办的"首届中国民办教育贡献力并《教育规划纲要》意见征集座谈会暨《中国民办大学报告 2010》发布会"在北京翠宫饭店隆重举行。全国政协副主席、民进中央常务副主席罗富和出席，全国政协常委、民革中央副主席何丕洁同志主持了这次会议。全国人大代表、全国政协委员、教育界专家学者和民办教育界代表，以及媒体记者近百人应邀出席会议。

与会代表就中国民办教育的贡献并针对《教育规划纲要》征求意见稿中涉及民办教育的条款，展开了讨论并充分表达了意见和期待。大家一致肯定，这次《教育规划纲要》征求意见稿对民办教育的支持力度是大大提高了；对"清理并纠正对民办学校的各类歧视政策""支持民办学校创新体制机制和育人模式""积极探索和制定促进民办教育发展的优惠政策""建立完

---

① 全国政协十一届三次会议提案。

善民办学校教师社会保险制度"等提法，多位代表发言都用了"很有震撼力"这句话。大家特别对孙霄兵司长的讲话给予了高度评价。总而言之，极其鼓舞人心，让民办教育的举办者、管理者、参与者都感到了民办教育的第二春即将来临。

但是，根据以往的经验，中央文件写了的，到实际中真正得以贯彻和落到实处，还有许多环节要考虑，还有许多事情要做，诸如中央文件怎么化为可操作性的管理条例，中央政策落实过程中如何因地制宜、依法行政等。有鉴于此，与会代表委员决定联合提出如下若干建议。

第一，坚持民办教育的公益性原则，就必须制定、健全、落实公共财政对民办教育的扶持。《中华人民共和国教育法》第八条第一款明确规定："教育活动必须符合国家和社会公共利益。"《民办教育促进法》第三条同样规定："民办教育事业属于公益性事业，是社会主义教育事业的组成部分。"《教育规划纲要》第四十二条规定："坚持教育公益性原则，健全政府主导、社会参与、办学主体多元、办学形式多样、充满生机活力的办学体制，形成以政府办学为主体、全社会积极参与、公办教育和民办教育共同发展的格局。"一项社会事业之公益性，其本质就是表现为政府的主导作用。教育尽管有所谓公办和民办之分，但归根到底都同属社会的公益事业。如果说教育公平是社会公平的基础，那么，同样可以这样说，公平教育亦是教育公平的基础。因此，建议在《教育规划纲要》最后修订时，写明国家公共财政对民办教育相应的拨款和扶持。

第二，民办学校的教师在退休、养老等社会保险方面应当享有与公办学校教师同等的待遇。尽管《民办教育促进法》第二十七条规定"民办学校的教师、受教育者与公办学校的教师、受教育者具有同等的法律地位"，这次《教育规划纲要》也提出"建立完善民办学校教师社会保险制度"，但民办学校的教师在退休、养老等社会保险方面至今没有享受到与公办学校教师同等的待遇。众所周知，要办好一所学校，关键在校长和教师，而与公办学校教师同等的待遇不能得到解决，从长远看，民办学校所谓的教师队伍建设必定是一句空话。因此，建议在《教育规划纲要》最后修订时，写明民办学校的教师在退休、养老等社会保险方面应当享有与公办学校教师同等的待遇，而且要给出具体的可操作和实施的条例和办法。

第三，制定和出台有利于民间向教育捐资的捐赠法。中国幅员辽阔，经济发展不均衡，社会文化传统也因地而异。比如历史上的广东、福建、天津等地方就有捐资办学的传统，为什么在国家成为世界经济强国的当代，也就是说民间应该更有钱的时代，这种传统反而有消失之虞呢？难道现在拥有财富的人群，其财富数量和个人素质均不如往昔了吗？回答是否定的。事实上，问题恰恰出在我们的政策缺失或者捐献法律的空白上。如果我们也有类似于美国的捐献法案，所捐钱款可以冲抵部分税收并获得社会荣誉，我们有理由相信，捐资办学会大有人在。因此，建议在《教育规划纲要》最后修订时，写明适时将制定和出台有利于民间向教育捐资的捐赠法。

总之，民办教育作为国家教育事业的组成部分已是不争的事实。温家宝总理2010年3月5日上午在人民大会堂做了2010年《政府工作报告》，讲到优先发展教育事业，注重抓好的第一件事就是推动教育改革，解放思想，大胆突破，勇于创新，鼓励试验。

民办教育20多年的发展进程就是中国教育事业改革和发展进程中的一项重要的试验和创新。我们更希望以21世纪第一个《教育规划纲要》为契机，像改革开放之初发展私营企业一样，大张旗鼓地促进和发展民办教育。

诚如是，则中国民办教育发展的又一个春天就在眼前！

落实新修订的《民办教育促进法》
和"1+3文件"①

（2017年3月）

2016年11月，十二届全国人大常委会第二十四次会议审议通过了关于修改《民办教育促进法》的决定，对新时期发展民办教育制度设计和政策完善奠定了法律基础。根据这次修法的精神，国务院出台了《关于鼓励社会力量兴办教育促进民办教育健康发展的若干意见》，教育部等有关部委联合印发了《民办学校分类登记实施细则》和《营利性民办学校监督管理实施细则》，中共中央办公厅印发了《关于加强民办学校党的建设工作的意见（试行）》（以下将若干意见、两个实施细则和党建意见统称为"1+3文件"）。"1+3文件"就新时期如何加快民办教育发展做出了全面系统的部署。这次修法及"1+3文件"的出台，立足当前经济社会发展大背景和教育所处的阶段性特征，支持与规范并举，对民办学校分类管理做出制度性安排，这必将带来我国民办教育政策环境的深刻调整，对我国教育事业发展产生重大而深远的影响。

总体上看，各方面对这次修法及出台"1+3文件"给予了充分肯定，认为这一制度设计既回归了教育的公共属性，又尊重了教育服务提供的多样性、差异性。但是，同时也应当看到，站在新的历史起点上的中国民办教育，仍面临诸多发展"瓶颈"。民办教育改革发展中面临的一些瓶颈性困难

---

① 全国政协十二届五次会议提案。

障碍，需要借助这次修订《民办教育促进法》和"1 + 3 文件"的出台加大统筹协调力度，深入细致地做好新法新规的贯彻落实和地方政策落地工作。

一、明确任务分工

落实新修订的《民办教育促进法》和"1 + 3 文件"，涉及教育、发展改革委、财政、民政、税收、工商、土地等多个部门。建议由教育部牵头，对贯彻落实工作进行全面梳理，明确任务清单，并将各项工作分解到具体部门和责任人，限时完成。原则上，所有贯彻落实的任务，包括拟出台的文件、采取的措施等，应尽快完成，为各地制定具体办法留出较为充分的时间，以保证修改决定 2017 年 9 月 1 日起施行。建议将各部门任务完成情况纳入国务院重点督查事项，加大督促力度，确保不折不扣地落实。

二、强化地方责任

鼓励社会力量兴办教育，主要是地方的事权，责任主体是省级人民政府。考虑到我国地区发展不平衡，各地发展民办教育的客观条件千差万别，国家层面的顶层设计和部署还需要地方政府结合实际情况来落实。为此建议，国家有关部门，要加强指导和督导，确保法律和文件授权各地自定的政策，能够精准、及时落地。

三、加强政策协调

民办教育的许多政策，涉及多个部门的职责。长期以来，各部门因着眼点、站位不同，对许多问题存在分歧。这次修订《民办教育促进法》和出台"1 + 3 文件"，在方向和原则上达成了共识。但在具体操作上，在细节问题上，仍存有分歧。下一步，尤其需要在政策协调上下功夫，尽可能寻找部门之间的"最大公约数"。建议在国家层面成立由国务院领导同志牵头的民办教育协调机制，重点就涉及民办教育改革发展的重大问题进行深入研究，切实加大协调力度，确保税收、土地、金融等方面的支持政策能够真正落地。

四、加强宣传推广

从多年的实践来看，民办教育改革发展的力量在基层。我们注意到，针对民办教育改革发展中的不少问题，国家不可能用"一刀切"的办法解决。民办教育发展中遇到的许多棘手问题，如财政支持问题、产权归属问题等，在地方和学校层面都有破解之策。下一步贯彻落实新修订的《民办教育促进法》和"1+3文件"，鼓励社会力量兴办教育，尤其需要注重总结基层的成功经验。民办教育新的顶层设计完成后，国家层面要将更多的精力用于发现总结地方的成功经验，采取适当方式，及时鼓励、宣传、推广，形成民办教育健康发展的良好局面。

五、开展政策评估

政策评估是公共管理的重要环节，也是长期以来时常忽略的环节。新修订的《民办教育促进法》和"1+3文件"好不好，需要经受实践的检验。各地的民办教育政策措施是否成功，同样需要以民办教育的实际发展效果为准绳。为此，必须及时开展政策评估。一方面，要开展自评；另一方面，也要注重开展第三方评估，不能完全是自说自话。国家层面可考虑建立一套民办教育政策评估机制，密切跟踪民办教育发展情况；可考虑设立一些可感知、可测量的评价指标，定期监测各地民办教育发展的效果。根据评估结果，对各地民办教育工作进行科学指导，及时对已经出台的政策措施做出修正。

六、避免"挤出效应"

发展教育事业，须公办民办并举，实现互补共赢。一般而言，公办侧重提供基本教育公共服务，民办侧重满足个性化、差异化服务。在强化政府教育责任、增加财政教育投入的同时，要合理定位政府的角色，避免政府大包大揽，挤压民办教育发展的空间。近年来，一些地方确实出现了公办对民办的"挤出效应"。比如，在大力扶持公办幼儿园的同时，缺乏支持民办幼儿园的引导政策，导致民办幼儿园萎缩；实行中职免费后，民办中职的吸引力下降，出现不少民办学校倒闭或规模萎缩的现象。下一步贯彻落实《民办教育促进法》，尤其要防止两种倾向：一种是过度依赖民办，逃避政府的责任；另一种是公办教育至上、无所不包，使民办教育无从发展。

第三编 03

素质教育

推进汉语言文字规范化①

（2009 年 3 月）

改革开放以来，特别是近几年来，国家对汉语言文字的规范和使用是相当重视的。国家语言文字工作委员会和教育部现在设有语言文字使用管理司和语言信息管理司两个专门管理机构。进入 21 世纪以后，国家还颁布实施了《国家通用语言文字法》，制定了《语言文字规范（标准）管理办法》《语言文字规范（标准）审定章程》等法规文件。这一切都说明，国家对语言文字的规范和使用是十分重视的。

但是，我们也必须同时看到，由于经济的、文化的、社会的、教育的和其他诸多方面的环境变迁等种种因素的制约和影响，目前在汉语言文字的规范、使用和教育上，仍然存在着一些不容忽视的突出问题。例如，在语言文字使用上，生造词汇，乱用外文，繁简混用，标新立异（一些"网络语言"、所谓的"火星文"之类），粗俗低下，五花八门。尤其是错字、别字在各种媒体上、出版物上和学生的作文、文章中屡见不鲜。在一些电视频道播放的电视剧的字幕上，经常可以看到大量的别字。据统计，上海在一次有近 300 名中学生获奖的作文比赛中，就被查出了 141 个错别字，其严重程度可想而知。一个民族文化的传承，80% 是靠语言文字的功能来实现的。汉语言文字是我们中华民族通用的语言文字，它的规范、使用和教育必须是正确的、严谨的、健康的和纯洁的。一个民族的语言文字问题，绝不是一件小事，也不

---

① 全国政协十一届二次会议提案。

仅仅涉及文化传承问题，实质上是涉及一个民族的生存、发展和复兴的大事，绝不能掉以轻心。

随着我国国民经济的发展和国际地位的提高，现在国际上已经出现了"汉语热"。仅孔子学院在世界各地已成立了300多所。作为中国人，我们更有责任规范和使用好自己的语言和文字。

第一，应该在普查的基础上，正确地认识和分析我国汉语规范和使用的现状，要找准在汉语言文字使用上产生不规范现象的基本原因。

根据我们的调查，当前我国汉语言文字使用产生不规范现象的主要原因有五个：一是某些媒体在语言文字使用上的误导和编辑、出版界缺乏相应的责任心和严格的审查；二是在计算机的广泛使用中缺乏对语言文字正确使用的正面引导；三是中、小学语文教学不够严格、规范；四是母语教育和外语学习的辩证关系处理失当；五是全社会对语言文字规范化问题缺乏正确的统一的认识。

第二，国家相关部门还应该组织专门人员对此问题进行更深入的、科学的历史研究、现状研究和理论研究。有三个问题必须投入较大的精力，并应在国家语言规范化建设中长期规划出台前，取得切实的成果。这三个问题是：（1）关于正确处理汉语规范和发展的基本原则的问题；（2）关于正确处理汉语同少数民族语言关系的基本原则的问题；（3）关于正确处理母语学习和外国语学习关系的基本原则的问题。应尽快制定出汉语规范化中长期建设规划和完善的汉语规范化标准实施体系。

第三，进一步完善语言文字规范化使用的法律体系。现在国家虽然有相关成文法，一些省市也有地方性法规，但法律体系和内容还不够完备，特别是地方性配套法规还不够健全，有些地方机构也不够健全。

第四，政府各部门要协调一致，对涉及语言文字工作量较大的领域，如广播、电视、出版机构、机关、学校、各种网站、商业广告等，要依法实行严格的监管。党政机关要高度重视语言文字工作的规范化，也要动员社会各种学术团体高度重视。对于媒体、广告的各种误导，要有惩罚性措施。

第五，对汉语的规范化问题应从小抓起，从小学、中学和各阶段的教育中抓起。不仅语文教师要提高母语的程度和水平，各科教师也都要负起语言文字规范化教育的责任。社会，特别是家长对学生正确使用语言文字也负有重要的责任。为儿童、青少年编写的教材、读物，不但内容要健康，语言文字的使用也要准确、严谨、规范。

学教育的人当校长[1]

（2011 年 10 月 19 日）

学教育学的人做校长，可能会有更深的教育情结，因为懂得教育的真谛，才会更加热爱教育。他有目标，有信念，又了解教育管理，他懂得教育要符合规律，需要时间沉淀，需要文化支撑，需要在"人"的身上下功夫，需要扎扎实实地规划设计。这样，他就不会脱离教育的主轴。

（一）校长的规划设计对学校至关重要

学教育，根本的是要获得对教育的理解。教育的过程是一种熏陶，是潜移默化的影响；教育不是说教也不是灌输，而是形成内在品质的过程。

我总在想，我们是在培养学生，为学生成才服务，要使他们成为钢筋铁骨，成为对社会有用的人，重要的是在"人"的身上下功夫。

教育学还要关注资源配置的问题。一所学校光有大楼和资金没有用，关键是老师和学生这两个主体，教和育都要体现在学生身上，人才培养自然就成为核心。学教育学是一个返璞归真的过程，学教育学的人当校长，他的视野、站位、空间都会不一样。我有时觉得，作为校长应该深入地了解教育内涵，能够从教育的深层次方面，从整体的宏观层面处理好规模、质量、结构和效益之间的关系以及把握好教育资源的合理配置。

为什么很多学校的专业趋同？这是由于缺少研究与设计、缺少学科专业结构的科学布局。究其根本，还是调研得不够，盲目跟风。从学校发展需要

---

[1] 发表于《人民政协报·教育在线周刊》。采访：贺春兰。文字整理：甄晓燕、陈曦。

来讲，如果每个学校都能围绕自身发展目标进行全方位的规划和设计，不偏离轨道并能持之以恒的话，那么满足各种需求的办学特色就形成了，而不是相互抄袭，没有自己的中心轴。

我国当前非常缺乏职业化校长。校长的学识和管理是两个概念，好校长未必是优秀的学术专家，而优秀的学术专家也未必能成为好校长。校长要忘掉自己，舍身奉献，专注于学校的管理和建设，全身心地为老师和学生服务，而不单是把自己的学术做好。校长的教育思想和规划设计对学校的发展是至关重要的。一个好校长，他的人格魅力和作风会影响到每一个教师和学生，会影响到学校的文化和精神建设。校长是一个学校的灵魂，有好校长才有好学校。做一个好校长是一辈子的事情，朝朝夕夕都要考虑老师和学生，要把这两个主体服务好、调动好，同时，更要考虑到学校的健康可持续发展问题。

如果一个学校 5 年或 10 年一换校长，很难沉淀出大学文化与精神。哈佛之所以成为哈佛，是因为平均每一任校长任期十几年，最长的任期长达 40 年。① 如果一个好校长在一个学校连续工作十几年，其教育思想和理念会一直得以延续，那么这个学校真的就很幸福，也一定能够成为一所好学校。为什么国外教育家比比皆是？是因为有一批甘愿奉献者，他们一开始就会考虑：如果当校长我的精力是否允许，我能否对得起这个职责，我是否愿意放弃我的学术。无论校方还是校长自身都会非常慎重地选择。因为选择是痛苦的，更是责任，一旦认定了就不可改变。作为校长，要为老师搭建好平台，为学生铺好路。

当然，好校长不如好制度。校长应做好顶层设计、文化设计和制度设计。如果一个学校由人管人上升到制度管人，再上升到文化熏陶人的时候就达到了管理的最高境界，也就实现了办学的民主化和法制化。开始办学就要有这些设计，再按照这些设计一丝不苟地执行下去，这样一定能产生重大的

---

① 吕向虹. 大学校长该任多久——对哈佛大学校长任期的考察及思考 [J]. 佛山科学技术学院学报（社会科学版），2005，23（6）.

社会效益。

教育和培训是有区别的，教育是塑造学生灵魂的，是使学生成为有知识、有文化、人格健全的合格公民，是帮助学生形成正确的人生观、价值观，建立内在抵抗力。这样才能说学生受到了良好的教育，成为新一代知识青年，否则高等教育机构就变成培训学校了。而培训仅仅是让学生获得职业的基本技能。学生只有拥有了正确的价值观和回报社会的责任感，才可能在日后真正融入社会，有所作为。

社会在发展、转型和创新，教育就是要培养符合社会需要的人。现在社会需要与教育对接不上，因为学校缺乏对社会和市场的预测性以及前瞻性调研，而前瞻性调研往往是科学设计的基础。所以，校长需要全身心地投入学校的规划与设计。现在教育出现的问题是缺乏对教育本质的研究，缺乏对校长这个职业的深刻理解。如果每个校长都能做到鞠躬尽瘁，那么中国的教育事业就发展起来了。

（二）学生是学校一切工作的归宿

大学止于至善，在明明德。大学在培养学生的同时自身也在成长，大学、老师和学生相互依存，不可分割。所以，校长、老师不应该挑剔学生犯错，因为学生如果是完人就不用上大学了。教育其实就是一群不完善的人领着另一群不完善的人一起走向完善的过程。因为都不完善，所以止于至善，永远在不停地追求。

教育是为社会服务的。想服务好就必须想得早，想得长远，想得透彻，紧盯国家需要和社会需求。而我们的社会要满足各种需求，就需要有各种层次类别的教育。现在学校与社会脱节，造成人才既过剩又稀缺。我们办学需要科学设计、科学规划、科学发展，杜绝急功近利。

目前，大学生就业难问题备受关注。为什么很多岗位空着，而很多大学生却无业可就？关键是用人单位的岗位需求与高校专业的契合度不高。如果就业结构和质量不发生变化，如果高校的定位和特色不发生变化，如果不进行分类管理，就业危机就还会持续出现。这就需要校长从战略高度考虑学校的定位、培养目标与社会需求的符合度，专业设置与就业岗位的符合度，这些都属于教育本身应该深入系统研究的问题。

教育不是虚幻的，我们方方面面都要围绕着"育人为本"这个理念去做，考虑如何使学生真正成人、成才、成功。成人——重在品德教育，成才——重在使学生学会学习和实践，成功——重在艰苦奋斗的过程，也是一辈子要努力的事情。

切实加强大学语文教育[①]

（2012 年 3 月）

准确、熟练地使用中国的语言文字，了解中国文学和文化发展的一般状况，进而在某些方面有相对深入的认识，这是对中国人尤其是中等知识水平以上的中国人的要求。因此，提高语文素养，应当是大学生成长成才的基本要求。与阳春白雪且带有一定浪漫色彩的文学专业教育不同，语文教育更应该立足于基础汉语素养的养成，这也就决定了语文教育应该是普及化与大众化的。大学生可以不作诗，不写小说，但不能丧失对文字的应用能力、感知能力和鉴赏能力，这是大学专业教育的重要基础。

在当下高校人才培养和课程安排中，语文教育往往处于被忽视的尴尬地位，主要存在以下突出问题。一是普遍对大学语文教育的重要性认识不足。从课程方案和学分要求来看，大学语文的分量无法与专业课程以及计算机和外语课程相提并论，处于可有可无的境地；二是语文教材陈旧、乏味，脱离大学生身心发展的阶段性特征和兴趣需求，一定程度上导致大学生丧失了对语文的学习兴趣；三是教学方式方法落后。许多高校语文教学仍在强调知识的灌输和记忆，以应试教育为主，既忽视了对大学生母语应用能力的培养，同时语文教育作为人文精神载体的功能未能发挥；四是师资队伍建设滞后。在许多高校，大学语文是作为公共选修课开设的，鲜有教师专门从事大学语文教学和研究，导致教学水平总体不高。特别在一些理工科院校，语文教师

---

① 全国政协十一届五次会议提案。

十分紧缺。

大学语文教育的滞后导致许多大学生特别是理工科学生在母语表达方面的能力较为欠缺，在文字应用中时常出现文不对题、词不达意的现象，不能准确地运用语言文字表达自己的所思所想，不仅对专业学习产生了不利影响，还削弱了他们的社会竞争力。许多大学毕业生走上工作岗位以后，由于语言文字运用能力欠缺，难以迅速适应岗位需求，致使用人单位和社会舆论对当代大学生基本的表达、沟通能力和综合素质产生怀疑。与大陆（内地）高校大学语文教育滞后形成鲜明反差的是，台湾和香港地区的大中小学更加重视国文（语文）教育。我们的学生在小学、中学到大学的各个阶段都在接受语文教育，但为什么不能较好地运用语言文字？这个问题迫切需要国家政策层面予以考虑和应对。

一、确立语文在高等教育中的重要地位

大学语文课程承担了继承母语教育、汉语写作、汉语审美的任务，直接关系到人才培养质量问题，关系到中华民族的文化建设、母语建设大业。2011 年 4 月，胡锦涛总书记在清华大学建校 100 周年庆祝大会上强调指出，高校除了具有教学、科研和服务社会的功能之外，还具有文化传承的功能。高校能否发挥文化传承的功能，大学语文教育尤为关键。今后，国家应以适当方式，指导和督促高校重视语文教育，在人才培养方案中突出其重要地位，避免其处于可有可无的尴尬地位。

二、合理定位大学语文教育的目标

一是基础汉语素质的养成和对语言文字理解及表达能力的培养，使大学生能熟练地应用汉语语言文字；二是审美功用的发挥，培养高尚的审美情操，提高审美文化素养，使大学生对传统文化经典具备一定的欣赏水平；三是注重民族特性，传承民族文化，凝聚民族精神，塑造民族风骨。也就是说，通过大学语文教育，让大学生深入了解我国悠久的历史文化，增强传统文化的感召力。对大学语文教育的目标，建议国家有关部门提出指导性意

见，对高校大学语文教学提出强制性要求。

三、加强大学语文教师队伍建设

开展大学语文教育，必须以高水平的教师队伍作为支撑。目前，大学语文课教师大都由其他专业（主要是文学专业）的教师兼任，缺乏专业教师。一方面，是因为大学语文被简单地等同于文学专业教育；另一方面，是因为没有培养大学语文教师的平台。建议深入研究大学语文教师培养方案，加大大学语文师资培养力度。国家有关部门应对大学语文教师配备提出要求。高校应在文学院设立或者单独设立大学语文教研室，为大学语文教师搭建专业发展平台。同时，重视保障大学语文教师待遇，使其能长期从事大学语文教学研究。

四、加强大学语文教材建设

据不完全统计，全国各地的大学语文教材有几十种之多，虽然数量不少，但现有质量高的教材，存在简单重复、缺乏针对性和实用性甚至粗制滥造的现象。加强大学语文教材建设，必须突出针对性、实用性，充分考虑大学生的学习特征和需求，尽量避免与中学语文课所学内容重复。特别是要针对不同类型院校大学生的特殊需求，分别开发大学语文教材。建议国家在有关教材建设项目中，安排专项经费支持大学语文教材的开发和推广，同时编写和推荐一批为大学生所喜闻乐见的语文辅助读物。

五、加强大学语文学科建设

搞好大学语文教育，必须有学科作为支撑。大学语文师资培养和教材开发，都离不开学科建设。大学语文教学承担着培养大学生语言文字运用能力、培育大学人文精神、传承我国优秀传统文化的重任。大学语文教育有其特殊规律，它既不同于中学语文教育，也不同于文学专业教育。建议在高等教育学科专业目录中设置大学语文，突出其学科重要地位。国家每年都安排一定经费，对大学语文学科建设予以支持。

关于加强中华优秀传统文化教育^①

（2014 年 3 月）

我国历史悠久，传统文化博大精深，塑造了中华民族特有的人文品格和道德风范，是民族精神的重要载体和根本依托。在我国从封闭走向开放、从传统迈向现代的进程中，处理好传统文化与当代文明的关系，是一项重要且十分艰巨的任务，也是历史赋予我们的神圣职责与伟大使命。

新中国成立以来，在"文化大革命"和极左思潮的冲击下，我国优秀传统文化遭到严重破坏。改革开放以来，随着思想解放的深入和经济实力的增强，党和国家对优秀传统文化越来越重视，加大保护和传承力度，取得了显著成效。但同时必须看到，在全球化背景下，在我国加快向工业化、信息化迈进的进程中，保护和传承优秀传统文化面临许多特殊的困难，有必要采取更加有力的举措，更好地保护和传承优秀传统文化，并使其在新的历史条件下发扬光大。

教育是各级各类人才培养的主渠道和知识传播创新的主要阵地。在新形势下对青少年学生加强中华优秀传统文化教育，对于保护和传承中华优秀传统文化，对于深入开展中国特色社会主义教育和中国梦宣传教育，对于培育和践行社会主义核心价值观，具有特殊而重要的意义。

党的十八届三中全会在全面部署"深化教育领域综合改革"部分明确提出，"要全面贯彻党的教育方针，坚持立德树人，加强社会主义核心价值体

---

① 全国政协十二届二次会议提案。

系教育，完善中华优秀传统文化教育，形成爱学习、爱劳动、爱祖国活动的有效形式和长效机制，增强学生社会责任感、创新精神、实践能力"，为深入开展中华优秀传统文化教育指明了方向。下一步，要按照十八届三中全会决定的要求和部署，将"完善中华优秀传统文化教育"纳入教育综合改革的重要内容，作为落实立德树人根本任务的关键点，创新内容和形式，持续深入开展，力争尽快取得更加显著的成效。

一、全面系统部署中华优秀传统文化教育

开展中华优秀传统文化教育是一个系统工程，须贯穿到基础教育、高等教育、职业教育等各级各类教育，须体现在教学大纲、课程、教材、教学、校园文化等方方面面，需要得到多方大力支持，形成全社会真正重视优秀传统文化教育的良好氛围，使优秀传统文化成为每一个中国人共同的精神诉求。为此，建议加强顶层设计，在国家层面研究出台一个文件，对加强中华优秀传统文化教育进行一次系统部署。

二、将中华优秀传统文化纳入中小学课程体系建设

中小学生了解、掌握中华优秀传统文化的一个重要途径就是课程教材。目前，我国中小学课程教材体现中华优秀传统文化的内容较少，且碎片化，不成体系，学生难以形成对优秀传统文化的整体认知。今后，要在中小学课程改革和教材建设中，采取适当形式，系统融入优秀传统文化核心内容。要支持和鼓励地方和广大中小学校，立足本地区实际，开展以中华优秀传统文化为特色的地方教材、校本教材。要考虑不同年龄段学生的身心发育特征和学习特点，合理确定目标，创新课程内容和形式，增强生动性、活泼性，避免成为简单的灌输与说教。

三、切实加强和改进文言文教育

语言文字是中华优秀传统文化的重要载体和支撑。学习、掌握、鉴赏中华优秀传统文化，需具备一定的文言文基础。比如，没有较好的文言文功

底，难以系统深入地学习中华传统医学。新中国成立以来，我国优秀传统文化保护和传承创新之所以面临诸多困难，一个重要原因是古文教育没有跟上。值得重视的是，我国台湾地区非常重视文言文教育，促进了中华优秀传统文化的学习和传播。下一步，应借鉴台湾地区的经验，将文言文作为一项学生的基本素养，在今后中小学语文教育中增加有关内容和课时，力争通过一代人的努力，使青少年文言文水平有质的提高。

四、加强优秀传统文化教师队伍建设

加强中华优秀传统文化教育，教师是关键。过去，在我国教师培养培训中，对优秀传统文化的关注较少，没有将相关内容纳入其中，导致目前全国各级各类学校普遍缺乏熟悉中华优秀传统文化的教师，这是制约我国深入开展优秀传统文化教育的瓶颈。为此，必须加大力度，着力打造一支熟悉中华优秀传统文化的教师队伍。建议在中小学教师资格考试内容中，增加中华优秀传统文化的比重；在教师培养过程中，开设中华优秀传统文化课程；在各类教师培训中，增加中华优秀传统文化的模块。

五、形成推进中华优秀传统文化教育的合力

开展优秀传统文化教育，不仅仅是教育部门的职责，还涉及宣传、文化等部门的工作。建议国家层面建立统筹工作机制，有效整合教育、文化、媒体等各方力量，共同实施。同时，注重发挥社会、家庭的作用，充分利用和调动各方面资源，构建学校、家庭、社会三位一体的中华优秀传统文化教育体系，形成互为补充、相互协作的中华优秀传统文化教育格局。

把培育和践行社会主义核心价值观
融入国民教育全过程①

（2015 年 8 月 25 日）

培育和践行社会主义核心价值观，是党的十八大做出的重大决策部署，也是我们建设社会主义文化强国、实现中华民族伟大复兴中国梦的关键性举措。正如大家所知，教育作为培养人、塑造人的重要渠道，它肩负着培育和践行社会主义核心价值观的重要使命。特别是去年在五四青年节、六一儿童节、教师节等重大时间节点上，习近平总书记先后深入北京大学、北京市海淀区民族园小学、北京师范大学考察工作，对青少年儿童、广大教师培育和践行社会主义核心价值观提出明确要求和殷切期望。贯彻好、落实好中央这一决策部署，关键是要按照习近平总书记要求，遵循教育规律，把培育和践行社会主义核心价值观融入国民教育全过程。

一、加快构建、全面落实各学段有机衔接的德育课程体系

我们知道，学校德育是培育和践行社会主义核心价值观的重要途径。现阶段加强德育教育，不仅需要遵循教育规律和学生的身心发展规律，而且还要深化德育课程改革，改进德育教材，全面落实到德育的教育、教学全过程中。德育无论从教育内容上、从课时数安排上，还是从教材方面都很完善了。因此要适应不同阶段学生认知规律，系统设计德育目标、任务和形式，

---

① 在全国政协常委会上的发言。

统筹好日常行为、价值认知、道德情感的关系，增强实效性。具体来说，对低年级学生，要更多采取案例、故事、展示等生动活泼的方式，重在帮助学生养成良好的行为习惯。而对高年级学生，要逐步加强理论和实践教学，重在培养学生道德认知，加强对社会主义核心价值观的认同。

二、加强学校教育、家庭教育和社会教育的统筹

我们知道，学生的发展受到多种因素影响，学校教育只是其中一个重要方面。在各级各类学校培育和践行社会主义核心价值观，尤其要重视处理好学校教育与家庭教育、社会教育的关系。目前，许多青少年学生在道德品质和价值认同方面出现问题，这种现象不仅与学校教育有关，同时也与家庭和社会影响密切相关。可以说，针对广大青少年学生的价值观教育，是一个系统工程，需要学校、家庭、社会共同参与。建议科学地了解学生，建立健全学校教育、家庭教育和社区教育的统筹机制，加强家校互动，整合社区教育资源，形成青少年核心价值观教育的合力。

三、注重在实践中培育学生核心价值观

社会主义核心价值观教育不能仅仅停留在课堂上和书本上。事实上，学生对社会生活的了解、对是非曲直的判断，都离不开实践。只有将社会主义核心价值观细化为贴近学生的具体要求，转化为实实在在的行动，核心价值观才能内化于心，才能获得认同，才能成为内在需求，才能具有持久的生命力。为此，建议创新学校德育模式，改革教育评价方式，积极创造条件，鼓励和支持学校组织学生多参加各种有益的社会实践和系列活动，并形成长效机制。

四、切实发挥校园文化的育人功能

校园文化是潜课程，对学生的思想、行为和情感有着极为深刻的影响。要以社会主义核心价值观为统领，精心设计各级各类学校的校园文化，通过校园建筑、校园活动、校风校训等多种载体，全方位反映社会主义核心价值

观，使学生时时刻刻都能感受到良好的熏陶和影响。

五、大力培育"四有"好教师

培育和弘扬社会主义核心价值观，必须培养一支理解和认同社会主义核心价值观的高素质教师队伍。建议采取有力举措，切实提高教师特别是乡村教师的待遇水平，增强教师职业吸引力，赋予教师职业荣誉感、认同感，吸纳优秀人才报考师范专业，使其长期从教、乐于从教、终身从教。按照"四有"好教师的要求，深化教师教育改革，将培养教师对教育的热爱、对学生的深厚感情，增进教师对社会主义核心价值观的理解和认同摆在首位，使其真正成为"仁爱之师"，自觉肩负起"传道"，自觉肩负起培育和践行社会主义核心价值观的时代重任。

重视仪式的教育意义①

（2015 年 9 月 9 日）

9 月 3 日阅兵式的成功举行，在国内外引起强烈反响。作为中国公民、作为教育工作者，我看了阅兵式后，思潮澎湃、感慨万千。这次阅兵，不仅充分展示了我国国防建设取得的巨大成就，还展现了国威、军威，体现了中国人民坚决维护世界和平的意志和决心。同时，阅兵式还是一次生动深刻的爱国主义教育，振奋了民族精神，凝聚了民族力量。

我至今依然清晰地记得 2009 年 10 月 1 日我应邀参加国庆 60 周年观礼活动的情景。当时，我站在天安门的观礼台上，心潮澎湃，十分激动，经受了一次爱国主义教育的洗礼，内心感到十分震撼，充分感受了隆重热烈仪式的教育意义。自此以后，我时常在思考，如何将仪式融入教育，真正触动学生的心灵，形成持久的教育力量。

知识传授、能力培养、人格养成是教育不可或缺的重要内容。一般而言，知识传授比较容易，能力培养相对难一些，但最难的是人格的养成。健全的人格，光有知识和能力是不够的，还需要情感体验和认同。仪式具有整齐、庄重的特点，能集中表达特定的主题，更容易引起学生情感的共鸣。从这个意义上讲，仪式是教育不可或缺的。不仅具有象征意义，还能产生实实在在的育人效果。

正是基于以上认识，吉林华桥外国语学院对仪式高度重视，进行了精心

---

① 发表于《人民政协报》。

设计，定期或不定期开展形式多样的仪式教育活动，如开学典礼、毕业典礼、军训检阅式、升旗仪式、重大节日庆祝活动、表彰大会等。为了搞好仪式活动，使仪式活动真正达到教育效果，我要求做到"三个精心"，即精心策划、精心组织、精心实施。每次仪式活动举行前，都认真研究，制定具体方案。认真做好筹备工作，注重每个细节，从会场布置到人员着装，从每个程序到内容都体现庄重感。比如，开学典礼，要求学生着校服；毕业典礼，学生着学位服，主席台领导一律着正装。开学典礼、毕业典礼上都要唱国歌、校歌，激发学生爱国热情和爱校情结。另外，凡是重要的仪式，学校领导班子成员都亲自参加。特别是开学典礼、毕业典礼，作为校长，我亲自主持并讲话。为达到仪式教育的效果，我们注意在仪式活动的内容、形式、方法上不断创新。如近几年的毕业典礼，我们都邀请学生家长出席，请他们见证孩子的人生重要时刻，从而增强学生的自豪感和成就感，强化他们的感恩仪式。大学生一般没有校服，而我们学校学生不仅有校服，而且规定每周一为"校服日"，要求学生在这一天都要穿校服，借此培养学生的集体主义精神和责任意识。

　　总之，仪式具有丰富的教育蕴意，是人才培养的重要途径，应引起更多的重视。

关于深入落实"双减"的建议

秦 和

"双减"（即减轻义务教育阶段学生过重作业负担和校外培训负担）是中央作出的重大部署，旨在遏制资本在教育领域的无序扩张，减轻家庭的经济负担，为孩子们德智体美劳全面发展营造良好环境。

落实"双减"，涉及重大利益格局的调整，影响到上百万教培从业人员的生计，是一项艰巨而复杂的任务。在中央的坚强领导下，在教育部门的大力推动下，经过方方面面的共同努力，"双减"已取得显著成效，最直接的体现是培训机构大幅减少、学生参加校外培训的时间明显减少，大量校外培训机构倒闭，资本构建的校外教育体系近乎坍塌，家长和学生不再为校外培训所"绑架"。

但同时也要看到，"双减"的根本目的是促进学生德智体美劳全面发展，这也是教育工作的终极使命，这不是一朝一夕可以实现的。同时要看到，学生课业负担过重的原因是多方面的，社会观念、考试评价、校内教育质量等诸多因素都会影响到学生的课业负担。尤其要看到，学生的个体特征及家庭环境也是多样化的，客观上也会产生多样化的学习需求。这些都决定了，"双减"不可能一蹴而就，压减校外培训机构的数量，仅仅是阶段性目标。下一步，需立足实际，着眼长远，系统推进，持续用力。建议着力从以下4个方面推进：

1. 着力提高课后服务质量。全面实施"双减"后，课后服务在全国义务教育学校已广泛开展起来。但从多方了解情况看，课后服务的质量仍参差不齐，还不能满足广大学生个性化差异化的需求。在一些地方，课后服务还存在"一刀切"现象，有的学生被动参加课后服务。总的看，不少义务教育学校提供的课后服务，在丰富性、多样性、针对性等方面，与校外培训还有一定差距。建议在课后服务上多下功夫，积极创造条件，加大投入，创新机制，完善政策，支持义务教育学校以多种方式提供丰富多样的课后服务，让课后服务时间得到充分有效利用。

2. 着力提高课堂教学水平。校外培训少了，校内教育必须加强。强化校内教育，核心应抓课堂教学。从实际情况看，学生课业负担、校外培训负担之所以重，其中一个重要原因是课堂上没有学懂学好，需要课后加餐才能吃饱吃好。实践证明，教学效率提高了，课堂时间利用好了，学生课业负担自然而然就减下来了。建议在全国范围开展课堂教学提质增效行动，通过加强教研、组织教师集体备课、教学能力培训、加强课堂教学考核评价等多种方式，推动广大教师认真对待课堂教学，不断提升教学能力，着力让每一名学生在课堂上都能学懂。这是从源头上减轻课业负担和校外培训负担的治本之策。

3. 着力深化考试评价改革。考试评价是指挥棒，对学生的学习行为、教师教学行为有着直接的影响。"双减"能否最终取得预期的成效，并形成长效机制，关键发挥好考试评价的导向作用。一方面，要推进分类考试。不同类型的学校、不同层次的学校，对人才的规格、标准、能力、素质有不同的要求。中考、高考应体现这种差异，不应简单地用统一的考试、同样的试卷考核所有的学生。另一方面，要提高考试命题水平。不应过度强化对学生机械记忆能力的考察，应注重考查学生对基础知识、基本方法的掌握情况，考察学生的逻辑思维能力、知识迁移和应用能力，避免引导学生陷入大量低效重复的练习。

4. 着力推动形成育人合力。教育是育人的活动，所有的教育工作，都要紧扣育人这一核心。中央之所以如此强有力地推进"双减"，从根本上讲，也是要提高义务教育阶段的育人水平。育人是一个系统工程，需要学校与家庭、社会协同。随着"双减"的全面落实，对家庭和社会都提出了更高的要求。在强化校内教育的同时，建议采取有力措施，提升家庭的育人能力，统筹好校内校外教育资源，真正实现学校教育、家庭教育、社会教育的有机衔接，营造良好的教育生态。

关于系统实施中小学传统文化教育的建议

秦 和

文化是国家形象和民族精神的重要表征，文化实力是国家综合国力和国际竞争力的重要组成部分。随着第二个百年新征程的开启，我国正加快向中华民族伟大复兴宏伟目标迈进。纵观世界历史，国家的强盛、民族的复兴，都需要有文化的支撑。实现中华民族的伟大复兴，同样离不开文化的发展繁荣。唯其如此，才能为全世界所理解、所尊重，中华民族才能持久屹立于世界民族之林。

在中华民族复兴的进程中，我国将迈向世界舞台中央，着力推进人类命运共同体建设。伴随这一进程，我们所要打造的文化，应当是开放的多元的，但同时必须彰显民族性，以中华优秀传统文化作为底色。中央对此高度重视，中共中央办公厅、国务院办公厅专门印发《关于实施中华优秀传统文化传承发展工程的意见》，对传承发展中华优秀传统文化作出部署。

教育是文化传播传承的主要载体，是文化创造的重要阵地。我国有两亿左右中小学生，代表着国家和民族的未来。这一庞大群体对传统文化的理解和把握，直接关系到传统文化传承发展大计，关系到一代又一代年轻人的家国情怀和民族认同。传承发展中华优秀传统文化，必须在所有中小学系统开展中华优秀传统文化教育，在孩子们成长和发展的起步阶段，就让其接触传统文化、理解传统文化，从小就厚植传统文化的基因。

近年来，有关部门和学校在实施中小学传统文化教育方面做了很多努力，传统文化得到了越来越多的关注和重视。但同时也要看到，中小学传统文化教育仍存在碎片化、功利化的倾向，师资队伍相对落后，课程建设滞后，相关配套措施欠缺。总体上，传统文化教育还没有很好地融入学校教育体系，育人功能有待进一步发挥。为此，就下一步深入实施传统文化教育提4点建议。

1. 编写中小学生中华优秀传统文化核心素养指南。传统文化是一个庞大的体系。在现行中小学课程体系中，传统文化内容主要体现在语文、历史、书法、美术等课程中，缺乏系统的设计。学生通过学习相关课程，能够了解一些传统文化的知识，掌握一些传统文化的技能，但难以形成整体效应。建议有关方面组织专门力量，对不同年龄阶段学生应当学习掌握的传统文化内容进行系统研究，提出各学段中华优秀传统文化核心素养指南。这一指南，既可作为教师教学的重要参考，也可作为学生学习的重要指引，同时也是学校系统设计传统文化教育课程体系的重要依据。通过这个指南，引导中小学生持之以恒学习传统文化，增强针对性、趣味性、实效性。

2. 大力培养培训中小学中华优秀传统文化教育师资。师资力量相对落后，是制约中小学传统文化教育的一大瓶颈。突破这一瓶颈，一方面，要加强传统文化培训。这是当务之急。建议采取适当方式，将传统文化师资纳入教师国培计划，各地开展的教师培训也要专门安排传统文化培训。要组织高水平专家学者和一线优秀教师，共同设计传统文化教育培训课程，开发针对中小学各学科教师的培训教材，增强实效性，避免走过场。另一方面，要将培养传统文化素养纳入教师教育体系，在教师培养环节切实加强传统文化的内容，注重培养广大教师实施传统文化教育的能力。同时，在中小学校长培训中，也要强化传统文化的内容。

3. 进一步加强中小学文言文教育。文字是文化的重要载体，中华优秀传统文化，大都以文字进行表达，并通过文字沉淀下来。学会文言文，是通往传统文化大厦的钥匙。新中国成立后构建的中小学教育体系，文言文教育被削弱。从多方调研了解情况看，我国的中小学生大都未能熟练阅读文言文。到了大学阶段，文言文的欠账更是难以补上。近年来，虽然古诗词及文言文的分量有所增加，但仍不足以让中小学生熟练掌握文言文。为此，建议站在中华民族复兴的高度，对中小学文言文教育进行系统设计，大幅增加文言文的比重，将学会文言文作为中小学生必备的素养。唯其如此，传承发展中华优秀传统文化才能后继有人。

4. 发挥考试评价的引领作用。考试评价是指挥棒。深入实施传统文化教育，必须高度重视发挥好指挥棒的作用。建议在中考、高考、公务员考试等各类高利害性考试中，逐步增加传统文化的内容，引导全社会重视传统文化教育，形成竞相学习传统文化的氛围。

第四编

04

农村教育

尽快解决农村义务教育学校布局调整后续问题[①]

(2012 年 3 月)

进入 21 世纪以来，针对我国农村义务教育学校布点分散、办学成本高、质量没有保障的状况，为加快义务教育普及步伐，提高农村中小学办学效益和教育教学质量，同时也是为了更好适应农村人口流动趋势，我国对农村义务教育学校实行了新一轮的布局调整，撤并了大量村小和教学点，在县、乡（镇）人口集中地区新建了一大批寄宿制学校。据全国教育事业统计，从 2003 年到 2009 年，全国农村义务教育学校数（含教学点）已从 50 万所（个）减少至 33.5 万所（个）。目前，全国农村义务教育学校寄宿生人数达 3343 万人。

农村义务教育学校布局调整的实施，明显改善了农村学校办学条件，扩大了校均规模，在提高农村学校办学效益、提高质量、促进普及等方面发挥了积极作用。但需引起高度重视的是，随着农村中小学布局调整的推进，产生了一些新的问题和矛盾，有的还十分突出。主要表现在以下几个方面。

一是增加了农村学生就学成本。

布局调整后，由于撤并了许多村小和教学点，大量农村学生不能就近入学，只能到学校寄宿，相应地增加了伙食费、交通费等支出。据调查，受物价上涨因素影响，即便在经济欠发达的中西部地区，农村寄宿学生在校期间

---

① 全国政协十一届五次会议提案。

每月实际生活费支出不低于 200 元，每年不低于 1800 元。虽然国家出台了对家庭经济困难寄宿生补助生活费政策，但补助面、补助标准还不能解决实际需求。这就意味着，与布局调整前相比，农村家庭间接支付的教育成本不降反升，使得义务教育免费政策大打折扣。

二是学生上下学交通安全问题凸显。

布局调整后，许多农村学生上学距离大大增加，步行或骑自行车上学已较困难，只能选择乘车上学。但受农村道路条件、公共交通设施等客观条件限制，在绝大多数农村地区并没有校车，只能乘坐电动三轮车、拖拉机、微型面包车等交通工具，存在巨大安全隐患。近年来，农村学生上下学重大交通安全事故频发，每年都有成百上千名学生受伤或丧失生命。可以说，农村学生上下学交通安全问题已成为可能影响稳定的重大问题。

三是农村寄宿学校生活设施不配套。

进入 21 世纪以来，国家先后实施了"农村寄宿制学校建设工程""中西部农村初中校舍改造工程""全国中小学校舍安全工程"等重大工程项目，斥资数百亿元支持各省（区、市）加强寄宿制学校建设。地方在这方面也切实加大了投入。但与实际需求相比，经费仍显不足，导致许多寄宿制学校建成后，学生食堂、厕所等生活设施严重紧缺。一些规模大的学校，还同时面临生活污水处理等问题。据调查，在一些农村寄宿制学校，还不能做到"一生一床"，存在数十名学生睡"大通铺"或 2~3 名学生挤一张床的现象，十分不利于学生健康成长。

四是解决学生营养不良问题压力较大。

受收入水平、生活习惯等因素影响，我国贫困农村地区学生普遍存在不同程度的营养不良问题。农村义务教育学校布局调整前，绝大多数农村学生"走读"上学，吃住在家，营养主要由其家庭负责。布局调整后，寄宿学生越来越多，他们吃住都在学校。在一些农村学校，由于缺乏食堂等学生膳食所必备的条件，客观上不利于提高学生营养水平。目前，保证农村学生营养水平的责任，逐步从家庭转向政府。针对这一问题，国家已启动了针对贫困地区的农村学生营养改善计划，每年仅中央财政就需支出 160 亿元。这不仅加重了教育财政的负担，还随之产生了食品安全等一系列问题。

五是客观上导致农村文化建设的削弱。

农村学校（教学点）除承担教育功能之外，还作为农村文化活动的场所，承担了一些农村文化建设方面的功能。随着大量农村学校（教学点）的裁撤，大量农村公共文化活动场所消失，这对中国的乡村建设产生了消极影响。

以上问题，需引起高度重视，在公共政策层面及早研究，尽快形成解决的对策。为此建议如下。

第一，进一步加大农村义务教育学生资助力度。

针对农村学生寄宿后就读成本增加这一问题，国家应在现有资助体系的基础之上，提高家庭经济困难寄宿生生活费补助标准，进一步扩大资助范围。要加强农村义务教育学生资助管理，与扶贫开发工作、农村社保工作搞好政策衔接，避免不同部门之间的工作相互割裂，以发挥政策的整体效应。同时，要做好贫困学生界定工作和资助经费管理工作，加强对各地的分类指导，避免"一刀切"，最大限度地发挥经费效益。

第二，立足国情解决农村学生上下学交通问题。

校车安全之所以成为一大问题，与我国农村中小学布局调整、农村经济社会发展水平、道路交通状况、管理等因素密切相关。考虑到学生就学方便、交通成本等因素，要慎重推进农村中小学布局调整，撤点并校应充分听取当地群众的意见。校车监管涉及公安、交通、教育、安监等多个部门，应分清部门职责，各负其责。要充分发挥政府主导作用，加强协调、监督、服务和监管。要立足国情借鉴国外经验，因地制宜，建立公共财政、社会、个人付费共同分担校车成本的机制。

第三，加强农村寄宿学校配套设施建设。

针对农村寄宿学校学生食堂、厕所等生活设施紧缺或不配套问题，继续由财政安排专项资金，加大建设力度。今后，农村义务教育学校规划和建设应更具长远性，确保"建一所、成一所"。根据《国家中长期教育改革和发展规划纲要（2010—2020年）》，2012年财政性教育经费占国民生产总值比例将达到4%。建议新增加教育经费，继续向农村学校建设倾斜，尽快解决好农村寄宿学校配套设施问题，改善学生生活条件。

第四，细致地做好农村学生营养改善工作。

2011年，国家启动了贫困地区营养改善计划。这项工作涉及面广，安全责任重大，单靠教育行政部门和学校很难实施。建议在计划实施中，建立教育、卫生、检验检疫等部门共同参与的工作机制，共同做好这项工作，特别是要防止出现重大安全事故。同时，鼓励各地因地制宜，实事求是地采取营养改善措施，避免"一刀切"。同时建议，一定要立足国情，合理确定政府和家庭对于改善学生营养状况的责任，避免政府"大包大揽"。

第五，加强农村文化设施建设。

针对农村义务教育学校撤并后农村文化活动场所可能随之消失的问题，由国家财政安排资金，在新农村建设中，新建或改建一批农村文化活动场所，添置一些文化设施，避免农村社会的日渐"空心化"。

关于切实办好农村教学点^①

（2014 年 3 月）

义务教育阶段教学点大都分布在边远农村地区，被看作是我国教育的"神经末梢"。目前，我国共有教学点 6.3 万个，在校生 343.7 万人。从在读学生数看，教学点占全国义务教育比例并不大，但基本分布在贫困山村，就读的学生主要来自经济困难家庭，最需要帮助。对这部分学生而言，接受良好教育几乎是他们改变命运的唯一途径。办好教学点，让边远农村地区儿童接受有质量保障的义务教育，对于促进教育公平、缩小区域差距和扶贫开发具有特殊而重要的意义。

长期以来，教学点处于农村教育工作的"盲区"。20 世纪末以来，国家相继实施的农村中小学危房改造工程、农村寄宿制学校建设工程、中西部农村初中校舍改造工程、中小学校舍安全工程等重大教育工程，主要致力于改善县镇中小学和乡镇初中、中心校的办学条件，但从未实施过专门针对教学点的重大项目。地方教育财政投入较少覆盖教学点。最近 10 年来，在国家大力推进寄宿制学校建设背景下，各地出现了一股撤并教学点的热潮，2000—2012 年，教学点减少 9.5 万个。尚未撤并的，地方政府因考虑到今后可能撤并，也不太愿意加大投入。以上多种因素叠加，导致教学点办学条件总体很差，大都校舍残破，有的甚至连基本的教学设施和实验仪器也难以配齐，经费保障水平明显偏低，普遍面临教师"下不去、留不住"的问题，高素质教

---

① 全国政协十二届二次会议提案。

师严重紧缺。可以说,教学点作为我国农村教育最为薄弱的状况一直未能改观。教学点问题能否解决好,直接关系到农村教育能否真正上水平。

近年来,教学点问题引起了党和国家以及社会各界的广泛关注。切实办好农村教学点,是当前和今后一个时期教育工作的重点任务。下一步,要着力抓好以下五个方面的工作。

一、严格控制教学点撤并

教学点的存在是我国经济社会发展阶段、地理条件等方面的特殊国情所决定的,是农村孩子就近接受义务教育的客观需要。实践证明,如果不考虑农村孩子的实际就读需求盲目撤并教学点,将给农村家庭子女带来极大不便,不仅增加家庭教育支出,还将产生安全等问题,必招致方方面面的批评。为此,下一步要按照《国务院办公厅关于规范农村义务教育学校布局调整的意见》要求,督促各地严格控制撤并教学点行为。确需撤并的,要充分征求当地群众意见。一些已经撤并的教学点,如果有就学需求,要考虑恢复。

二、完善教学点经费保障机制

教学点在读学生人数比较少,如完全按照实际学生人数和生均标准拨付公用经费,将难以保持正常运转。一些地方教学点经费由中心校代管,存在克扣、挪用现象。为解决教学点经费保障难题,要严格按照国家有关规定要求,对不足 100 人的教学点,按照 100 人拨付经费。建议由中央财政采取"奖补"的方式,引导各地适当提高教学点生均经费标准。因全国教学点学生总规模不大,国家财政完全有能力解决。同时,还要加强对农村中小学公用经费的审计,严禁中心校克扣教学点经费。

三、全面改善教学点办学条件

针对教学点办学经费紧缺的现状,可考虑启动实施一个专门针对教学点办学条件改善的项目,也可考虑在目前正在实施的薄弱学校改造计划中,划出专门经费，专项用于教学点建设和办学条件改善。目前，我国教学点总量已大大降低（2012 年为 6.3 万个）。据初步概算，平均每个教学点不超过 60万元，即可进行全面改造。据此估算，全面改善全国教学点办学条件共需投入约 380 亿元。如分 4 年实施，每年投入不到 100 亿元。如采取中央与地方分担的方式，资金压力并不大。到 2018 年，可全面解决教学点办学条件达标问题。这样，教学点这一中国教育最为敏感、最为脆弱的"神经末梢"，将得到切实加强。

四、完善教学点教师补充机制

稳定的教师队伍是办好教学点不可或缺的条件，也是最大的难题。解决这个问题，首先要大幅提高教学点教师待遇水平，增强吸引力。按照现行体制，教学点教师工资主要由县级财政负担，但教学点较多的地区，县级财力普遍薄弱，仅靠本级财政，难以大幅提高教学点教师工资收入水平。为此，需要创新教学点教师工资保障机制，将教学点教师经费保障责任上移，建立国家、省、市、县共同负担的体制机制。据初步估算，全国现有教学点需配备教师约 25 万人，平均到某个省（区）总量并不大，只要下定决心，完全可能解决这个问题。在大幅提高教学点教师工资待遇水平的同时，可采取"定向培养""走教""支教""代教"等多种方式，为教学点补充合格教师。

五、充分发挥教学点的文化功能

在我国大量边远山村，公共文化设施严重紧缺。在这些地区，教学点不仅是教育机构，同时还可以作为文化活动场所，为农村社区组织开展公共文化活动提供平台。这样有利于教学点融入当地生活，更多地得到村委会及广大村民的支持，更好地发挥教学点的作用，同时也为教学点注入新的活力。

关于新形势下加强农村教师队伍建设①

（2015 年 3 月）

农村教育是我国教育事业的重要组成部分，同时也是最大的短板。进入 21 世纪以来，国家先后实施了西部地区"两基"攻坚计划、农村义务教育经费保障机制改革和农村寄宿制学校建设工程、中西部农村初中校舍改造工程、中小学校舍安全工程、农村义务教育薄弱学校改造计划等重大项目，农村教育面貌大为改观，站在了新的历史起点上。

同时必须看到，我国农村教育虽然办学条件有了很大改善，但师资队伍薄弱的问题愈加凸显。在办学条件方面，农村学校与城市学校差距逐步缩小，但教育教学质量的差距明显很大。近年来，因教育教学质量不高导致学习障碍和缺乏学习兴趣，已成为农村学生辍学的首要原因，成为影响教育公平的重要因素。下一步加强农村教育，不仅要持续缩小办学条件差距，更为重要的是要关注农村学校内涵发展，全面提升农村教育质量。提高农村教育质量，关键靠教师。如果说农村教育是我国教育的最大短板，那么教师队伍则是制约农村教育健康持续发展的最为薄弱的环节，亟待加强。

目前，我国共有农村教师（不含县镇）330 多万人，是教师队伍的重要组成部分。党中央、国务院高度重视农村教师队伍建设，进入 21 世纪以来，在完善农村教师补充机制、提高农村教师待遇、加强农村教师培训等方面采取了一系列举措，农村教师数量保持稳定，学历层次明显提升，待遇水平有

---

① 全国政协十二届三次会议提案。

所提高。但总体而言，农村教师在数量上、结构上、质量上，都难以适应农村教育内涵发展的需求，距离到 2020 年基本实现教育现代化的差距还比较大。

当前，农村教师队伍主要面临四个突出问题。一是待遇偏低，教师职业的吸引力不强，许多优秀人才不愿意报考师范专业，即便师范专业毕业生，有的也不愿意到农村长期从教，更不用说终身从教。说到底，与诸多行业相比，农村教师的地位和待遇水平明显偏低。在经济社会发展大潮中，教师行业成了"冷门""寒门"。许多地方农村教师每月工资仅 1000 多元，远不如外出打工的收入。相应地，导致农村教师在乡村社会的地位大不如前。二是农村教师专业化水平总体不高，能力素质难以适应教育内涵发展和全面实施素质教育的要求。虽然教师学历层次比过去明显提高，但有的教师知识储备不足、教学能力欠缺，明显不如过去中专师范毕业的教师。有的教师仅仅充当教书匠的角色，有的教师在师德师风方面没有做好表率，缺乏"为人师表"的人文关怀和道德修养，个别教师道德败坏，暴力体罚学生等恶性事件时有发生，广遭全社会诟病，严重败坏了农村教师队伍形象。三是农村教师管理制度僵化，"能进不能出""能上不能下"的问题突出，教师队伍活力不足。在一些地方，一些不合格教师占据岗位，优秀教师补充不进去。有的地方为了减少财政投入，即便教师编制有了空缺也不及时补充，而是聘用代课人员，同校不同酬。四是教师教育体系建设滞后，对"农村需要多少教师""需要什么样的教师"缺乏及时、深入的研究，教师培养培训存在盲目性，与农村实际需求脱节，被动适应。无论教师职前培养，还是在职培训，普遍与农村学校一线教育教学结合不够紧密，针对农村教师实践能力的培养十分薄弱。

以上几个方面的问题，大都是长期累积的问题，也是深层次问题，不仅需要进一步增加投入，还需要进行体制机制创新，通过改革的办法，对农村教师队伍建设做出新的顶层设计。下一步，建议重点从以下几个方面加强农村教师队伍建设，力争在"十三五"期间取得实质性突破。

第一，加强省级统筹，尽快解决中西部地区农村教师待遇保障问题。我国农村教师待遇水平偏低，根本原因在于按照目前以县为主的工资保障机制，财力薄弱县负担教师工资面临很大困难。为此，建议完善农村中小学教师工资财政保障体制，将我国集中连片特困地区800多个贫困县农村教师工资保障责任由县级上移到省级，中央财政加大转移支付力度，大幅提高这些地区农村教师待遇水平，吸引一批优秀人才到贫困地区农村学校长期从教。这800多个县农村教师稳定了，素质提高了，中国教育的基础也就坚实了。

第二，采取有效措施，督促各地不折不扣地落实教师编制管理规定。对全国教师编制落实情况进行一次摸底排查，坚决纠正占用教师编制行为，严禁在有编制的情况下大量聘用代课人员，尽快建立教师退出机制，用3~5年时间，将不合格教师清理出教师队伍，为解决农村教师缺编问题争取空间。

第三，加大教师法、义务教育法等有关法律法规规定执法检查力度，切实保障义务教育教师工资水平不低于当地公务员的平均水平，严禁对农村教师采取有别于公务员的歧视性津补贴政策，依法保障农村教师待遇。

第四，面向农村一线教师素质提升的需求，改革完善教师教育体系。职前培养方面，进行结构调整，稳定并适度收缩规模，加强紧缺教师的培养。创新选拔模式，提高师范生待遇水平，增强师范教育吸引力。创新培养模式，加强教学实践能力培养，强化教师价值观教育，真正培养品行好、懂教育、爱教育、爱学生的好教师。在职培训方面，继续加大投入，重点向农村教师和紧缺学科教师倾斜，让所有农村教师有"充电"的机会。教师培训体现以教师为本，引入市场机制，在培训机构之间形成真正的竞争，给教师选择权，保障教师培训质量。

第五，加强农村教师表彰奖励，使农村教师成为广受社会尊重和认可的职业。习近平总书记去年9月9日在北京师范大学考察时强调，"国将兴，必贵师而重傅"。建议各级党委政府开展对优秀教师的表彰奖励，特别是对长期扎根农村的教师，根据服务年限，分别予以长期性奖励或鼓励，在全社会大力营造关心支持乡村教师和乡村教育的浓厚氛围。

关于解决农村义务教育学校"空心化"问题①

(2017 年 3 月)

农村义务教育是我国教育事业的重要组成部分。据 2016 年全国教育事业统计，全国共有乡村义务教育学校（含教学点）21.7 万所、在校生（含城乡接合区、镇乡接合区）6062.6 万人，分别占全国义务教育校点数、在校生数的 64.6%、44.6%。从规模上看，农村义务教育举足轻重。办好农村义务教育，在促进教育公平、服务脱贫攻坚、促进社会公平、提升全国教育发展整体水平等方面，具有特殊而重要的意义。可以说，没有农村义务教育的现代化，全国教育就难以实现现代化。

党中央、国务院高度重视农村义务教育发展。进入 21 世纪以来，针对农村义务教育这一"短板"，2005 年启动了农村义务教育经费保障机制改革，逐步将农村义务教育所需经费全面纳入财政保障范围，已实现"人民教育人民办"向"人民教育政府办"的转变。同时，实施了农村寄宿制学校建设工程、中西部农村初中校舍改造工程、全国中小学校舍安全工程、薄弱学校改造计划等一系列重大工程和举措，大力改善农村义务教育学校办学条件。经过长期不懈的努力，农村义务教育的面貌发生了根本改观，在许多边远乡村地区，学校已成为当地最美、最牢固的建筑。

但近年来，农村义务教育学校出现了一些新情况新问题，主要是大量农村义务教育学校学生到城镇学校就读，在导致城镇学校"拥挤"（集中体现

---

① 全国政协十二届五次会议提案。

为大班额问题）的同时，许多乡村学校的在校生迅速递减，有的地方甚至出现了"空校"现象，客观上造成了教育资源的浪费。这一现象，被一些媒体和学者称为"空心化"。客观地讲，农村义务教育学校"空心化"由来已久，几乎与我国城镇化进程同步。但近年来出现了日趋严重的趋势，须引起高度重视。有关调查显示，在一些农村地区，不仅老校出现了"空心化"，一些新建的学校也面临"人去楼空"的情况，处于闲置或半闲置状态。

农村学校"空心化"带来的负面影响是直接的，也是深远的。从直接的效应来看，不仅导致教育资源的巨大浪费，还造成农村学生上学的极大不便，加重农民的教育负担，给城镇教育资源供给带来压力。从长远的影响来看，学校的"空心化"将逐步导致大量人口迁出乡村，导致乡村整体的凋敝。长期以来，学校在乡村的存在，同时也代表了乡村的希望所在。可以设想，没有了学校、没有了读书声的乡村，将是多么沉闷、多么乏味。中国的城镇化进程，如果不能避免乡村的凋敝，将付出难以承受的代价。

对农村学校"空心化"的原因，我们做了一些研究和分析，主要有以下三个方面：一是工业化、城镇化进程不可避免带来乡村人口向城镇流动，客观上减少了乡村学校的生源；二是一些地方的乡村学校建设规划，与城镇化进程脱节，没有提前预见到人口流动对生源的影响；三是许多地方乡村学校教育质量普遍不高，不少农村家庭为了选择有基本质量保障的教育，不得不送孩子到城镇学校就读。近年来，有研究显示，厌学已成为一些地方农村学生辍学的主要原因，这正好与第三个方面的原因形成印证。

须高度重视乡村学校"空心化"现象，否则一旦成势，要想扭转将付出巨大的代价。可以说，解决这一问题，已刻不容缓。破解农村义务教育学校"空心化"难题，不能就教育看教育，要立足中国工业化、城镇化的大背景，将乡村教育置于乡村建设的大视野下进行思考和谋划，从根本计，从长远计。主要有以下三个方面的建议。

一是科学合理布局义务教育资源，加强农村学校布局规划与工业化、城镇化进程的有效衔接。对各地已经制定的义务教育学校布局规划进行必要的审核和调整，避免薄弱学校改造计划等重大工程项目新建、改扩建的学校出现"建成便空置"的现象。

二是加强对农村闲置教育资源的合理利用。对农村义务教育学校（教学点）闲置情况进行认真排查，摸清底数。有关部门牵头，对闲置学校（教学点）如何利用提出指导性意见，对各地提出明确要求。要充分考虑今后可能出现农民工返乡的情况，尽可能保留闲置学校和教学点的教育功能。同时，在乡镇层面或村级层面，加强学校资源与文化、卫生等资源的统筹，发挥好闲置校产的效益。

三是大力提升农村义务教育质量。针对农村学校在提高质量方面面临的困难和"瓶颈"，紧紧抓住教师和校长这两个关键，通过强有力的政策引导，大幅提高农村教师待遇，不断改善农村教师工作和生活条件，拓宽农村教师职业发展空间，提升农村学校校长的管理水平，吸引更多优秀人才到农村学校长期从教、终身从教。充分利用现代信息技术，让更多优质教育教学资源覆盖农村学校。

建好乡村教师队伍，奠基乡村振兴①

（2018 年 3 月）

党的十九大报告站在建设社会主义现代化强国和实现中华民族伟大复兴的高度，做出了实施乡村振兴战略的重大决策部署。教育是人力资源开发最主要的渠道，把乡村教育办好，对于提高农村劳动力素质、提升农村产业发展水平、打破城乡二元壁垒、实现脱贫攻坚、促进农村精神文明建设具有特殊而重要的意义。

办好乡村教育，关键靠教师。党的十八大以来，以习近平同志为核心的党中央高度重视乡村教师队伍建设，专门部署实施了乡村教师支持计划，在提高乡村教师待遇、畅通乡村教师补充渠道、统筹城乡教师资源配置、加强乡村教师培养培训等方面采取了一揽子措施。总体上看，乡村教师数量严重不足的矛盾逐步缓解，学历水平明显提升，城乡教师交流轮岗制度初步建立。

但同时我们也看到，受城乡二元结构的制约，乡村教师队伍建设仍严重滞后。特别是在集中连片特困地区，乡村教师数量不足，结构不够合理，待遇水平不高，整体素质偏低，教学能力欠缺，边远山区乡村学校教师"下不去、留不住、教不好"的问题仍没有从根本上解决。近年来，在许多农村地区新建改扩建了大量校舍，农村学校面貌大为改观，但由于教师配备跟不上，大量农村家庭依然选择送孩子到城镇学校就读，导致乡村学校校舍闲

---

① 十三届全国人大一次会议议案。

置。与此同时，城镇学校由于大量农村孩子涌入，拥挤不堪，"大班额"问题突出。

下一步实施乡村振兴战略，要从战略上抓乡村教师队伍建设，紧紧扭住乡村教师队伍这个"牛鼻子"，切实把乡村教育办好，把孩子们留住，让广大乡村充满生机活力，让乡村的未来充满希望。

一、大幅度提高乡村教师待遇

乡村教师待遇低，这是一个老问题。近年来，虽然适当提高了乡村教师待遇水平，但提高幅度远跟不上通货膨胀速度。在一些地方，乡村教师的待遇水平还不如当地农村劳动力的工资水平。据调查，四川、湖北、湖南等省农村劳动力每天的劳动报酬不低于150元，技术型工种达200～350元，而当地乡村教师工资平均到每个工作日仅150元左右，新入职教师仅120元左右。在目前体制下，解决乡村教师待遇问题，仅靠地方财力面临很大困难，必须采取非常之策。建议继续将农村教育作为重中之重，新增教育经费优先用于提高农村教师待遇水平。同时，改革现行乡村教师工资制度，将集中连片特困地区特别是深度贫困地区乡村教师工资发放层级上移，以国家和省级财政为主保障，并根据艰苦程度，实行差别化补贴。据初步估算，此类地区乡村教师总量约150万人。在统筹好现有渠道乡村教师人员经费投入的基础上，财力是可以承担的。另外，还要统筹解决农村教师周转住房等实际问题，切实改善他们的工作及生活条件。

二、定向培养输送乡村教师

受地理条件限制，在许多边远地区特别是高寒高海拔地区的乡村学校，教师工作环境非常艰苦，即便给予较高待遇，也难以吸引合格教师。自国家实施农村义务教育学校教师"特岗计划"以来，已向这些地区补充了相当数量的教师，但流失严重，有的特岗教师刚到学校便选择离职。针对这一难题，建议在高考录取环节，定向招录高中毕业生，专门为这些地区培养师资。对此类考生，可降分录取。这是国家战略，任何地方任何行业都无法攀比。为便于他们今后扎根乡村学校从教，可考虑优先在本乡本土招录。通过这种渠道补充的教师，对当地有感情，离家较近，解决居住问题也方便一些，更容易稳定下来。同时，在培养环节注重传授一些体现乡村教育特点的知识和技能，便于今后到岗后更好地适应。

三、实施乡村教师全员培训

针对乡村教师整体素质偏低的问题，当务之急是加大培训力度，努力让每一名乡村教师都能达到合格教师的基本要求，不断提高教育教学技能。近年来，国家对教师培训高度重视，持续实施教师"国培计划"，教师培训机会明显增多。但总体上看，各类教师培训特别是骨干教师培训，重点支持城镇学校。乡村教师对培训需求最为迫切，反而机会相对较少。下一步，建议教师"国培计划"以及地方实施的各类教师培训计划，重点向乡村教师倾斜，确保每一名乡村教师都能获得改进提升机会。同时，创新培训方式，针对乡村教师需求，加强培训课程建设，确保培训能够达到预期的效果。

四、调整优化乡村教师结构

目前，乡村教师总量基本能满足需求，但结构不合理问题突出。主要体现为：音体美等学科教师配备不足，教师年龄老化严重，年轻骨干教师紧缺等。下一步，建议加大教师结构调整力度。可考虑对全国乡村教师教学胜任能力进行一次排查，把不胜任的教师甄别出来。对经过培训可以胜任的教师，抓紧组织培训；对经培训也难以达到基本要求的教师，探索建立退出机制。同时，深化教师教育改革，指导督促师范院校及其他承担教师培养任务的高等学校，面向乡村教育需求，调整人才培养结构，特别是大力培养音体美等紧缺学科教师。力争通过3~5年的努力，教师队伍结构更加年轻化，教师结构性紧缺矛盾基本缓解。

五、深入推进城乡教师交流

这是向乡村学校输血，改变乡村教师队伍薄弱现状的重要手段。早在3

年前，党中央、国务院就专门出台文件，对建立教师交流轮岗制度做出了部署。应当说，这项工作取得了一定成效，但具体实施中还面临许多问题。比如，交流轮岗的时限如何确定，交流轮岗人员的编制如何管理，交流到乡村学校教师享受什么政策待遇，交流轮岗如何从一般意义上的政策号召变成刚性要求，等等。城市学校教师到乡村学校任教，确实面临许多实际问题，在管理上也存在一些困难。解决这些问题，需要国家层面有明确意见。建议指导督促地方进一步完善教师交流轮岗制度，对交流到乡村学校任教的城镇教师，在职称评定、职务晋升、工资待遇、编制、户籍等方面予以倾斜，切实增强乡村教师职业的吸引力。

六、加强乡村教师队伍法律保障

建好乡村教师队伍，根本之策是加强法制保障。建议在今后修订教师法、教育法等有关法律法规时，将解决乡村教师队伍建设难题作为重点，对乡村教师待遇、城乡教师交流、乡村教师培训等做出硬性规定，强化依法保障和法律约束，形成长效机制。

关于着眼乡村振兴办好乡村教育的建议

秦　和

随着脱贫攻坚历史性任务的完成，中央已部署将农村工作重心聚焦到乡村振兴上来。教育是乡村的支柱，中国乡村的振兴、农村的现代化，绝不能没有教育。目前，全国乡村教育普遍面临"空心化"处境。这些年来，农村学校硬件条件明显改观，但教师队伍跟不上、管理跟不上，质量上不去，学生大量流失。特别是一些边境县的乡村学校，学生数量急剧减少，有的学校甚至教师数量比学生还多。这种现象造成校舍闲置和教师资源严重浪费，长此以往，将导致现有教育秩序难以为继。

乡村教育面临的困境，与我国工业化、城镇化进程密切相关。应当说，在我国现代化进程中，从中央到地方，对乡村教育给予前所未有的重视。仅在乡村学校建设上，已投入近万亿元。在许多偏远农村地区，最美丽、最安全的建筑都是学校，成为乡村的一道亮丽风景。但遗憾的是，漂亮的建筑并不等同于优质的教育。一栋栋乡村学校建筑拔地而起的同时，乡村教育质量并未得到改观。城镇化驱动的城乡人口大迁徙，让乡村教育不断"失血"；乡村教育规模的萎缩和质量的下滑，反过来加剧了乡村的凋敝。破解乡村发展和乡村教育面临的困局，必须着眼国家现代化大局，立足乡村振兴，将乡村建设与乡村教育发展统筹谋划。当务之急，要在乡村振兴的大背景下，对乡村教育发展策略作出调整和优化，大力支持乡村教育，激发乡村教育活力。

第一，乡村振兴规划优先规划教育。乡村振兴的基础是人。如果人都走光了，乡村振兴就是一句空话。只有乡村学校办好了，教育稳住了，乡村才可能留住人，乡村才有希望。要将办好乡村学校作为乡村振兴的首要任务，在乡村振兴顶层设计中，明确将教育作为乡村的首位公共事业，合理布局乡村学校，保留必要的村小和教学点，不可盲目撤并乡村学校。规划乡村教育，要有战略眼光、长远眼光，不仅仅算眼前账、经济账，更要算长远账、政治账。要在规划层面牢牢确立乡村教育的地位，努力做到每个行政村都有学校。特别是边境地区，要站在国家边疆稳定和长治久安的高度，把乡村教育规划好，把乡村学校办好。

第二，大力加强乡村教师和校长队伍建设。一是建立健全乡村教师激励机制。加大乡村教师支持力度，持续提高乡村教师待遇水平，建立差别化乡村教师支持政策，尤其要确保艰苦地区乡村教师收入高于城镇教师，真正形成激励。对在乡村学校终身从教或从教满二十年的教师，退休时给予有力度的物质奖励。二是在乡村学校加大力度建设一批教师周转宿舍，改善乡村教师的生活条件，使其能在乡村学校安心从教。三是在招生政策上给予特殊考虑，支持师范院校优先选拔优秀生源，定向为农村学校培养高水平师资。四是从职前培养环入手，改革创新教师教育体系，大力培养熟悉乡村教育的高素质教师。五是改进农村教师培训，教师国培计划重点支持农村教师，扩大农村教师培训机会，加强培训课程研发，增强针对性、实效性。六是实施乡村学校卓越校长培养计划，将乡村学校校长队伍建设纳入组织和干部工作的重要内容，培养储备一批优秀乡村学校校长，使其成为未来乡村教育的支柱。

第三，千方百计拓展乡村教育资源。落实教育优先发展，将乡村教育作为教育财政投入的重中之重。盘活闲置的乡村校舍资源。积极争取社会投入，汇聚发展乡村教育的合力。积极调整教育支出结构，加大向教师队伍和教育教学环节的支持力度。同时，还要改进乡村教育评价，构建符合乡村教育实际的评价体系，多采取过程性评价和增值性评价，将乡村振兴考核与乡村学校评价有机结合起来，通过评价加强引导、压实责任。

关于办好新时代乡村教育的建议

秦　和

我国有数十万所乡村学校（含幼儿园），数百万名乡村教师，近亿名乡村学生。从规模上看，乡村教育近乎是我国教育的"半壁江山"，地位举足轻重；从发展水平看，乡村教育依然是我国教育最为薄弱的环节。进入新时代，进一步办好乡村教育，关乎我国教育事业发展全局，关乎乡村振兴大计，关系国家和民族的未来。

多年来，党中央、国务院对乡村教育高度重视。党的十八大以来，为加快乡村教育发展步伐，缩小城乡教育差距，中央部署实施了一系列旨在强本固基的教育工程，如义务教育薄弱学校改造工程、农村教师周转宿舍建设工程等；出台了一揽子旨在促进城乡教育资源均衡配置的政策举措，如统一城乡义务教育学校公用经费标准和教师编制标准、推进义务教育学校交流轮岗等。但总体而言，乡村教育仍存在诸多短板。虽然乡村学校办学条件显著改善，但教育教学质量总体不高，许多家长不愿意孩子上乡村学校就读。特别是随着城镇化进程的推进和国家区域经济格局的深刻调整，大量乡村学生流向城镇、流向经济发达地区就读，为数不少的乡村学校校舍出现了闲置。站在新时代的历史起点上，仍须将乡村教育摆在重中之重的位置，统筹研究解决乡村教育存在的突出问题，持续用力，推动乡村教育再上新台阶。为此，提4点建议。

1. 继续加大对乡村教育的投入。当前，各地普遍面临经济下行、财政支出压力骤增带来的挑战，增加教育投入压力很大。越是在这样的背景下，越是应当逆势增加教育投入，提高人力资源开发水平和创新能力，争取未来发展的主动。建议采取有针对性的措施，对各地增加教育投入、优先保障和支持乡村教育发展提出明确要求，确保乡村教育投入总量不减。调整乡村教育经费支出结构，加大对教师队伍、教育教学环节的投入，推动乡村学校提质增效。同时，加强乡村学校公用经费使用情况的审计监督，坚决制约挪用行为，切实发挥公用经费的使用效益。

2. 全面提升乡村教师队伍整体素质。教育教学质量相对较弱，是当前乡村教育面临的突出问题。教师队伍素质不高，专业能力较为欠缺，是制约乡村教育质量提升的最大瓶颈。建议因地制宜，多措并举，大力促进乡村教师整体素质提升。一是加强存量乡村教师培训，增强培训的针对性，与乡村教师的发展需求有机衔接，确保能够实现教育教学能力的提升。二是通过交流轮岗、顶岗实习、支教等多种方式，为乡村学校补充一批高素质教师。要创造条件，完善制度，让轮岗、定岗、支教的教师能够发挥作用。三是要从培养环节入手，通过定向培养方式，为乡村学校培养高素质教师，毕业后能够到农村学校任教。尤其要注重全科教师培养。四是要采取有力措施，推进乡村教师结构调整，果断将一批完全不能胜任教学的教师转岗，并及时补充新教师。在乡村教师队伍建设上，要有新思路。乡村教师的身份不要固化，要流动起来。既要组织城镇教师到乡村学校任教，也要让乡村教师有机会到城镇学校工作，打破城乡教师的二元结构，激发乡村教师队伍的活力。

3. 统筹使用好乡村闲置教育资源。目前，许多省份不同程度存在乡村教育资源闲置，这在北方边境地区、农民工大量输入地区尤为突出。不仅校舍资源出现闲置，教师资源也有闲置，这是极大的浪费。建议有关部门组织对乡村闲置教育资源进行排查，摸清底数，搞清楚原因，有针对性地采取措施。尤其要督促省级加强统筹和指导，及时对教育资源布局作出动态调整和优化，发挥教育资源的最大效益。另外，近年来各地实施撤乡并镇，一些乡镇党政机关办公场所处于闲置或半闲置状态。建议各地结合实际，将这部分资源统筹用于乡村学校、乡村教师、乡村学生。

4. 加强乡村教育工作与乡村振兴统筹。乡村是中国社会的基本单元，无论城镇化、现代化如何推进，乡村的重要地位都不可动摇、乡村的特殊作用都不可替代。乡村如果出现坍塌，必将累及党和国家事业全局，影响民族复兴大业。对乡村振兴而言，教育至关重要。乡村学校办得好不好，直接关系到乡村能够留得住人，进而影响到乡村的产业发展和社会结构。从这个意义上讲，振兴乡村，首先要办好乡村教育。建议在乡村振兴、乡村建设的全局视野下谋划和发展乡村教育，乡村振兴规划、乡村振兴经费安排、乡村振兴工作考核都要同时考虑教育，优先支持教育。要赋予乡村学校更多的功能，让乡村学校融入本乡本土，成为乡村振兴的文化高地和重要引擎。

第五编 05

教育保障与教育均衡

女性在高等教育中的地位与作用①

（2003 年 11 月 12 日）

作为一名女性教育工作者，能够参加这次国际性的女大学校长论坛，我感到十分荣幸。在此，我想结合自己的办学实践和体会与在座的诸位探讨一下女性在现代高等教育中的地位和作用。

一、全球化与知识经济给我们带来了机遇和挑战

进入 21 世纪，经济全球化已经形成了不可阻挡之势。由于经济与教育有着特殊的相互依存的关系，经济全球化势必对教育产生深刻而广泛的影响，必将带动教育资源在世界范围内的相互交流和合作，同时也将带来人才需求、人才标准的全球化。与此同时，来自国际的、不同体制的、不同形式的竞争将更加激烈，高等教育的生存和发展将面临严峻的挑战，在这种形势下只有与国际接轨，只有融入世界经济文化发展的大潮，我们的各项事业才有发展的空间，而走向国际化的最大障碍，则是人才的短缺。

记得我在参加一次金融界的国际研讨会时，发现中国许多经济贸易人才缺乏外语交流能力，而外语人才又缺乏经济和管理等专业知识，很难适应中国改革开放和国际交流的迫切需要，所以，办一所培养外语专门人才的大学，就成了我和我的同人们多年来的一个梦想。从办学之日起，我们就把全部的心血和汗水倾注到了这份事业上。8 年来，学院经历了从无到有，从小

---

① 在"中澳大学女校长论坛"上的讲话。

到大，逐步发展壮大的艰难历程。1995 年创建，1999 年通过教育部认证成为中国吉林省第一所纳入国家普招计划的民办普通高校，2003 年再次通过教育部考核评估，升格为本科院校并更名为吉林华桥外国语学院，成为中国目前唯一的一所民办本科外国语院校。教育部专家在对我们进行考核评估时用"全新的办学理念，全新的办学思想，全新的办学模式，全新的治学方略"来概括华桥外院的发展。对此，我们深受鼓舞，我们办学的路还很长，我们还任重而道远，但是经济全球化也给高等教育的发展带来了新的挑战。为了适应社会的需要和时代的要求，我和我的同人们将继续探索，继续研究市场走向和高等教育发展，努力加强内功建设，加强学生素质、能力、人格的全方位培养，突出复合型人才的培养特色，积极创造条件与更多国家的高等教育机构建立姊妹校际关系，开展学术交流、文化交流和师生互派，互相学习，增进友谊，共同发展，争取早日把学院建设成一所以外语为特色，文、经、管协调发展的多学科、多语种、多层次的应用型外国语大学，打造国内一流品牌，尽快实现民主化、法制化、国际化的办学总目标！

二、女性在现代高等教育中将大有所为

在信息社会和知识经济时代，女性的心理优势得到了充分发挥，女性的生存和发展环境日趋优化，女性的自身素质正在快速提升，女性参与社会事务的能力也将大大提高。教育行业是女性集中的行业，也是最适合女性发展的行业之一。2002 年的 Newsweek（新闻周刊）① 指出，近年来美国大学女校长的比率越来越高，已达 22%。我相信，随着性别意识纳入决策主流程度的提高，像我们这样致力于教育事业的大学女校长会越来越多，女性在教育中发挥的作用也将更加重要。

据资料显示，女性管理者的职业素质有十大优势，即坚决果断、耐力持久、善于引导、敢于创新、富有灵感、开放纳新、决策清晰、长于合作、脚踏实地、善解人意。而这些职业素质更是高等教育所必需的。去年在"中外

---

① 美国一杂志。

大学校长论坛"上，我们的教育部原部长陈至立阐述了现代大学校长的基本素质，即具有战略思维和长远眼光、国际视野和前沿意识，善于进行科学的定位和制定长远发展战略，善于协调大学与社会的关系，善于动员和配置各种资源。由此可见，现代女性管理者的素质之长正是现代高等教育的需要所在，新世纪的大学呼唤高素质的女性领导者。在此，我想结合我的亲身体会，谈一谈女性领导在高等教育中的优势和特点。

（一）以开放的思维和前卫的意识引导教育理念立于时代发展前沿

在现代社会里，那些汲取了中西方文化精华，具有极高综合素质和领导能力的女性，有着更开放、更善于学习、更顺应时势发展的思维方式，她们也更擅长接受新事物、新思想，善于灵活地、科学地制定教育目标，把握教育规格，并以先进的教育理念处于时代前列。

由于受先进教育理念的感染和影响，我们在办学过程中努力使我们的思想更开放，意识更超前，在夯实外语基础、培养学生交际能力的同时，我们努力锻造学生完善的人格。在狠抓质量、严格管理的基础上坚持并打造好我们的特色和品牌。在专业设置和培养目标上，我们始终面向市场、面向中国加入世界贸易组织和高等教育国际化的新形势。例如，我们根据市场需要开设了英、日、德、法、西、韩等9个语种，并有全国首创的英德、英法、英西等一专多能的双语专业和"外语＋专业""专业＋外语"等复合型人才培养模式。我相信，经过教育工作者的不懈努力和执着追求，我们一定能够进一步树立国际化的教育观念，建立国际化的管理体制，确立国际化的培养目标，构建国际化的课程体系，并积极扩大国际交流与合作，为社会培养更多的具有国际意识、国际交际能力和国际竞争能力的外向型人才。

（二）以良好的协调能力和细腻的管理风格有效配置教育资源，促进事业高效发展

在高等教育飞速发展的今天，教育工作者应该长于协调、脚踏实地、细致柔和，而这些则是大家公认的女性性格优点，这些性格优点应用在教育事业的管理和发展中则具有十分重要的价值。在发展中国家办教育，特别是民办教育更需要细腻和执着，身为民办院校的创办者，我的体会很深，因为我

们没有来自国家的财力支持，最初甚至没有完善的政策支持，所以遇到的困难可想而知。但是在端庄的办学基础上，凭着女性的坚韧和执着，凭着严谨、细致、不断完善的精品意识和务实、高效的管理原则，我们逐渐赢得了教育部和社会的关注和支持，赢得了4000多名学生及其家长的信任，赢得了国内外400多名优秀教师的归属，同时也赢得了50多位外籍教师和专家的到来，他们将不同的语言、不同的文化、先进的教育理念和教学方法融入了"华桥"，使"华桥"真正成为中华儿女成才走向世界之桥梁、中西文化合璧之桥梁。

经过20多年的发展，中国的民办高校已逐步形成与公办大学、成人高校的三足鼎立之势，这其中，有一些停滞不前，也有一些不断发展壮大。在优胜劣汰的竞争中，我认为管理是一个十分重要的因素。我自己的座右铭是"天下大事必从细而做"，这种要求应用在我们的教育管理过程中，使我们形成了较有特色的管理风格。有人说，华桥外院是一所很典雅很精致的学院，这不仅仅因为我这个创办者和校长是一名女性，更重要的是：我们注重把女性的爱心、细心和严谨融进教育管理的内涵；更注重由女性人格修养和魅力而带来的和谐与朝气；更追求办学过程中超越于经济效益之上的一种教育境界。

（三）以完善的人格魅力和高尚的人文追求传承优秀文化，培养全面发展的高素质人才

21世纪的高等教育对于学生来说，不只是一种知识和能力的传授，更是一种文化的承继和人格的锻造。一个人受教育的终极目标到底是什么？那应该不单纯是学习知识，也不是简单的就业，而应该是如何做一个高品质的人，一个健全的人，应该是如何使人活得更有意义、更有尊严，且最大限度地发挥人的创造潜能。因此，尽管教育要面向市场，但教育事业绝不能算经济账，教育者在教给一个学生知识的同时必须致力于塑造一颗纯洁的心灵。

我们的前辈，中国第一位女大学校长吴贻芳在主持金陵女子大学时，将"厚生"定为校训，其具体含义是：人生的目的，不是为了自己活着，而是要用自己的智慧和能力来帮助他人和社会。我想这也是所有的女性教育者普

遍注重的。为了做到这一点，我们学院始终坚持"知识＋能力＋人格"三位一体的教育理念，注意把传授知识、培养能力、提高素质融为一体。为了全面落实人才培养规格，我们在大力提高课堂教学质量的同时，开展了丰富多彩富有外院特色的第二课堂活动，努力营造和谐、团结、向上的校园文化氛围。我们还带动全院师生捐资兴建了春蕾小学，每年组织中外教师和学生去慰问孤儿，并为来自贫困家庭的同学减免学费……这些点点滴滴的行动，为学生们在成人、成才、成功的路上提供了鲜明的标识，现在，"学会学习，学会做人，学会生活，学会创造，学会关心他人，学会关心社会"已经成为学生们一致的努力方向。

作为一名女性，我深深体会到了创办学院和管理学院的艰辛，也体会到了作为一名教育工作者的光荣和责任，一个突出的感受便是，教育领域能够更充分地展示优秀的女性品质和女性性情，女性在教育事业中有着更为广阔的发展空间。我们还记得，在巴黎召开的世界高等教育大会对 21 世纪世界高等教育进行展望时，特别提出应加强妇女在高等教育中的参与和作用，因此，建立两性平衡的教育已成为世界高等教育努力的方向。

三、高等教育国际化趋势下女校长必须努力的方向

随着经济全球化进程的不断加快，高等教育国际化已成为一个不可逆转的发展趋势。中国加入世界贸易组织后，将进一步开放国内市场，多元化教育资源特别是国外资源和人才力量将大量涌入，对高等教育市场将形成强大的竞争。大学女校长能否勇敢迎接这种考验和挑战，是我们必须时刻警醒和思索的问题。作为民办高等教育的实践者，我自己也有深刻的体会。

一方面，我们应该进一步加强自身修养，提高个人综合素质，做一个学习型的管理者。在信息社会，没有人关起门来自成大家，每个人都必须不断地学习、充实、提高自己。我们要树立终身学习的理念，做到在教育人的同时受教育，在管理人的同时进行自我管理，在发展别人的过程中实现自我发展。

另一方面，我们要注重培养适应国际化需要的战略眼光，不断创造、坚

持并发展自己的特色。记得韩国梨花女子大学校长张裳在北京大学百年华诞的演讲中曾说过："高等教育的全球化为大学作为智慧的中心这一基本功能的复兴开辟了一条新思路，同时也为引导人类社会朝着好的方向发展提供了新的视野。"我想，这种新的视野也是高等教育工作者必须具备的能力，我们必须以极高的智慧打造这种能力，并以长远开阔的战略眼光培养果断正确的决策能力。

最后我想强调一点，作为女大学校长，我们在决策、管理、发展自己的事业时，还要强化一种现代平等的性别意识，做到将性别意识纳入教育决策的主流，致力于培养女性的现代意识和能力。我相信，不管在哪一所大学，校长这一岗位，不会因为性别而有什么变化，但从女性的角度，从现代人的角度，女大学校长必须认识到自己担负的责任，站在促进社会协调发展和可持续发展的高度，引导、影响自己的老师和学生，使女性人力资源的潜力得到充分的发挥。

中国的许多创业者喜欢这样两句诗，"波神邀我看斜阳，浪里露宿又何妨"。我在创办和管理学院时，也是怀着这样的豪情而工作的。在结束发言时，我想说，教育是值得我们奉献一生的事业，作为一名在国际潮流中搏击的女校长，我和在座的前辈及姐妹们一样，将会一路奋进，一生追求！

解决高校大四学生教育"缩水"问题[①]

（2008 年 3 月）

目前，在我国高等教育中存在着严重的教育"缩水"问题。所谓教育"缩水"是指大四学生没有完整地读完大学四年本科，在大四的第二学期因多种原因没有接受学校的正规教育，而整整荒废了一个学期的学业。

一、教育"缩水"的表现

当前一些高校相当多的大四学生，从每年的 11 月份到第二年的毕业前夕，放弃学业，离开学校，步入社会。一部分学生忙于参加各种人才招聘会签订就业协议；一部分学生到企事业单位推销自己找工作；一部分学生为就业去考各种证书；一部分学生为考研复习或成为网游一族。"就业"挑战"学业"，无序招聘严重影响了学生的正常学习。大四学生放弃学业提早进入就业状态成为普遍现象，本科教育缩水已是不争的事实。

二、问题产生的原因

一是就业压力沉重，就业难，难就业。

二是与现行的就业招聘体制有直接关系。一些用人单位不考虑大四学生实际情况，安排在学生正常上课时间举行招聘会。

三是一些高校由于片面追求就业率，对大四学生离校找工作，采取默认

---

① 全国政协十一届一次会议提案。

态度。

三、改进措施

第一，改革就业招聘管理制度。由教育部牵头与劳动人事部、国家发展和改革委员会等部门协调，改变招聘时间，将现行的就业招聘时间改为在暑假和寒假进行，并作为全国统一的就业招聘时间向社会公布，以保证学生在校上课时间不受干扰，能够专心学习。

第二，建议政府进一步规范大学生就业市场，并设立相应的、有效的监督系统，使就业市场能够根据学生的实际需要和我国国情现状不断发展、不断完善。

第三，高校应对大学生的全过程学习进行整体科学设计，使大一新生一入学就有就业指导，并贯穿于大学四年学习和生活的始终（即大一就有就业指导；大二就有社会实践、认知社会；大三进行专业实践、职业认知；大四开展毕业实习、职业训练），使毕业生掌握各种专业技能，增强大学生就业信心，成为合格的职业人。并且各高校应加强对毕业学期的管理，科学安排并认真执行教学计划。我建议对毕业学期进行调整，以实践教学为主，采取专项训练的形式，突出实践性。另外，高校要与人才市场建立畅通的联系，实现大学生人才信息与就业信息双向互联，为大学生提供更多、更全面、更可靠的就业信息。

总之，采取以上一些措施，对于解决目前某些高校教育教学"缩水"的倾向性问题是有利的。还给大学生一个最全面、最完整、最负责的高等教育，是教育行政部门和高等学校义不容辞的历史责任，热切希望政府有关部门和社会各界都能重视起来。

完善民办学校教师社会保险制度①

(2011 年 3 月)

目前，民办高校退休教师的养老保险金仅相当于公办高校同资历退休教师的退休工资的一半。这种状况不仅造成了民办高校教师强烈的后顾之忧，严重地影响了民办高校的师资队伍的建设，也影响着民办高等教育事业的健康发展。

公办高校是"事业单位"法人，而民办高校则为"民办非企业单位"法人，因此民办学校教师不能享受与公办学校教师相同的"教师编制"。公办学校教师属于"事业编制""干部身份"，而民办学校教师实质上属于"企业编制""工人身份"，其职工待遇只能比照企业对待，没有退休金，只能通过缴纳养老保险，由社会保险公司发放养老金，导致民办学校教师退休待遇大大低于公办学校退休教师。

造成这种状况的法律原因是民办高校与公办高校在法人属性上的严重不同类。依据 1996 年中共中央办公厅和国务院办公厅联合下发的《关于加强社会团体和民办非企业单位管理工作的通知》、1998 年国务院颁布的《民办非企业单位登记管理暂行条例》和 1999 年民政部发布的《民办非企业单位登记管理办法》三份文件，国家各级政府一直是把民办学校作为"民办非企业单位"法人看待。但 1986 年 4 月颁布的《中华人民共和国民法通则》只规定了企业法人、机关法人、事业法人和社会团体法人四种法人，而民办学

---

① 全国政协十一届四次会议提案。

校的"民办非企业单位"法人则游离于我国民法体系之外。

《国家中长期教育改革和发展规划纲要（2010—2020 年）》提出，要"提高教师地位待遇。不断改善教师的工作、学习和生活条件，吸引优秀人才长期从教、终身从教。依法保证教师平均工资水平不低于或者高于国家公务员的平均工资水平……"，强调要"依法落实民办学校、学生、教师与公办学校、学生、教师平等的法律地位，保障民办学校办学自主权。清理并纠正对民办学校的各类歧视政策。……建立完善民办学校教师社会保险制度"。

根据《民办教育促进法》和国家《教育规划纲要》精神，目前国内许多省份先后在着力解决民办教师养老保险金与公办教师存在的差距过大问题。2004 年，在落实国家《民办教育促进法》的过程中，浙江省杭州市政府就把全市符合条件的民办教师纳入"机关事业单位职工基本养老保险"的范围，并于 2005 年正式制定了《杭州市区民办学校教师参加机关事业单位职工基本养老保险的实施办法》。2008 年 1 月，湖南省政府在《湖南省人民政府关于促进民办教育发展的决定》1 号文件中，在全国率先明确了"民办学校是民办事业单位"法人的身份。同年 10 月，四川省人大通过的《四川省〈中华人民共和国民办教育促进法〉实施办法》也明确规定了民办教师可以参加事业单位保险。2010 年，《云南省中长期教育改革和发展规划纲要（听证稿)》也明确地规定了民办学校为"民办事业单位"法人的身份与属性。

鉴于以上情况，建议我省参照云南、四川、湖南等省的做法，依据《民办教育促进法》和国家《教育规划纲要》精神，从调整和加强地方立法开始，进一步明确非营利性普通民办高校为"民办事业单位"法人身份，从而切实提高民办院校教师养老保险金。民办学校教师参照公办学校教师同等享受社会保险政策，所需费用由民办学校和教师个人参照公办学校缴纳的比例和标准分别承担。对各项社会保险学校缴纳一部分，建议地方政府通过设立民办教育专项基金给予补助或以奖代补。

对民办学校法人属性和身份的认识与建议①

（2011 年 3 月）

《国家中长期教育改革和发展规划纲要》提出"民办教育是教育事业发展的重要增长点和促进教育改革的重要力量"以及要"办好一批高水平民办学校"，这是对民办教育的地位和作用所给予的高度肯定，民办教育迎来了难得的发展机遇。但由于相关的政策法规的滞后性和不配套，民办教育健康发展依然面临一些障碍和问题，其中一个最突出的问题是民办学校法人属性及法人身份还不够明确。这个问题不解决，将影响《教育规划纲要》中对民办教育的规划目标的实现。

目前，绝大多数民办学校被认定为"民办非企业单位"法人这一类别，这种分类既与《中华人民共和国民法通则》相违背，又事实上造成了民办学校与公办学校在法人属性和身份上的差别，以及在人事制度、社会保险、税收和会计核算制度等诸多方面的法律上的区别，这些制度导致民办教师养老、医疗保险，住房公积金和人事档案管理等方面与公办学校教师在事实上存在着不平等，影响了民办学校的师资队伍建设，进而影响了民办学校的健康可持续发展。

《民办教育促进法》明确规定："民办教育属于公益性事业，是社会主义教育事业的组成部分。"这就从总体上规定了民办教育的基本属性。特别是进行学历教育的、非营利性的民办高等院校更应当归属于事业法人一类，而

---

① 全国政协十一届四次会议提案。

不应当作为"民办非企业单位"登记注册。为此我提出下列建议：

第一，建议由国家立法部门、民政、财政、税务及相关行政部门组成专门工作组对我国的"民办非企业单位"进行广泛深入的调查研究。对这一法人概念适用的范围进行科学的分析，做出合理的界定，并将这一新的机构法人概念补充到修订后的《民法通则》中，使其不致游离于民法体系之外。

第二，对2004年财政部、国家税务总局《关于教育税收政策的通知》（财税〔2004〕39号）、《民间非企业组织会计制度》（财会〔2004〕7号），2009年《关于非营利组织免税资格认定管理有关规定的通知》（财税〔2009〕123号）等部门法规文件中与《中华人民共和国教育法》《民办教育促进法》及其实施条例，以及国务院将要颁布实施的《进一步促进民办教育发展的若干意见》不一致的条款，做出恰当的修订。

第三，对民办教育机构实行分类登记、分类管理。建议将从事学前教育和学历教育的民办学校（包括幼儿园）登记为事业单位法人，其他类型的民办学校登记为民办非企业单位法人。经营性民办培训机构在工商部门登记为企业法人，并制定具体的管理办法。

第四，按照《民办教育促进法》，依法落实民办学校教师与公办学校教师平等的法律地位。建议民办学校教师参照公办学校教师同等享受养老、医疗保险、住房公积金等方面政策，对各项社会保险学校缴纳部分，地方政府可根据各自财政情况按民办学校实际缴纳数给予补助（全额或差额）或以奖代补。建议由地方机构编制部门和教育行政主管部门根据学校办学层次和办学规模，给民办学校核定拨付一定比例的教师编制，以利于民办学校的师资队伍建设，为建设一批高水平民办学校做好人才储备。

加快我国职业教育改革发展^①

（2013 年 3 月）

职业教育是现代国民教育体系的重要组成部分，在服务经济社会发展、促进社会就业、改善民生等方面发挥着不可替代的作用。近年来，党和国家对职业教育愈加重视，先后采取了中职免费等一系列支持职业教育发展的政策措施，实施了多个职业教育重大项目，切实加强了职业学校基础能力建设，建立了职业教育学生资助体系。总体来看，职业教育在我国教育事业改革发展中的地位和作用更加突出，全社会关心重视职业教育发展的氛围初步形成。但值得注意的是，虽然我国职业教育改革发展成绩显著，但仍面临一些深层次问题，严重制约了职业教育的发展。

一是职业教育缺乏吸引力。由于人才培养质量不高、传统观念、社会用人制度等各方面原因，人们对职业教育仍然存在认识上的偏见，不愿意送子女接受职业教育。

二是职业教育办学模式改革滞后，行业企业参与职业学校办学的体制机制不健全，积极性没被充分调动起来，导致职业学校人才培养与实际需求存在脱节现象，特色没有被深入挖掘，优势亟待进一步发挥。

三是在职业教育发展的一些关键问题上，如职业教育多头管理、职业学校"双师型"教师队伍建设、学生顶岗实习管理办法等，始终没有取得实质性突破。

---

① 全国政协十二届一次会议提案。

　　四是职业学校基础能力薄弱的状况没有从根本上得以扭转。近年来，国家对示范性职业学校建设给予了支持，这些学校的办学条件有了明显改善，但其他多数职业学校投入严重不足，普遍存在设施设备陈旧、实习实训基地紧缺、教师队伍数量不足和素质不高等诸多问题。

　　以上四个方面的问题，严重制约了职业教育发展，亟待突破。为此建议如下。

　　第一，尽快修订《中华人民共和国职业教育法》（以下简称《职业教育法》）。当前我国职业教育制度建设之所以面临诸多困难，其中一个重要原因在于顶层制度即《职业教育法》严重滞后，许多改革措施要么为该法所掣肘，要么缺乏法理依据，协调起来非常困难。目前的《职业教育法》是1996年颁布的，虽然这部法律对推动我国职业教育的发展起了十分重要的作用，但由于颁布以来的16年间，世界和我国的社会经济格局都发生了很大变化，人们对教育的认识和要求也有许多新变化，法律条文所涉部分内容已不能完全适应新形势要求，急需修改、补充和完善。

　　第二，研究制定各类职业学校生均经费标准。目前，我国职业学校普遍存在经费紧缺问题，绝大多数职业学校经费来源渠道单一，充足性、稳定性都缺乏保障。解决这个问题，一方面，要完善体制机制，发挥行业企业作用，使其分担部分培养成本；另一方面，必须强化政府责任，大幅增加财政经费对职业教育的投入。为此，建议尽快研究出台职业学校生均经费标准，为政府拨款提供依据。

　　第三，大力推进职业教育体制机制创新。加快职业教育发展，体制机制是关键。一是要制定职业学校学生顶岗实习管理办法和促进校企合作的办法，建立健全行业企业参与办学的体制机制；二是大力推广委托培养、定向培养、订单式培养等多种人才培养模式，深入开展集团化办学，提高人才培养工作的针对性，更好地满足劳动力市场对职业教育人才的需求；三是完善职业学校教师管理制度，加强职业"双师型"教师队伍建设，提高教师教学实践能力。

　　第四，加快建立健全现代职业教育体系。完善职业教育层次结构，建立多种形式的中高职衔接制度，促进中等职业教育与高等职业教育协调发展，推进职业教育学制改革。

第五，开展职业教育质量监测评估。建立健全政府、行业、企业和第三方机构深度参与的职业教育质量监测评估体系，定期发布职业教育质量报告，便于全社会了解职业教育办学状况和办学质量，同时对职业学校形成有力督促。

关于女大学生就业歧视问题[①]

（2013 年 3 月 9 日）

一、从历史的纵深看待这个现象

几千年以来，中国是一个男权、夫权、族权至上的社会，女性基本上被压缩在家庭生活这一狭小的空间。绝大多数女性不可能走向职场，相夫教子就是人生的全部内容。当然，也不存在所谓的女性就业歧视问题。因此可以说，女性就业歧视是一个时代问题，是社会文明发展到特定阶段的产物。对职场的女性而言，每当面临"被歧视"的时候，的确很令人苦恼。但从历史来看，我们对此不必过于悲观。当代中国，女性与男性一样走向职场，为社会做贡献，本身就体现了社会进步。

二、我们应当对这个问题引起足够的重视

尽管女性就业歧视是历史现象，是时代问题，有其必然性，但这个问题的存在本身是不合理的，不符合男女平权的思想，也不利于公平竞争劳动力市场的形成。长此以往，将对良性经济秩序的形成造成伤害。对于被歧视的女性而言，往往伴随一种不公正的体验，甚至是一种痛苦的体验。每一个家庭都有女性，反对女性就业歧视，符合每一个家庭的长远利益，也符合国家和民族的利益。因此，对女性就业歧视，全社会都应当引起高度重视，积极

---

① 发表于《光明日报》。

应对。

三、女性要学会发挥优势、扬长避短

我们既要反对女性就业歧视，同时也要承认男性与女性之间在心理、生理、认知等方面客观存在的差异。职场存在的诸多针对女性的就业歧视，根本原因在于男女之间客观上存在这种差别。用人单位出于利益最大化的考虑，可能会放大这种差别，让女性在就业过程中感受到歧视。既然男女之别在客观上是存在的，那么女性在就业过程中首先就要充分认识自我，选择适当的职业，学会扬长避短。女性的一些生理、心理特质，对某些职业而言是劣势，但对某些专业而言可能是优势。女性如果能够充分发挥自身优势，就能较好地避免就业歧视。

四、政府要努力构建男女平等就业的制度屏障

在市场经济条件下，在不违背国家法律法规的条件下，企业可以在劳动力市场上自由聘用所需人员。这是企业的基本权利。在相关法律法规不健全的情况下，企业完全可能提出许多不利于女性就业的条件。在这种情况下，政府必须有所作为，出台相关规章制度，对企业针对女性的就业歧视行为予以限制。同时，考虑到在特定时期内，女性在劳动力市场上处于弱势一方，有必要出台一些支持政策，帮助女性就业。此外，对违反法律法规规定对女性就业予以歧视的行为，要坚决制止，并进行惩罚。总之，既要努力创造男女平等就业的环境，还要对女性就业予以特殊的保护和支持。

实行"九年一贯制",免试就近入学,逐步解决择校难题①

(2014 年 1 月 21 日)

中共中央十八届三中全会提出:大力促进教育公平……逐步缩小区域、城乡、校级差距;实行公办学校标准化建设和校长教师交流轮岗……义务教育免试就近入学,试行学区制和九年一贯对口招生。

中共吉林省委十届三次全会提出着力保障和改善民生的"十五项工程",其中第九项就是城乡教育普惠工程。

中央和省的一系列关于促进教育公平,特别是义务教育阶段的教育公平问题的重大决策,给广大人民群众,特别是经济相对落后地区和经济收入较低的家庭孩子上学带来福音,带来希望,期盼着各级政府尽快落实中央和省的决定有关精神,使这个长期困扰人们的大问题早日得以解决。

一是义务教育阶段存在的不均衡、不公平现象长期以来人所共见。

在城市里每到上学、放学的时候,学校门口必然堵车,家长们不得不请假,设法去接送孩子,这种情况已成为城市中的一景。

在城镇,在乡村,孩子们上学的艰难成了有的孩子辍学的重要原因。

近几年,国家在义务教育经费投入方面大幅增加,但在义务教育经费保障、管理及使用情况,农村教师队伍建设情况,促进义务教育均衡发展情况,以及贯彻教育方针、实施素质教育,提高教育质量等方面,我省都不同

---

① 吉林省政协十一届二次会议提案。

程度地存在差距。

建议省政府组织有关方面进行深入、具体、细致的调查，找出问题，有针对性地、认真地逐个解决。

二是义务教育阶段的不均衡问题存在于许多方面。

例如，农村教育比城市、城镇教育差；有些地区经济相对欠发达，经济发展的差距使教育投入产生差距；各类重点学校在办学条件、师资配备、教育质量、管理水平等方面都远远优于一般学校；进城务工和随迁子女就学困难、学校条件差；等等。

这些不均衡造成了严重的择校现象。一些有条件的家长，想尽一切办法为孩子选好的小学、好的初中，对关乎孩子一生的大问题，家长都尽全力去谋求解决之道，于是补课、找门路，除了公开的高收费之外，人情费等就应运而生，且愈演愈烈，家长不堪重负，教育的形象大跌，更严重的是在孩子纯洁幼小的心灵里打上了极坏的烙印。而那些没有条件的家长们，除了望洋兴叹之外就是抱怨，对变了味的本应公平的义务教育失去了信心。这种现象使有的地区的孩子从上学（包含幼儿园）开始就被分成了"三六九等"。许多农村的、经济欠发达地区的，家庭条件较差的优秀孩子，从小就失去了本来应该属于他（她）们的接受良好的国家义务教育的权利。

十八届三中全会把这些问题列为重大问题并做出决定，省委十届三次全会把这个问题列入 15 项工程之一，非常英明、非常及时、非常重要。问题是如何尽快落实，正如省委王儒林书记 2013 年 12 月 3 日在省委省政府专题落实省委十届三次全会工作时讲话强调的，"落实"是一项重要的工作任务。

建议省政府的有关部门，针对我省情况制定具体政策措施，把这项关乎民生、关乎民族伟大复兴的大事办好。具体为：

（1）九年义务教育学校标准化建设，重点解决薄弱校建设问题；

（2）小学与初中划片联合，解决免除"小升初"考试与择校问题；

（3）校长、老师归区（县）统一管理，统一调度，解决校长、老师定期轮岗交流问题；

（4）认真解决校车安全保障，解决家长接送问题；

（5）保障农村、城镇初中住校条件，解决农村孩子上学难问题；

（6）进城务工人员子女就近入学，解决农民工子女上学问题等。

上述这些问题亟待解决、亟待落实，建议省政府责成有关部门，逐级制定切实可行的办法措施，尽快落实，尽快解决，真正按照王儒林书记说的，从省级领导做起，带头抓落实。各地各部门主要领导也要常抓落实，切实把这一惠民工程尽快落到实处。

推进新建本科院校改革创新，
大力支持应用型人才培养^①

（2014 年 3 月）

自 20 世纪末我国全面实施高等教育大众化战略以来，本科教育规模持续扩大。截至 2011 年，全国共有 800 多所本科院校，其中 20 世纪末以来新建本科院校的校数、学生数分别占到 1/3 左右，已成为我国大众化高等教育的重要组成部分，在满足人民群众迅速增长的本科教育需求方面发挥了不可替代的作用。

但同时必须看到，新建本科院校大都是以一所或多所专科学校为基础组建的，有的还整合了一些成人高校和中等专业学校。由于历史积淀不够、定位不够清晰、基础比较薄弱等多种原因，新建本科院校在人才培养、经费保障、师资队伍建设等方面，均面临不少突出问题。这些问题集中表现为新建本科院校同质化严重，所培养人才与经济社会发展严重脱节，在劳动力市场上缺乏竞争力。2013 年，受宏观经济发展速度减缓等因素的影响，全国高校毕业生就业形势十分严峻，新建本科院校就业状况尤其不佳。根据有关统计，2013 年高校毕业生就业率排名第一位的是"985"高校，第二为高职院校，第三为"211"大学，第四为独立学院，第五为科研院所，第六为地方普通高校（主要是新建本科院校）。这一问题的存在，迫使我们必须对最近 10 多年以来新建本科院校发展模式进行全面深入的检讨与反思，走一条不同

---

① 全国政协十二届二次会议提案。

于传统本科院校的发展道路。

对新建本科院校改革发展问题，党和国家高度重视。2014 年 2 月 26 日，李克强总理主持召开国务院常务会议，部署加快发展现代职业教育，提出要引导一批普通本科高校向应用技术型高校转型发展。从国际经验来看，以培养高层次技术技能人才为目标的应用技术型大学，是大众化高等教育不可或缺的组成部分，是一个国家和地区提升人力资源总体水平的重要经验。下一步，建议按照十八届三中全会的部署和 2 月 26 日国务院常务会议精神，对新建本科院校创新发展进行一次新的动员和部署，全面提高应用型人才培养水平。

建议重点把握好以下几个方面。

第一，调整政策导向。我国新建本科院校之所以出现严重同质化问题，与政策导向密切相关。多年来，从国家层面到地方层面，在高等学校设置、评估和资源配置中，都以研究型或学术型大学为参照标准，必然导致新建本科院校盲目追求"大而全"，相应对特色发展、内涵发展关注不够。要想改变这一状况，必须调整政策导向，不再以学术型大学的标准去衡量和评价新建本科院校。要更加突出应用型导向，更多关注实践教学和技术技能培养，引导新建本科院校合理定位，从政策源头上解决院校同质化发展的"病因"。

第二，加大支持力度。新建本科院校大都由省级和市级管理，经费投入渠道相对单一，缺乏国家层面的经费和政策支持。过去人们在思想观念上一直存在一个误区，即认为培养应用型人才成本较低。但实际情况是，应用型人才培养需要强化实习实训，所需成本往往更高。今后，要改变办好新建本科院校花钱较少的误区，高度重视对新建本科院校的投入。在不改变管理体制的情况下，国家除了在政策上予以大力支持外，还可考虑如何通过体制机制创新，为新建本科院校提供更多的资源支持，使其能够顺利转型。

第三，加强校企合作。在我国高等教育大众化进程中，之所以设立大量本科院校，既是为了更好满足人民群众对高等教育的需求，同时也是为了让高等教育更好地服务经济社会发展需求。这就决定了新建本科院校不可能办成独立于社会之外的"象牙塔"，必须主动融入社会，与行业产业深度融合。

应当说，高校和企业均已认识到校企合作的重要性，但在实践中，往往高校的热情高一些，企业的积极性没有被充分调动起来。下一步，要在这方面狠下功夫，瞄准企业需求，在税收等方面出台引导性政策，形成校企合作的良好机制。

第四，完善质量评估。新建本科院校作为一类高校，已得到各方面的普遍认同。对新建本科院校的评估，必须有专门的评估标准，不能与其他院校等同起来。过去几年，我国在这方面迈出了重要步伐，已针对新建本科院校开发了专门评估指标，合格评估工作全面启动。在下一步推进新建本科院校转型发展的过程中，在开展合格评估的同时，要更多引入第三方评估，更加注重企业和用人单位的评估，并建立质量反馈意见，便于新建本科院校及时调整和完善人才培养方案，全面提高人才培养水平。

积极应对高校毕业生就业挑战①

（2015 年 3 月）

我国从 20 世纪 90 年代末开始全面启动高等教育大众化进程，高等教育规模迅速扩大，毛入学率从 1998 年的 9.8% 迅速攀升至 2005 年的 21%，到 2013 年已高达 34.5%。与发达国家高等教育发展历程相比，最近 10 多年来我国高等教育的规模扩张十分迅速，仅仅用不到 20 年的时间，就走过了西方发达国家 50~100 年才走过的路。

纵观世界各国，在高等教育迈向大众化、普及化的过程中，高校毕业生数量迅速增加，总体上不再是一种稀缺资源。这一重大变化反映在劳动力市场上，直接体现为高校毕业生就业面临越来越多的困难，这在世界各国都构成一个重大挑战。特别是随着经济周期的变化，劳动力市场时常处于波动状态，解决高校毕业生就业问题面临诸多不确定因素。我国高等教育大众化推进如此之快，明显超过同期经济发展速度，使得毕业生数量的过快增长与劳动力市场需求的相对饱和之间的矛盾迅速凸显。

进入 21 世纪以来，我国高校毕业生数量持续增加，2014 年多达 699 万。尽管党和国家对高校毕业生就业问题高度重视，各级党委政府采取了大量举措，着力创造就业机会，促进高校毕业生顺利就业，但每年仍有 100 多万毕业生难以如期顺利就业。每个未如期顺利就业的大学生，同时连带着一个或多个家庭。可以说，高校毕业生就业问题已不仅仅是个人的问题，同时还是

---

① 全国政协十二届三次会议提案。

教育问题、社会问题、民生问题、政治问题。这个问题如果解决不好，必将影响高等教育的健康持续发展，影响社会和谐稳定。

应当特别指出的是，近年来，随着我国经济发展进入以结构调整、动力转换和转型升级为主要特征的新常态，增长速度趋缓，不仅对毕业生的需求数量短期内难以明显增加，同时还对毕业生培养质量和结构提出了新要求。在这样的大背景下，迫切需要立足全局，着眼长远，未雨绸缪，主动适应经济社会发展对高校教育人才数量和结构的需求，加强系统设计，更加积极主动地做好高校毕业生就业工作，努力让广大毕业生顺利毕业，这对于提高高等教育产出效益，进一步促进教育公平和社会公平，推动经济转型升级，切实维护社会和谐稳定具有特殊而重要的意义。

第一，适度调控高等教育规模。目前，无论从在校生数还是招生数看，我国高等教育规模均已位居世界第一。即便保持目前招生规模不变，也能确保到2020年实现《教育规划纲要》提出的高等教育毛入学率达到40%的目标。今后一个时期，我国高等教育改革发展的主要任务不再是规模扩张，而是内涵发展和质量提升。建议主动适应经济发展新常态，科学预测人才需求，在此基础上，加强对高等教育规模的宏观调控，适当降低招生规模，缓解高校毕业生就业面临的供求失衡矛盾，避免出现"教育过度"现象，提高人力资源开发的效率。

第二，加大应用型人才培养力度。当前我国高校毕业生就业面临的矛盾，既有供大于求的矛盾，同时还有结构性矛盾。一方面，大量毕业生难以顺利就业；另一方面，许多企事业单位招聘不到合适的人才。这一现象说明，当前高校毕业生就业面临的主要矛盾是结构性的，高校培养人才的类型、素质与劳动力市场的实际需求存在严重脱节。从这个意义上讲，解决高校毕业生就业问题，必须深化人才培养模式改革，特别是要引导300多所新建本科院校，直接面向劳动力市场需求，以培养应用型人才为导向，深入产教融合、校企合作，克服同质化倾向，实现特色发展。应当看到，深化高校人才培养模式改革，与资源配置方式、考核评价方面等的改革密切相关，只有发挥政府的主导作用，才能真正有效推进。

第三，引导高校毕业生到中西部地区、到基层就业。我国高层次人才分布存在严重不均衡现象，发达地区、中心城市出现严重的人才"拥挤"现象，导致人力资源配置不当。而中西部欠发达地区和广大基层面临严重人才紧缺。当前我国高校毕业生面临的巨大挑战，同时也是解决人才分布不均、促进人力资源的合理有效配置的契机。建议政府主导，综合采取提高待遇、学费补偿、助学贷款代偿、打通职业发展通道等更加有力的措施，鼓励和引导高校毕业生到城乡基层、中西部地区、艰苦边远地区就业。经过若干年不懈努力，我国人力资源区域布局将得到整体优化。

第四，引导和激励高校毕业生自主创业，这是解决毕业生就业问题的重要渠道。从国际比较看，支持创业也是许多国家应对高校毕业生就业问题、鼓励创新的重要做法。过去几年，我国在这方面做了大量努力和尝试，但因观念、制度等因素制约，总体上仍然效果不理想。为此，一方面，高校要加强创业教育，传授大学生必备的创业知识和技能，激发其创业潜能。另一方面，要在税费减免、金融政策、户籍管理等方面采取有力措施，积极搭建各类创业平台，降低创业门槛，建立和完善风险分担机制，为大学生创业提供支持。

第五，建立招生、拨款与就业的联动机制。长期以来，受政绩观和利益的驱动，一些地方政府和高校在招生上存在一定盲目性，因为每多招一名学生，就意味着多一份拨款和收费，意味着毛入学率的提升。解决这个问题，应当将招生与就业、拨款、学科专业建设挂钩，强化地方政府和学校的刚性约束，使其真正成为解决毕业生就业问题的责任主体。对就业率明显偏低或显著下滑的学校和学科专业，向全社会公布，并适当减少其招生规模，减少其经费拨款。对就业前景好的学科专业，逐步扩大招生规模。对就业工作做得好的高校，以多种方式给予表彰奖励。

第六，建立困难毕业生就业的帮扶机制。对家庭经济困难毕业生、残疾毕业生、女性毕业生等，要加强就业指导，在岗位推荐、技能培训等方面，提供毕业的支持和服务。对未能如期就业的毕业生，要完善相关保障政策，保证其基本生活来源，持续为其提供就业指导和服务，让他们也能感受到社会的温暖，避免使其成为不稳定、不和谐的因素。

着力制度创新、大力发展民办教育①

（2015 年 3 月）

改革开放以来，党和国家对民办教育高度重视，采取了一系列扶持措施。经过 30 多年的发展，民办教育的重要地位和作用充分显现。对于民办教育的重要性和不可替代性，各方面虽已形成高度共识，但在实践层面，许多制约民办教育发展的制度瓶颈始终难以突破，认识与实践严重脱节。在教育供给总体严重不足情况下，尽管政策环境尚不完善，民办教育在规模上仍能保持持续发展势头。随着我国教育供求关系从"求大于供"向"供求基本平衡"和"供大于求"转变，民办教育的发展空间总体上被不断挤压，有的民办学校显得步履维艰。

当前，我国经济发展进入新常态，正处在增速调整、结构优化和转型升级的关键时期。这一时期，同时也是我国深化教育综合改革、加快推进教育现代化的攻坚期。两期的叠加，给教育带来了新问题、新挑战。在经济增速趋缓、财政压力增大的背景下，大力发展民办教育，拓宽教育经费渠道，激发教育活力，更好满足各方面对公平、优质、多样教育的需求，是一项重要而紧迫的任务。在新的历史起点上，民办教育面临大好机遇，同时也遭遇"玻璃门""弹簧门""旋转门"，迈不开步子。必须进一步解放思想，适应新常态，在战略层面对民办教育定位做出重大调整，对民办教育改革发展做出新的顶层设计，着力突破制约发展的制度瓶颈，为民办学校发展拓展新的

---

① 全国政协十二届三次会议提案。

空间、注入新的动力，使其肩负起提供优质、多样教育的责任，使其在我国教育现代化的进程中发挥新的更大的作用。

第一，大胆探索多种形式的办学体制。无论公办教育还是民办教育，都具有公共属性，二者是互补关系，各有优势和不足。只要有利于扩大资源、有利于提高质量、有利于满足多样化需求，完全可以探索公办民办混合、国有民办、民办公助等灵活多样的办学体制。过去，我国在办学体制方面进行过探索，但由于担心出现国有资产流失、乱收费等问题，走了"弯路"甚至"回头路"。允许多种形式所有制和办学体制，有利于发挥市场作用，进一步拓展资源，符合十八届三中全会精神，方向正确，关键是要完善监管制度和配套措施。

第二，加强分类指导、分类管理。我国有14.8万多所民办教育机构、4000多万名民办学校在校生，覆盖从学前到研究生各学段。可以说，民办教育是一个庞大体系，其多样性、复杂性必然导致诉求多元化，只有分类管理，才能增强政策的针对性和可操作性。近年来，国家试图在税收优惠、财政扶持、基金奖励等方面，出台支持民办教育的普惠性政策，但长期面临争议、处于难产状态，重要原因在于单一政策目标与多样化诉求的矛盾难以调和，充分说明"一刀切"的政策方案难以适应民办教育发展需求。必须针对不同层次、不同类型民办教育的发展需求和面临的实际问题，分别出台政策措施，加强分类管理、分类指导、分类支持。

第三，尽快突破教师队伍"瓶颈"。民办学校唯有内涵发展，才能争取新的发展空间。制约内涵发展关键因素是教师。当前，民办学校教师社会保障待遇明显不如公办教师，有的地区在落户、职称评聘等方面对民办学校教师有诸多限制，超过300万名民办学校教职工对未来缺乏稳定预期，同等条件下倾向于在公办学校从教，无形中加大了民办学校选聘教师成本。对此已呼吁多年，一些地方进行了积极探索，但国家制度层面始终悬而未决。当前，社会组织登记制度、养老保险制度、户籍制度正加快推进，应把握契机，下决心把这一问题解决到位，在制度上实现突破。

第四，全面落实对非营利性、普惠性民办学校的财政支持。公共财政扶持民办教育，不仅可以缓解民办学校经费压力，还可起到"四两拨千斤"的作用，吸引更多社会资金进入教育领域，总体上扩大教育资源，最终惠及全社会。通过财政手段，还可以更好地实施宏观管理和调控，引导民办学校按照政府的政策意图和方向发展。财政支持民办教育发展，现阶段要体现针对性、差异性、导向性，重点支持非营利性、普惠性民办学校，加强绩效考核评价，提高经费效益。

第五，构建民办学校自我发展、自我约束机制。当前，民办高校自我发展、自我约束机制尚未形成。要引导民办高校确立长远目标，坚持公益性取向，避免追求短期效应。在加大扶持力度的同时，加强监督，规范管理。开展对民办高校的质量评估，改进信息服务。充分运用信息公开、年度审计等手段，加强对民办学校的监督，引导民办学校建立健全自我发展、自我约束机制，不断提高社会声誉。

总之，我国民办教育站在新的历史起点上，又到了改革发展的关键时期。当前，在全国上下改革共识进一步增强的大好形势下，涉及民办教育的诸多重大改革迎来了"窗口期"。希望支持民办教育改革发展的力度更大一些，步子迈得更快一些。有国家的支持，有健全的制度保障，有举办者的热情和付出，我国民办教育一定能健康持续发展，为我国建设教育强国和人力资源强国做出新的更大的贡献。

发挥教育优势，助力脱贫攻坚①

（2016 年 3 月）

消除贫困、改善民生、逐步实现共同富裕，是社会主义的本质要求，是全面建成小康社会的要义所在。2015 年 11 月下旬，中央召开扶贫开发工作会议，中共中央、国务院印发了《关于打赢脱贫攻坚战的决定》，明确了到 2020 年扶贫开发的总目标，即"确保我国现行标准下农村贫困人口实现脱贫，贫困县全部摘帽，解决区域性整体贫困"，对全面建成小康社会进程中的脱贫攻坚工作进行了全面部署。

教育是人力资源开发最为重要的渠道。通过发展教育，提升贫困人口受教育水平，增长他们的知识和技能，对于促进贫困人口就业、提高贫困家庭收入水平、从源头上阻断贫困的代际传递具有重大意义。习近平总书记多次指出，"治贫先治愚，扶贫先扶智"。在这次中央扶贫工作会议上，习近平总书记明确提出，实施"五个一批"工程，实现 7000 多万贫困人口脱贫，其中就包括"发展教育脱贫一批"。落实中央脱贫攻坚的决策部署，教育肩负着重大使命。

近年来，虽然贫困地区和贫困人口受教育水平有了明显提高，但总体而言，我国教育公共服务的城乡差距、区域差距和群体差距仍十分显著。许多贫困地区，同时也是教育公共服务供给最为薄弱的地区。不少贫困家庭的子女，既难以接受公平且有一定质量保障的基础教育，也较少有机会获得有效

---

①　全国政协十二届四次会议提案。

的职业技能培训。对这一贫困群体而言，教育的差距，直接导致其思想观念保守陈旧和就业创业能力严重不足，在人生的起点上就种下了贫困的"种子"，完全依靠自身努力难以从根本上改变贫困的面貌。为确保如期完成党中央、国务院提出的"十三五"脱贫攻坚任务，建议国家层面加强顶层设计，将治愚、扶智作为扶贫开发的长远之策和根本大计，对各地教育扶贫工作提出明确要求、做出系统部署，切实加大对贫困地区、贫困人口的教育扶持力度，着力从源头上阻断贫困的代际传递。

一是全面完成贫困地区义务教育薄弱学校改造任务，基本实现义务教育办学条件标准化。目前，我国义务教育阶段薄弱学校主要分布在集中连片特困地区。特别在一些边远山区，有的学校连课桌椅等最基本的办学条件都难以保障，大班额、超大班额现象普遍存在，当地适龄儿童少年平等接受义务教育仍面临诸多困难，失学、辍学现象十分突出。有调查显示，一些民族地区、贫困地区的初中辍学率超过20%。大量贫困家庭子女，在尚未完成义务教育的情况下就在家待业或进入廉价劳动力市场。"十三五"期间，应加强教育资源统筹和项目整合，集中各方面的力量，全面完成贫困地区义务教育薄弱学校改造任务，确保贫困地区每一名适龄儿童少年都有机会接受有一定质量保障的义务教育。

二是大力支持贫困地区乡村幼儿园建设，加快构建贫困地区乡村学前教育体系。"十二五"期间，我国学前教育发展迅速，乡村学前教育普及水平有了明显提升。但从总体上看，贫困地区乡村学前教育发展严重滞后，绝大多数贫困地区乡村没有公办幼儿园，普惠性学前教育资源严重紧缺。国外国内的大量研究显示，接受学前教育对于儿童智力开发和一生的发展具有重要意义。要想从根本上解决贫困地区贫困面大、贫困程度深、贫困代际传递的问题，必须从学前教育抓起，为贫困家庭子女提供学前教育机会。当前和今后一个时期，应大力支持乡村幼儿园建设，从最贫困地区、最贫困人口做起，逐步建立和完善学前教育资助政策体系，切实减轻贫困家庭学前教育负担。

三是以中等职业教育为重点，加大对贫困地区普及高中阶段教育的支持力度。党的十八届五中全会明确提出了"十三五"期间普及高中阶段教育的任务。目前，我国城镇地区和东部发达地区已基本实现普及高中阶段教育。落实五中全会关于普及高中阶段教育的要求和部署，关键是普及贫困地区高中阶段教育。这是一项艰巨的任务，也是一项具有历史深远意义的扶贫举措。普及贫困地区高中阶段教育，一方面，中央财政要加大支持力度，支持贫困地区扩大高中教育资源，完善贫困地区高中阶段教育经费保障机制，健全学生资助体系，着力化解普通高中债务问题。另一方面，要结合贫困地区的实际情况，突出就业导向，以中等职业教育为重点，避免将高中阶段教育完全办成升学教育。

四是大力加强职业教育和技能培训，提升贫困地区贫困人群就业创业能力。在各类教育中，职业教育和技能培训与劳动力市场的关系最近，直接面向就业特别是青年人就业，在扶贫脱贫中发挥着至关重要的作用。实践证明，接受职业教育是贫困家庭子女获得劳动技能、提升劳动力价值的最便捷途径。做好"十三五"时期扶贫工作，应当格外重视职业教育和技能培训在促进就业、改善民生方面的特殊作用，支持贫困地区办好一批职业院校。要指导贫困地区结合本地实际情况，重点建设一批特殊优势专业。要进一步完善扶持政策，大力发展面向农村劳动力的技术技能培训，支持贫困地区学生到东部地区接受职业教育，努力使贫困地区每个适龄青少年都能学会一项实用技能、每个劳动者都有机会接受职业教育和培训。

五是进一步调整完善保障贫困地区农村学生上重点大学的政策措施，拓展贫困家庭子女纵向流动的通道。长期以来，接受高等教育是贫困家庭子女改变个人和家庭命运，从根本上实现脱贫的主要渠道。近年来，针对农村寒门子弟上重点大学机会减少的现象，国家实施了农村贫困地区定向招生计划，农村学生上重点大学机会明显增多，促进农村贫困地区学子纵向流动效应已初步显现，得到全社会普遍赞誉。但这项政策还不够完善，在一些贫困地区，存在非贫困家庭子女也享受了这一政策的现象。建议进一步完善相关政策，在贫困学生精准识别、完善监督机制等方面有针对性地采取政策措施，确保这项政策真正惠及贫困家庭子女。

六是加强贫困学生信息与贫困家庭人口信息的对接，实现精准资助。学生资助是教育扶贫的重要内容。目前，我国已建立从学前到研究生阶段的学生资助体系，从制度上保障了家庭经济困难学生不再因贫失学、辍学。下一步，在进一步完善和落实资助政策的同时，要在精准资助上多下功夫，贫困学生信息要与建档立卡贫困人口信息有效衔接，精准识别贫困学生。既要做到"应补尽补"，又要尽可能避免资助非贫困家庭的学生，将有限的资助经费用在"刀刃"上，提高资助经费的效益。

以质量为引领　全面加强教师队伍建设①

（2016 年 3 月）

质量是教育的生命线。经过改革开放以来 30 多年的不懈努力，我国教育的普及水平大幅提升，已跻身世界中上水平行列，在世界九个发展中人口大国中率先实现全民教育目标。当前，我国正处在从教育大国向教育强国、从人力资源大国向人力资源强国迈进的关键时期，教育的主要矛盾发生了根本变化，长期存在的教育总体供给不足的问题已较好解决，优质教育资源供给不足成了今后一个时期的主要问题。解决这一问题，必须从战略上对教育发展目标、发展方式做出调整，尽快实现从以规模扩张为主要特征的外延式发展向以质量提升为核心的内涵式发展转变。

提升教育质量，关键是抓好教师队伍建设这一核心。从各级各类教育的情况看，教师队伍是现阶段制约我国教育质量提升的最大"瓶颈"。针对当前我国教师队伍建设面临的突出问题，为更好地适应全面提升教育质量的要求，建议"十三五"期间将教师队伍建设列入重要议事日程，摆在重中之重的位置，采取切实有效的措施，推动全国教师队伍建设迈上新水平，为提升教育质量提供强有力的支撑。

第一，创新幼儿教师管理体制和培养机制，着力保障学前教育健康持续发展。"十二五"期间，我国学前教育资源增长迅速，学前教育机构数和在园幼儿人数大幅增加，普及水平连续迈上新台阶。但与此同时，幼儿教师严

---

① 全国政协十二届四次会议提案。

重不足，整体素质不高，编制配备等相关政策不明确，难以满足学前教育快速发展的需要，更难以适应科学保教的要求。据初步估算，目前全国尚缺合格幼儿教师100多万人。近年来，一些地方发生了幼儿教师虐待儿童的事件，尽管只是局部地区的个案，但同时也凸显了加强幼儿教师队伍建设的重要性紧迫性。按照目前的幼儿教师培养体系，短期内难以培养数量如此巨大的教师。

下一步，建议从体制机制入手，全方位加强幼儿教师队伍建设。一方面，国家层面出台指导性政策文件，要求各地结合实际，采取出台幼儿教师配备标准、落实幼儿教师编制、对民办园教师予以财政补贴等灵活多样的方式，着力从体制机制上解决幼儿教师配备不足、待遇水平不高等突出问题。另一方面，创新幼儿教师培养体系，在大力支持专科层次幼儿教师培养的同时，在本科层次重点布局和建设一批幼儿教育学科专业，扩大幼儿教师培养规模，不断提高培养水平。

第二，以农村教师为重点，大幅提高中小学教师待遇水平。进入21世纪以来，我国教师工资的绝对数有了明显提升，但在全社会劳动力价格不断攀升的背景下，教师工资的相对水平不升反降。例如，在中西部许多乡村地区，义务教育阶段教师月平均工资仅2000元左右，有的地方新教师月工资水平不到2000元，还不如当地农村劳动力的收入水平。

下一步，建议着眼教育事业发展全局和乡村建设这一大局，以乡村教师为重点，提升乡村教师待遇水平，着力解决边远地区、贫困地区、民族地区教师"下不去、留不住、教不好"的问题。特别是要综合考虑乡村的贫困程度、地理位置、交通条件等因素，构建差异化的教师工资体系，越是边远贫困地区的乡村学校，教师工资待遇水平越高。唯其如此，才能吸引优秀人才扎根农村，长期从教，安心从教。

第三，加强职业学校双师型教师队伍建设，为产教融合校企合作提供重要支撑。近年来，我国职业教育保持良好发展态势，现代职业教育体系加快形成，职业教育的地位作用不断凸显，吸引力不断增强。但同时，职业院校人才培养质量总体不高，学生实践动手能力欠缺，岗位适应能力较差。目前，我国职业院校人才培养质量受诸多因素制约，其中双师型教师队伍严重紧缺是一大"瓶颈"。总体上看，行业企业人员到职业学校任教仍面临诸多体制机制障碍，职业学校教师参与生产时间和社会实践缺乏支持政策。

下一步，建议将双师型教师队伍建设作为现代职业教育体系建设的重点。一是在《职业教育法》修订中，就加强校企合作、培养学生实践能力做出明确规定，从法律上为双师型教师队伍建设提供保障；二是国家层面在职称教师评定、待遇水平等方面出台引导和激励政策，支持职业院校和行业企业之间人才交流共享，打通制约双师型教师队伍建设的体制机制障碍，切实解决企业积极性不高的问题；三是发挥评价的导向作用，将双师型教师队伍建设情况作为职业院校质量评价和考核评估的重要内容。

第四，深化高校教师人事制度改革，着力激发高校教师队伍活力。建设高层次教师人才队伍，充分调动广大高校教师的积极性创造性，是推动我国高等教育由大向强迈进的关键性举措。在我国高等教育大众化进程中，经过10多年的不懈努力，已较好地解决了高校教师数量严重不足的问题，整体质量不高、缺乏活力成为当前和今后一个时期高校教师队伍建设迫切需要解决的主要问题。

下一步，建议以深化高校教师人事制度改革为突破口，全面推进高校教师队伍建设。重点做好以下几个方面的工作：一是积极创造条件，打破僵化的高校教师编制管理体制，扩大高校在教师招聘、教师薪酬标准核定等方面的自主权，以便于按照教学规律和科学研究规律有效配置教师资源，推动解决高校编制内外教职工同工不同酬等问题；二是调整高等教育支出结构，鼓励和支持有条件的高校扩大人员经费占经费总支出的比重，扩大科研经费预算中的人员支出，将更多的办学资源用于招聘高水平教师、激励广大教师潜心教书育人和从事科学研究；三是改革高校教师管理制度，在招聘环节引入严格意义上的第三方评价，健全"能上能下、能进能出"的教师管理制度，支持青年教师、优秀教师脱颖而出，探索逐步建立高校教师退出机制。

第五，依法保障民办学校教师权益，推动民办学校走内涵式发展道路。20 世纪 80 年代以来，教师始终是制约民办教育发展壮大的重大"瓶颈"。总体上看，民办学校教师待遇水平偏低，在职称晋升、专业发展等方面面临许多制度障碍，特别是社会保障标准远低于公办学校教师，导致民办学校招聘教师面临很大困难，现有教师队伍中兼职教师比例过高，且很不稳定。推动民办学校走以质量提升为核心的内涵式发展道路，必须解决好教师问题。

下一步，建议在谋划和推动民办教育发展时将教师问题作为一个重点，采取有力措施，着力提升民办学校教师队伍整体水平。一是进一步清理各种针对民办学校教师的歧视性政策，切实保障民办学校教师的平等法律地位；二是采取政府购买服务等多种方式，对民办学校教师予以财政补助，提高民办学校教师待遇水平；三是加强对民办学校的质量监测和评估，引导督促民办学校重视教师队伍建设，将更多的资源和精力集中到教师上来。

履行委员职责，发挥委员作用①

(2017 年 4 月 11 日)

高校设置是国家管理高等教育，进行高等教育宏观调控，从源头上对高校办学质量予以把关的重要手段。通过设定院校设置的标准，规划一定时期内院校设置的数量，组织开展院校设置评审，实现对高等教育规模、结构、质量的总体调控，从而引导高等教育资源的合理配置。从这个意义上讲，高校设置是高等教育管理的"闸门"和"龙头"，是高等教育领域国家意志的重要体现，对于提升高等学校办学效益、促进高等学校更好地服务经济社会发展意义重大。

进入 21 世纪以来，特别是党的十八大以来，我国高等教育发展迅速，高等教育规模持续扩大，已位列世界第一，成为名副其实的高等教育大国；毛入学率大幅提升，目前超过 40%，正稳步向普及化水平迈进。总体上看，我国高等教育发展是平稳的，取得发展的成就是巨大的，为我国现代化建设提供了不可或缺的人才保障和智力支撑。这些成绩的取得，与院校设置工作的积极有效开展密不可分。可以说，院校设置工作有力推进了我国高等教育从精英化向大众化的迈进，已完成了这一特定发展阶段的历史使命，成为我国高等教育快速发展的历史见证。

当前，我国正处在统筹推进"五位一体"总体布局和"四个全面"战略布局的关键时期，高等教育改革发展进入了新的历史阶段。一方面，巩固党

① 在教育部第七届全国高校设置评议委员会成立大会上的发言。

的执政地位，促进经济结构调整、转型升级，实施创新驱动、脱贫攻坚、供给侧改革等国家重大战略，迫切需要高等学校更好地发挥作用，提高服务能力和水平，发挥好支撑作用。另一方面，高等教育面临的主要矛盾发生深刻变化，优质高等教育资源供给不足的矛盾更加突出，高校办学同质化问题不断突显，高等教育的结构亟待优化。这些都对院校设置工作提出了新要求。可以说，到了这个阶段，特别需要办好一批高水平有特色的民办高校，在拓展高等教育资源，满足人民群众对高水平大学入学机会需求、促进高等教育多样化发展等方面发挥重要作用。如何通过院校设置这一"闸门"、这一"龙头"，带动高等教育结构调整，引导各地各校将资源和精力聚焦到内涵发展上来，促进高等教育更好地发挥功能，切实肩负起新的历史使命，是一项事关高等教育大局、事关国家发展全局的重要而紧迫的任务。

作为新一届高评委委员，我感到责任重大，使命光荣。我理解，履行好委员的职责，发挥好委员的作用，关键是把握好以下几个方面。

一、提高站位

院校设置工作的政策性、政治性都很强，每一所院校的设置和变更都体现了党和国家的意志，体现了特定时期经济社会发展的需求，将影响甚至决定着高等教育资源的配置。作为高评委委员，尽管做的是一些具体工作，但工作十分重要，其结果影响全局、影响长远。为此，作为高评委委员，首先需要树立大局意识，需要着眼全局，立足长远，深刻领会每一所院校设置的战略意图，综合评估可能的影响，增强宏观把握能力，确保符合国家发展和高等教育改革发展的正确方向。

二、把握大势

院校设置工作具有鲜明的时代性，是为特定时期国家发展需求和高等教育发展需求服务的。做好院校设置工作，需要对国家发展形势有深刻、准确的分析和判断，精准地把握高等教育发展的阶段性特征。如果偏离了大势，就可能南辕北辙，背离方向。当前和今后一个时期，提升"四为"服务能力是党中央对高等教育提出的明确要求，提高质量是我国高等教育的主题，优化结构是重要而紧迫的任务。在这样的大背景下，院校设置工作要主动顺应形势，体现鲜明的政策导向性。尤其要通过院校设置的调控，引导更多高校把精力和资源集中到内涵发展、特色发展上来，引导各地紧紧围绕国家需求和地方经济社会发展需要办学，促进高等教育的良性发展、可持续发展。

三、钻研业务

院校设置工作涉及高等教育的方方面面，是一项专业性很强的工作。做好这项工作，不仅要了解国家的大政方针、高等教育政策，还要熟悉高校办学标准、教师队伍、学科专业建设等方面的情况。作为新任高评委委员，我将充分利用调研考察、参加培训等各种机会，不断加强学习，提高业务能力，特别是在深入学校考察、参加评议时，能够提出有价值、建设性的意见和建议，在履行高评委委员职责的过程中，体现专业水平，切实增强院校设置工作的权威性和公信力。

四、尽职尽责

院校设置工作事关重大，在很多时候决定着一所学校能否设立。高评委的工作直接关系到地方和学校的发展，涉及各方面的利益，十分敏感，因此备受关注。作为高评委委员，唯有强化责任意识，真正投入精力，才能把工作做好。在此，我也郑重表个态：我一定会本着对高评委负责、对部里负责、对教育事业发展负责的态度，认真履行职责，始终做到秉公办事、坚持原则、廉洁自律，圆满完成高评委和部里安排的工作，以实际行动维护高评委的良好形象和声誉。

五、建言献策

高评委是教育部在高校设置方面的政策咨询机构，高评委委员的职责就是为教育部提供院校设置方面的咨询和建议。作为高评委委员，我一定要加强对高等教育领域以及民办高等教育发展规律等相关问题的深入研究，认真思考一些重大问题。利用适当方式积极建言献策，真正发挥好高评委委员的作用。作为来自基层民办高校的代表，借此机会，我也呼吁在今后院校设置工作中继续对民办高校予以支持，促进民办高校在内涵发展上实现新的提升。

设立长吉图来华留学生奖学金
的必要性和可行性[①]

（2018 年 1 月 23 日）

民心相通是"一带一路"建设的重要内容，也是"一带一路"建设的人文基础。为服务好国家"一带一路"建设，服务好长吉图战略实施，建议积极开展智库外交，推进"一带一路"沿途民心相通，进一步提升吉林省的国际影响力做出应有的贡献。

一、设立长吉图来华留学生奖学金的必要性

随着"一带一路"建设的深入实施和我国经济的快速发展，对中国文化和语言感兴趣的外国人越来越多，覆盖各个阶层和各个年龄段，这无疑会增加中国人民和其他国家人民的互信、互鉴，而这种互信、互鉴将会进一步推动中国人民和其他国家人民成为携手共进的命运共同体。

（一）有利于积极应对全球新一轮"汉语热"

据统计，目前全球已有 100 多个国家的 2300 余所高校开设了汉语课程，60 多个国家将汉语教学纳入国民教育体系，学习汉语的外国人达到 1 亿人。而随着中国在全球地位和影响力的提高，以及"一带一路"建设的推进，"汉语热"也必将迎来一个新的时期。"汉语热"是中国联系世界、世界了解中国的切入点，通过学习汉语，世界各国人民会越来越了解中国的历史文

---

① 吉林省政协会议提案。

化、风土人情，会更容易接受中国形象和中国发展模式。

（二）有利于深化推进长吉图战略实施

纵观全球，世界发达国家纷纷将留学生教育视为自己高等教育国际化的一个优良成果，创造了巨大的经济效益和文化效益。吉林省作为"一带一路"建设向北开放的重要窗口，发展来华留学生教育，对于加快推进长吉图战略实施具有重要意义。一方面，是厚植人脉，能够培育来华留学生对中国、对吉林、对长吉图战略的认同感，弘扬和传播中国文化，提升吉林省的国际知名度，有助于加快推进图们江区域合作；另一方面，也能让来华留学生感受到吉林省是个开放包容的省份，带动他们引进母国资源，对长吉图的外贸发展也能起到推动作用。

（三）有利于扩大吉林省来华留学生规模

2016 年，来华留学生规模突破 44 万人，其中，"一带一路"沿线国家在华留学生就达到 20 多万人，成为亚洲最大留学目的国；韩国、俄罗斯、日本分别是前 10 位生源国的第一位、第六位和第九位，蒙古和俄罗斯是奖学金人数前 10 位国家的第二位和第三位。在 2015 年统计数据中，吉林省来华留学生人数很少，政府奖学金名额也较少，对周边国家生源拉动作用较弱。

二、设立长吉图来华留学生奖学金的可行性

扩大来华留学生规模是国家的政策要求，同时也推动了长吉图战略的国际化发展。设立长吉图来华留学生奖学金，就是在争取国家奖学金的同时，提升我省对留学生的吸引力，充分发挥国家和省奖学金的杠杆作用，撬动国际人才资源，服务长吉图战略实施。

（一）扩大东北亚区域开放合作

省十一次党代会提出，要深度融入国家"一带一路"建设，全面提升开放质量和水平。重点是要发挥图们江开发合作机制，加强与东北亚各国的经贸合作，打造若干国际产业园区、跨境经济合作区和境外产业园区，这些都为招收来华留学生创造了有利条件。

(二) 国家鼓励设立不同种类奖学金

党的十八大以来，我国不断加大中国政府奖学金投入，同时鼓励地方政府和高等院校设立不同种类的奖学金。2016 年，有来自 183 个国家的 4.9 万人享受到中国政府奖学金在华学习，"一带一路"沿线国家奖学金生占比 61%。2017 年 5 月，习近平总书记在"一带一路"国际合作高峰论坛开幕式上指出，"中国政府每年向相关国家提供 1 万个政府奖学金名额，地方政府也设立了丝绸之路专项奖学金，鼓励国际文教交流"，还进一步提出"要推动教育合作，扩大互派留学生规模，提升合作办学水平"。

(三) 为长吉图战略实施提供了政策支撑

2009 年 8 月，国务院批复的《中国图们江区域合作开发规划纲要——以长吉图为开发开放先导区》提出："优先推进智力合作。充分发挥区域内教育资源和人才资源优势，积极开展东北亚各国专业教育和人才培训合作。"

关于做好疫情后教育经费保障工作的建议

全国人大代表　秦　和

2020 年突如其来的疫情，给正在经历转型升级阵痛的我国经济带来了重创。自今年 1 月下旬以来，许多行业经济活动几乎处于停摆状态，可谓损失惨重。目前，虽已逐步复工复产，但由于疫情向许多国家蔓延，全球供应链出现断裂，加之以美国为首的西方国家对我国进行全面封锁，推进所谓的"去中国化"，令我国经济雪上加霜。为刺激经济增长，我国还将持续实施减税计划。在如此大形势下，全年财政收入将面临较大幅度减少，公共财政支出压力骤增。

教育是最大的民生支出领域，压缩财政支出必然会影响到教育。但同时要看到，目前相当大比例的教育经费都用于教师工资、学校运转、学生资助、营养餐等领域，具有很大刚性。一旦大幅调减，不仅影响教育事业发展，还可能影响到社会稳定。据了解，最近有关方面较大幅度调减了今年中央部属高校的预算安排，矛盾开始显现。

疫情后，需要适应新的财政形势，切实保障教育经费、用好教育经费。为此，提出几点建议：

1. 公共财政优先保障教育局经费。教育投入是战略性投资，是对未来的投资，需要保持适度超前。无论是西方发达国家的经验还是我国过去的实践都反复证明，越是经济面临困难，越是财政支出压力大，越是要逆向增加教育投入。当前，尽管财政支出压力巨大，但仍应优先保障教育经费，尽可能降低教育经费压缩的比例。新发政府债券，建议安排一定比例用于教育，主要是支持学校建设和高校科研基础设施建设。特别是针对基本建设领域新发的债券，建议将学校基础设施作为支持重点。

2. 千方百计吸引社会资金捐资投资教育。增加教育经费，财政的空间有限，但社会资金的潜力无穷。财政越是困难，越是要挖掘社会力量的潜力。据调查，近年来我国社会资金进入教育领域的意愿非常强烈，既包括捐赠资金，也包括各种形态的产业资本。但据调查，受政策不确定性的影响，普遍存在观望情绪。当务之急，要进一步解放思想，进一步放开教育市场，避免过度监管，打消社会力量的顾虑，给予各方面合理稳定的预期，并在税收、土地等方面出台激励引导政策。同时，加强质量监督评价，建立健全教育市场的规则秩序，坚决打击违法违纪行为，用法律和市场手段遏制过度营利行为。特别是职业教育、教育培训等领域，要充分发挥社会力量的作用，进一步激发活力。

3. 优先保障教师工资发放、学校正常运转和学生顺利就读。教育领域的许多支出，直接关系民生，直接到家庭和学生，无论面临多大困难，都要确保。疫情后调减教育经费，要优化教育经费支出结构，优先保障教师工资、公用经费、学生资助经费等刚性支出。教师工资，特别是农村义务教育教师工资，本来就不高，决不能拖欠。同时，要借此机会，对以往教育支出项目进行重新评估，更加突出必要性、精准性、实效性，该削减的就坚决减下去，避免浪费。

4. 加强教育经费绩效管理。过去这些年，我国教育经费的增量巨大、增幅很快，财政性教育经费占国内生产总值的比例已持续多年保持在4%以上。很多人关心，教育经费增加了这么多，使用效果究竟怎么样？是否达到了预期目的，并推动了教育质量提高和人才培养水平的提升？回答上述问题，必须加强教育经费绩效管理。以上，在财政宽松、教育经费相对充裕的情况下，对绩效的关注相对少一些。面临疫情后的大形势，建议将教育经费安排与使用管理挂起钩来，每一笔教育支出都要事先确定绩效考核目标；年终对照绩效目标，对每一项支出情况作出评价，并将此作为下一年度预算安排的重要依据。

第六编 06

民办高等教育

民办高等教育内涵建设与规范化管理①

（2008 年 3 月）

　　加强民办高校内涵建设，加强规范化管理，营造良好的内涵建设和规范化管理环境，对于民办高校可持续发展具有十分重要的意义。民办高校在国家政策的扶持和导向下，取得了巨大成绩，实现了快速发展，但在发展中出现了一些新问题，必须用和谐发展的观点认识和解决这些问题。

一、进一步落实国家颁布的"一法一例"②，督促各地方建立健全地方法规，加大执法力度

　　我国各地在贯彻执行"一法一例"中存在两大突出问题。一是有法不依，执法不严。有些法规已经规定的平等待遇、平等权利条款，仍没有落到实处。比如，教师统一身份认同，人事档案管理，科研立项（包括全国"质量工程"立项）、奖励资助、信贷税收等方面不能与公立高校享受同等的政策待遇；民办高校学生在升学、就业、评奖评优等方面仍没有享受与公立高校学生同等的权利。由于缺少有力度的配套政策措施，执法检查监督责任又没有落在实处，造成民办高校不能享有与公立高校同等的待遇和权利；二是还有一些省份贯彻落实"一法一例"行动迟缓，至今没有制定出相配套的地方性法规，在一定程度上影响了民办教育事业的发展。因此，应做好以下几点。

---

① 全国政协十一届一次会议提案。
② 指《中华人民共和国民办教育促进法》及其实施条例。

一是建立国家和省两级落实"一法一例"和制定地方法规检查监督机制，并列出制定地方法规时间表。可考虑在全国人大和地方人大下设办公室，统一负责检查落实全国或地方民办教育法规情况，统筹协调有关部门加大地方法规立法和执法力度，及时解决民办教育发展中遇到的政策法规问题。该办公室可考虑设在教育部，各地设在教育厅。

二是地方立法应注重可操作性条款，在支持鼓励方面应有明确的内容。具体包括：在支持鼓励方面，应制定具体的政府资助或其他鼓励扶持政策，尤其是资金资助政策；明确各级政府设立民办教育发展专项资金；明确对捐资（出资）举办民办学校表现突出或做出突出贡献的组织和个人给予表彰和奖励；明确规定新建扩建民办院校应按公益事业用地及建设的有关规定给予优惠，并及时解决新出现的用地、搬迁等问题；明确规定保障民办院校在水、电、气等能源供给方面享受与公办学校同等的政策待遇；明确规定不要求取得合理回报的民办院校，依法享受与公办院校同等的税收以及其他优惠政策。

在落实平等待遇方面，应明确民办院校非法人企业的性质，将民办院校发展纳入国家教育发展总体规划之中；将民办院校教师和其他专业技术人员的专业技术职务评定纳入其组织的专业技术职务评审范围；民办院校教师应享有与公办教师同等的权利，民办院校学生应享有与公办院校学生享有的平等待遇；民办院校师资培训应纳入各地培训总体规划。

二、政府应落实依法行政职责，加大执法检查力度，加强规范化管理

近年来，一些民办院校办学行为不规范的问题，引起了各方关注，个别院校在社会上造成了不良影响，也应引起足够重视，采取措施加以解决。一些民办学校指导思想不端正，存在错误认识，把自主权当作自由权，把自主办学当作自由办学，不按国家规定依法办学，办学行为不规范，集中表现在以下几个方面：一些民办院校办学指导思想不够端正，个别民办院校举办者将办学作为谋取个人和组织利益的途径，为营利而牺牲教育质量，不能认真

执行教育事业的公益性原则；有的民办院校擅自变更校址、增设教学点，而变更的校址或新增的教学点又达不到规定的标准；发布虚假招生简章或广告，夸大办学实力，误导受教育者，甚至违规招生，滥发录取通知书等；学生退转学时，不能合理退还相应学费造成纠纷；一些民办院校没有依法保障教师的工资及福利待遇，没有按照国家有关规定为教师缴纳社会保险，导致教师队伍不够稳定；一些民办院校管理体制不健全，规章制度不健全，或有章不循，分工不明，职责不清，产权关系不清晰，财务管理混乱。

为规范民办院校办学行为，应加强政府监管，加大执法检查力度，以保证民办院校办学质量，建议如下。

第一，进一步贯彻落实中共中央组织部和教育部制定的《民办高等学校办学管理若干规定》，对照检查，逐条落实。

第二，各地方教育部门应明确规定民办院校变更校址、增设教学点的程序和条件；明确规定民办院校发布招生简章和广告承诺的内容，向有关部门备案；明确规定民办院校应当将其收、退费办法报有关部门审批或备案，向社会公示，并与学生签订退费协议。

第三，由各地教育厅牵头，财政、税务、审计、工商、公安、民政等部门参与，对民办学校招生宣传、财务状况、收退费等方面进行监管检查，对发布未经备案的招生简章、广告的民办学校予以处罚；对民办学校超过核定计划招生、欺诈招生等违法行为，依法处理；对投入学校的资金经过注册会计师验资并过户到学校名下，对转移资金挪作他用，违规乱收费、抽逃资金、不开具规定的收费票据等违法行为，要严厉查处。对非法办学机构、非法中介机构、违规办学行为进行查处，触犯刑律移交司法机关处理；建立起促进民办高校健康发展的外部环境和长效工作协调机制。

第四，实行监管问责制。政府部门负责检查监督，对监管不力的要追究负责人的责任，防止监管走过场，务求监管实效。

三、加快行业协会建设，组建区域评建协调组，进行区域内跨省评建工作

目前，民办高校归各省教育厅管理，但没有专司管理的机构。有时对民办高校管理缺位，甚至是空位。对于如何管理民办高校，建议如下。

第一，加快行业协会建设。建立全国和各省民办教育协会，统一管理民办教育发展事务，反映民办教育的诉求，为民办教育发展排忧解难。

第二，组建区域评建协调组，加大对民办高校评估检查力度，进行区域内跨省评建工作。加强民办高校内涵建设，进行规范化管理，通过以外促内，内外结合定期评估检查，促进民办高校提升办学水平。

第三，对民办高校评估检查应以行业协会组织的专家组进行，应赋予专家组评鉴权，并作为民办高校享有资助奖励等各种优惠政策的主要依据。要建立评估专家库，实行遴选制。评估指标体系的建立，要充分反映内涵建设的要求，在对民办高校"硬件"办学条件评估的同时，加大"软件"指标的评估力度，具体包括：加强对办学指导思想、理念、校风、教风、学风、师资队伍、生源质量、教学质量、社会声誉、办学特色、就业状况、制度建设，尤其是法人治理结构、科学研究、学科、专业、课程建设、党的建设等方面的评估检查。要从民办高等教育发展理论性和特殊性出发，以内涵发展性评价为主，采取扶持、鼓励、促进、指导提高的态度，对民办高校办学状况进行实事求是的评价。总之，应积极构建以检查监控办学条件为主的行政性评估，以系统性评估为主的行业协会评估，以学校为主的自检自评三位一体的各有侧重的评估组织架构，并逐渐由以"行政性"评估为主转到以社会行业协会评估为主的轨道上来，提高评估效率和质量，这对民办高校内涵建设和规范化管理将起到指导、监督、保障作用，有利于民办高校正确评价自己，找出努力方向，促进自身又快又好地发展。

四、加强内涵建设，依法规范，重在自身内部管理，练好内功

民办高校内涵建设能否提高到一个新的水平，需要改善外部环境，但更

为重要的是加强内部管理。在今后一个时期，应重点抓好以下几项工作。

第一，端正办学指导思想，科学定位，走公益性办学之路。提高民办高校教育教学质量，第一位的是要端正办学指导思想，按教育规律办事，而不能唯利是图。办学应无愧于家长的信任、学生的时间、社会的希望和教育者的良心。要从实际出发，明确办学层次，进行科学定位，绝不能不顾主客观条件，盲目求大、求洋、求全，而应求好、求精、求特，坚定地走公益性办学之路，不迷失发展的方向。

第二，完善法人治理结构。现代大学治理必须完善法人治理结构，建立董事会（理事会）领导下的校长负责制。董事会（理事会）是决策机构，校务委员会是执行机构，教职工代表大会是民主管理机构，学术委员会（教授委员会）是学术性研究机构。各机构各司其职，各负其责，分工协作，有效运转，体现出科学民主的管理运行机制和权力制衡机制，确保民办高校可持续健康发展。

第三，加强党的建设，把党委作为政治核心纳入领导管理体制中。明确党组织的作用和责任，充分发挥党组织的政治核心作用，把握正确的办学方向，真正起到保障和监督的作用。

第四，正确认识和处理内涵发展与规范管理的关系。要把内涵发展作为主题，在发展中进行规范，在规范中提升内涵建设水平。当前，尤其要处理好几种关系，即社会效益与经济效益、市场经济规律与教育规律、数量与质量、应试教育与素质教育、特色建设与品牌建设之间的关系。

第五，加强师资队伍建设，加快青年教师培养，提高他们的综合素质和业务水平。目前，民办高校青年教师占60%以上，他们的综合素质和专业水平如何对提高教学质量关系极大。因此，在加强师资队伍建设的同时，尤其应加快青年教师的培养，采用老教师"传、帮、带"以及培训等多种形式，尽快使青年教师成长起来，担当重任，从而全面提高教师队伍的整体水平。

第六，加强和谐文化建设，注重大学精神塑造，文化品位提升。民办高校必须把和谐文化建设作为学院发展的主旋律，纳入学院发展的规划中。在内涵建设上，突出大学人文精神塑造，把人文精神与科学精神有机统一起来，建立和完善具有民办高校特色的现代大学制度，建设充满活力的高品位的文化环境，创新适应市场需求，满足社会需要的人才培养模式。教育学生应以学生为本，以关爱学生促进学生全面发展为第一要务。要以社会主义核心价值体系统领政治思想教育、德育教育，全面提升大学文化品位，进而提升办学层次，培养出知识、能力、人格全面协调发展的高层次人才。

大力发展民办高等教育①

(2008 年 3 月)

中国民办高等教育在国家政策扶持和导向下取得了长足的发展，对实现高等教育大众化，深化高等教育改革发挥了重要作用。可以说，中国民办高等教育的发展功在国家，利在为民。然而，近几年民办高等教育受到各种因素的影响，民间对民办高等教育投入有逐渐减缓的倾向，其发展有停滞的趋向，个别民办高校因管理不规范引发了新矛盾、新问题，给社会公众造成了一定的负面影响，使政府部门及有关人员对民办高校的认识和态度发生了一些变化。民办高校面临着发展的困境和挑战，存在着发展风险。这既有外部制度、政策等环境问题，也有民办高校内部管理问题。在社会转型时期，我们要对民办高等教育重新加以审视，寻求进一步发展的出路和思路，大力推进民办高等教育事业的发展。这既是全面建设小康社会、建设人力资源强国和高等教育强国的需要，也是高等教育从大众化向普及化转变的重要力量，进而形成公办与民办共同发展的格局。从科学发展观认识民办高等教育发展问题，民办高等教育不是发展快了，而是发展得不够；不是发展大了，而是发展还很弱小，不够强大；不是没有发展空间，而是发展空间巨大。从发达国家私立与公办高等教育共同发展的实践看，它们都把教育作为整个社会的公益性事业，不是厚此薄彼，而是公平对待，在某段时期，还向私立高等教

---

① 全国政协十一届一次会议提案。

育实行财政税收方面的倾斜政策，建立比较完备的法规体系，大力扶持私立高等教育发展。我们应当学习和借鉴发达国家建设高等教育强国体系的经验，取长补短，为我所用。

大力发展民办高等教育，走多元化发展的路子，加快实现民办与公办共同发展的格局。进一步落实《民办教育促进法》及其实施条例，依法全面落实国家扶持民办教育事业发展的各项政策措施，要落实到位。同时，《民办教育促进法》及其实施条例已经执行4年多了，从实际情况看，还有一些条款不够完善，存在具体操作难的问题，政府应组织专家和业内人士补充、完善、修订《民办教育促进法》及其实施条例，使法规政策制度更加完善，更具有可操作性。从法规制度层面解决不平等地位、师生权益保障、民办学校单位身份等方面的问题。政府应尽快制定行之有效的财政金融税收政策，从政策推动和社会舆论的导向上，从税收体系的设计上，吸引民间资本在更大范围更广领域进入民办高等教育市场，进一步推动民办高等教育事业的发展。

加强宏观调控，调整高等教育结构。政府要加强整个高等教育结构调整，实行有保有压、扶优限劣政策，不搞"一刀切"。对于教育教学质量高、社会认可度高、经济社会发展需要的，发展势头好的民办高校，政府应予以发展保障，积极扶持发展；对于教育质量差、问题比较大的民办高校应严肃查处，限制其盲目发展。要调整民办本科、专科以及独立学院的结构，适当压缩独立学院的规模，解决独立学院"不独立"的问题。要深化公立普通高校改革，积极发展民办高校，未来时期，普通高等教育的增量部分，以积极发展民办高校为主，加快民办高等教育发展，使民办高等教育占整个高等教育的比重不断增大，成为中国高等教育大众化的生力军，真正形成公办与民办共同发展的新格局。

合理配置教育资源，优化民办高校在空间上的合理分布。目前，民办高校在空间上的布局不够合理，各地发展不平衡。有的地区民办高校集中度过高，而有的地区民办高校发展慢，甚至是空白。应把发展民办高等教育的目光引向不发达的落后地区，采取积极政策措施吸引民间资本和优质教育资源向不发达地区转移，尤其注重加快发展适应地区经济发展急需的不同类型和不同层次的民办高校，解决不发达地区各类人才紧缺特别是高层次人才紧缺的问题，推动地区经济社会健康发展，使民办高校在空间布局上更加合理，有了新的发展方向，实现稳定协调可持续发展。

进一步落实民办高校扶持政策

（2009 年 2 月）

发展民办高等教育是我国教育体制改革的战略抉择，是高等教育改革的重要成果之一。民办高校在不要国家投资的情况下，为高等教育大众化做出了重要贡献。当前，民办高等教育正处在快速发展的关键时期，民办高校必须加强内涵建设，必须大力提高教育教学质量和人才培养质量，只有这样才能有利于发展，有利于稳定。为此，应给予民办高校更多些政策支持，改善办学条件，使之能健康地持续发展，为经济建设社会发展做出应有的贡献。

2003 年 9 月 1 日起实施的《民办教育促进法》，以及 2004 年 4 月 1 日起实施的《民办教育促进法实施条例》中都专门设立一章，明确规定了各项奖励与扶持政策。几年来，国家从办学体制、运行机制、管理模式、教育教学等多方面给予民办高校广泛的政策支持和较宽松的生存发展空间。《民办教育促进法》及其实施条例还要求"除民办教育促进法和实施条例规定的扶持与奖励措施外，省、自治区、直辖市人民政府还可以根据实际情况，制定本地区促进民办教育发展的扶持与奖励措施"。

部分省、市相继出台了一些扶持政策，如广东省对民办教育加大扶持力度，给予办学比较好的民办高校一定的贴息贷款及奖励；北京市给予民办高校一定的财政补贴，并出台了《北京市民办高等教育发展引导性项目管理办法》，使民办高等教育发展鼓励扶持措施制度化。还有一些省、市制定了落实《民办教育促进法》的实施细则及具体表彰奖励与扶持政策。

吉林省委、省政府和教育行政主管部门对民办高校十分重视，各级领导深入民办高校进行调研，具体指导、鼓励和帮助民办高校的建设和发展，采取有效措施对民办高校进行扶持，在政策上照顾民办高校，使我省的民办高校得到了很好的发展。

一是建议我省出台具有前瞻性、针对性和可操作性的地方法规，在支持民办高等教育的发展、鼓励社会各界投资民办高教、保证教师和学生的合法权益等方面有所创新，使国家政策更具体地落实到位，以促进民办高等教育更好更快的发展。

二是建议国家制定民办高等教育发展规划，在规划中充分体现政府鼓励、支持发展民办高等教育的思路和政策，体现特色发展战略、品牌发展战略和整体优化战略。在办学规模、区域布局、学校类型、层次分布、资源配置、硬件建设、软件建设等方面统筹规划，实施奖励与立项资金扶持办法，吸纳社会捐赠，接受国家项目的扶持，扩大经费来源，建立起民办高校教育资助体系，帮助民办高校渡过发展的难关，进入健康有序的发展。

三是建议国家采取倾斜政策，进一步提升民办高等教育的办学层次。目前，民办高等教育只有专科、本科两个层次，有的民办高校办学质量、教学"硬""软"件条件都达到了较高水平、学科专业特色鲜明、教师结构比较合理，已经与有的高校合作培养硕士研究生，并初步具备了独立承担培养硕士研究生的条件和能力。为了支持并鼓励民办高等教育的发展，实现公办高等教育与民办高等教育共同发展的格局，国家教育行政主管部门和学位主管部门应当允许个别民办高校办得较好的学科专业作为硕士学位授权点申请试点单位加以建设。

四是建议政府加大在贷款、税收（支持办学的资金应享受税收减免）、奖励等政策中引导、吸收对民办高等教育的捐资、投资，引导热爱民办高等教育事业的企业家、金融机构和有经济实力的个人为民办高校拓展筹资渠道，提供资金保障。

五是建议政府在管理和建设方面（办学条件设置、招生政策制定、专业设置标准、收费标准核定、学位点建设等）给予一定的政策照顾，予以帮助和扶持。

营利性和非营利性民办高校应实行分类管理①

（2012 年 3 月）

改革开放以来，我国民办高等教育发展迅速，先后经历了 20 世纪 80 年代的恢复发展、90 年代的快速发展和进入 21 世纪后的规范化、法制化发展等几个阶段。截止到 2010 年年底，全国共有民办高校 676 所，占全国普通高校总数的 24.83%；在校生 476.68 万人，占全国普通高校本专科在校生总数的 21.36%。民办高等教育的快速发展，为国家节省了上千亿财政资金，扩大了就业，促进了高等教育大众化，为社会培养了数百万实用型人才。民办高等教育已成为我国高等教育的重要组成部分。《国家中长期教育改革和发展规划纲要（2010—2020 年)》（以下简称《教育规划纲要》）用"两个重要"定位了民办教育的地位和作用，即"教育事业发展的重要增长点和促进教育改革的重要力量"，并要求"各级政府要把发展民办教育作为重要工作职责"。

当前，我国民办高等教育站在了新的历史起点上，已从以规模扩张和空间拓展为特征的外延式发展，进入了以提高质量为核心的内涵发展阶段。到了新的发展阶段，既面临难得的机遇，也面临巨大的挑战。进入 21 世纪以来，我国出台了《民办教育促进法》及其实施细则，《教育规划纲要》对民办教育改革发展做出了新的部署。但总体来看，民办高等教育发展的政策环境仍不容乐观，一些制约民办高等教育发展的政策"瓶颈"始终未能取得

---

① 全国政协十一届五次会议提案。

突破。

一是民办高校的法人属性、地位尚不明确。

绝大多数民办高校登记为民办非企业单位。根据现行法律法规规定，我国只有四类法人，即机关法人、事业法人、社团法人、企业法人，不包括民办非企业单位。由于法人定位不清，民办高校教师被当作企业人员对待，社会保障难以享受与公办学校教师同等待遇。据测算，民办高校教师退休后养老金仅相当于公办学校教师的50%左右。由于待遇低、权益难保障，民办高校引进高素质教师难度巨大，现有教师队伍极不稳定。

二是稳定的公共财政支持制度尚未建立。

民办教育是公益事业。财政支持民办教育发展，是政府的职责所在。《民办教育促进法》规定，"县级以上各级人民政府可以设立专项资金，用于资助民办学校的发展，奖励和表彰有突出贡献的集体和个人"。《教育规划纲要》明确提出，"健全公共财政对民办教育的扶持政策"。但由于这些规定缺乏强制性，加之未区分民办高校的营利性和非营利性，在政策落实中可能出现"搭便车"现象，导致迟迟未能兑现。

三是与公办学校同等政策待遇尚未落实。

《民办教育促进法》及其实施细则均规定，民办高校应享受与公办学校同等的政策待遇。《教育规划纲要》明确提出，"依法落实民办学校、学生、教师与公办学校、学生、教师平等的法律地位"，"清理并纠正对民办学校的各类歧视政策"。落实这些规定，涉及多个部门职责。《教育规划纲要》颁布后，虽然一些部门和地方在清理歧视性政策方面已有所行动，但从全国范围看，民办学校在招生、学科建设、教师发展等方面未享受与公办学校同等待遇，甚至用地、用水、用电等也面临差别性待遇。

四是民办高校发展所需配套制度亟待完善。

民办高校的健康持续发展，需制定和完善一系列配套制度，主要包括法人登记制度、产权制度、财会制度、税收制度、师生权益保障制度、合理回报制度等。目前，以上制度均有待进一步完善，使其更加合理，并具备可操作性。否则，不仅将制约民办教育发展，还将产生诸多潜在办学风险。例如，民办高校法人财产权如果不尽快明确，资产就难以保持增值，甚至可能流失；会计核算办法不明确，将导致难以对民办高校进行成本核算，合理回报制度也将难以落实。

存在以上问题，原因是多方面的。其中一个重要原因是：民办高校形态多样，举办者的办学目的、价值选择多样，很难由国家统一出台政策，适用于不同类型的民办高校。解决这些问题，从根本上讲，必须将民办高校区分为营利性和非营利性，实行分类管理。《教育规划纲要》已明确提出，"积极探索营利性和非营利性民办学校分类管理"。2010 年 10 月，国务院办公厅印发《关于开展国家教育体制改革的通知》，确定在上海、浙江、广东深圳和吉林华桥外国语学院，开展"探索营利性和非营利性民办学校分类管理办法"。目前，尽管试点地区和高校正在积极探索分类管理的办法，但由于缺乏国家层面的制度保障，面临不少困难。我（们）认为，对民办高等教育实行分类管理，关键是围绕保障和促进教育的公益性这一核心目标，建立健全一系列制度，改善民办高校改革发展的政策环境，使营利性民办高校和非营利性民办高校在各自定位上健康发展、充分发展。

第一，明确营利性和非营利性的分类标准。

建议按照以下原则确定民办高校是营利性还是非营利性：把扣除办学成本之后的净收入用于分配，就是营利性的；没有分配且用于学校发展的，就是非营利性的。捐资办学和出资办学不求回报的，都是非营利性民办学校。投资办学要求回报的，则是营利性民办学校。国家层面应尽快出台分类标准，对民办高校重新登记和注册。民办高校可根据实际情况，自行选择是营利性还是非营利性。非营利性民办高校，在民政部门注册为民办事业单位法人。营利性民办学校，在工商部门注册为企业法人。依照国家有关规定，营利性和非营利性民办高校分别享受不同政策待遇。特别呼吁的是，将非营利性民办高校教师纳入事业编制人员统一管理。

第二，建立和落实财政对民办高校的支持制度。

财政支持民办高校发展，不仅是政府义不容辞的责任，还是政府加强对民办高等教育管理、引导民办高校健康发展的有效手段。建议按照"有利于提高办学效益，有利于保障教育公平，有利于促进改革创新"的原则，设立民办高等教育专项资金，主要用于教师、学生、教学科研活动和学科建设方面。为体现公益性导向，财政资金重点支持非营利性民办高校。当前，可重点考虑：通过政府购买教师岗位、补贴社会保险等方式，支持民办学校教师队伍建设，也可用于表彰和奖励对民办教育有突出贡献的集体和个人，支持建设若干所高水平民办高校。公共财政对民办高校投入使用情况，依法接受审计；所形成的固定资产，纳入国有资产管理。

第三，改善民办高校改革和发展的政策环境。

促进民办高等教育发展，必须在政策上为民办高校"松绑"，为其发展创造公平的政策环境。一是要加强部门之间的政策协调和统筹，尽快清理各种对民办高校的歧视政策，将其与公办高校一视同仁，使其能够在同一"起跑线"上与公办高校竞争。建议有关部门对所有针对民办高校的歧视性政策进行梳理，并按照《教育规划纲要》的要求尽快清理整顿；二是要针对营利性和非营利性民办高校的不同特征和发展需求，建立健全各项相关制度。当务之急是要通过制度的完善，尽快明晰民办高校的法人财产权，尽快建立具备可操作性的合理回报办法，尽快明确民办高校使用的会计办法，尽快落实对民办高校的税收、土地等优惠政策等。

第四，建立民办高校的自我发展、自我约束机制。

对民办教育，既要大力扶持，又要加强监管，引导和督促民办高校建立自我发展、自我约束机制。这一机制的形成，不仅需要民办学校确立长远发展目标，坚持公益性办学取向，避免追求短期效应，更需要政府切实履行好职能，加强对民办学校的规范管理。政府既要本着简政放权的原则，尽可能减少对民办学校办学行为的直接干预，又要加强监管，规范民办学校办学行为。要细化和完善民办高校的办学标准和有关质量标准，加强质量审核和评估，尤其要充分发挥政府在监督、评价等方面的职能，定期以适当方式发布民办高校相关信息。同时加强综合治理，查处违规办学行为。

支持高水平民办高校建设①

（2013 年 3 月）

改革开放以来，我国民办高等教育持续快速发展，已成为我国高等教育的重要组成部分。在为国家节省大量教育财政资金、加快高等教育大众化进程、培养经济社会发展急需的应用型人才、促进高等教育改革深入、扩大社会就业等方面，民办教育已发挥了不可替代的作用。

随着高等教育大众化深入推进，我国高等教育规模满足不了人民群众日益增长需求的问题已基本解决，当前高等教育面临的主要问题是优质教育资源严重不足。近年来迅速升温的高中生"出国热"，是对这一矛盾的最好诠释。扩大优质教育资源供给，提高高等教育质量，成为当前我国高等教育改革发展面临的首要任务。

纵观美国、日本等许多发达国家，私立大学是优质高等教育资源的重要提供者。最近 3 年来，全美排名前 100 位的大学，有近一半为私立大学；排名前 10 位的大学，几乎都是私立大学。随着我国高等教育从以规模扩张和空间拓展为特征的外延式发展转入以提高质量为核心的内涵发展新阶段，迫切需要加快建设一批高水平大学，扩大优质教育资源供给。无论从国际经验来看，还是从我国公办高校发展现状来看，发挥民办高校作用，扩大优质高等教育资源供给都十分必要。

这里我们面临一个选择：是将有效的财力全部投入公办高校，还是发挥

---

① 全国政协十二届一次会议提案。

财政杠杆效应，在支持公办高校建设的同时，也支持建设一批高水平民办高校，最大限度发挥财政资金的效益。对此，《国家中长期教育改革和发展规划纲要（2010—2020年）》（以下简称《教育规划纲要》）给出了答案，即"支持民办学校创新体制机制和育人模式，提高质量，办出特色，办好一批高水平民办学校"。我们注意到，为落实《教育规划纲要》的要求，近年来国家层面已采取了一些支持高水平民办高校建设的举措，如支持少数有条件的民办高校开展专业学位硕士研究生培养工作试点。这些举措不仅得到了民办高校的拥护，还取得了良好的社会反响。

但我们认为，光有这些举措是远远不够的。目前，国家有关部门在支持高水平民办高校上尚存在分歧，还缺少创新性举措，改革力度还不够大。当前，应当按照《教育规划纲要》的要求和部署，进一步解放思想，对支持高水平民办高校建设进行系统设计。

一、尽快启动实施"国家级示范性民办高等学校支持奖励计划"

本着"扶强""奖优"的原则，通过竞争性遴选，在全国确定若干所办学方向正确、基础条件好、特色鲜明、成效显著、社会声誉好的民办高校作为奖励支持对象。该计划在师资队伍建设、学科专业建设等方面予以扶持。

二、加快推进民办高校分类管理

分类管理是《教育规划纲要》的要求，是我国民办高等教育改革发展的重要方向。近年来，支持高水平民办高校建设的政策措施难以落地，重要原因是分类管理没有取得进展。2010年，国家层面部署一些省份和高校开展分类管理改革试点。两年多来，虽然试点工作有了一些进展，但由于国家层面尚未就民办学校分类管理提出明确的指导意见，许多问题难以在地方层面取得实质性突破，如民办学校的分类标准问题、法人属性问题、教师身份和待遇问题、会计核算问题等。建议教育部、国家发展改革委、民政部、人力资源和社会保障部等部门，共同研究出台关于民办学校分类管理的意见。

三、将高水平非营利性民办高校作为支持重点

从国际经验来看，高水平私立大学，几乎全部是非营利性大学。与公办大学相比，非营利性民办高校的公益属性是一致的，仅仅是举办方式、管理方式不同。国家重点支持非营利性大学，不仅没有风险，还可以更好地发挥政策导向作用，向社会释放民办高等教育公益性的强烈信号，改善民办高校的舆论环境，引领整个民办高等教育健康发展。当前，建设非营利性民办高水平大学面临的最大"瓶颈"是教师队伍建设问题。建议将此作为支持重点，率先落实非营利性民办高校教师"民办事业单位人员"法律地位，使其在缴纳社会保险等方面享受与公办教师同等待遇。

四、建立民办高校的自我发展、自我约束机制

国家大力支持民办教育，需要民办高校进一步完善自我发展、自我约束机制。这一机制的形成，不仅需要民办学校确立长远发展目标，坚持公益性办学取向，避免追求短期效应；更需要政府切实履行好职能，加强对民办学校的规范管理。政府既要本着简政放权的原则，尽可能减少对民办学校办学行为的直接干预；又要加强监管，规范民办学校办学行为。建议有关部门进一步细化和完善民办高校的办学标准和有关质量标准，加强质量审核和评估，尤其要充分发挥政府在监督、评价等方面的职能，定期以适当方式发布民办高校相关信息。同时加强综合治理，查处违规办学行为。

落实十八届三中全会精神，加快民办高等教育发展①

（2014 年 3 月）

民办高等教育与公办高等教育本质属性一样，都是社会公益事业，都肩负着培养人才的重任。我国民办高等教育伴随改革开放的发展，在加快高等教育大众化、满足多样化高等教育需求、缓解财政压力、扩大社会就业等方面发挥了重要作用，已从高等教育的"必要补充"发展成为"重要组成部分"。

虽然国家高度重视民办高等教育发展，但一些关键性问题长期未能从根本上解决。一是法人属性不清。目前，民办高校被当作"民办非企业"对待，既不是事业单位，也不是企业，直接导致民办高校教师法律地位难落实。民办高校教师与公办高校教师不平等的保障政策，致使民办高校难以吸引、留住优秀人才。二是缺乏稳定的经费保障机制。不少民办高校仅能维持较低水平运转，发展经费严重缺乏。三是政策待遇难以落实。受"非公即民"观念、配套制度等因素影响，财政支持、税收优惠、待遇保障等方面的支持政策长期处于"难产"状态。四是政府与民办高校关系尚未理顺，仍存在管、办、评不分现象，现代民办大学制度体系亟待完善。近年来，受高等教育规模扩张、人口出生率下降、"出国热"等多种因素影响，民办高校普遍面临生源数量减少、质量下降的挑战，解决上述问题显得愈加迫切。可以

---

① 全国政协十二届二次会议提案。

说，以上问题不解决，我国民办高等教育将始终只能在规模拓展和较低发展水平上徘徊，内涵发展难以真正落实。

十八届三中全会高举市场旗帜，提出"使市场在资源配置中起决定性作用和更好发挥政府作用"的重要思想，做出"鼓励社会力量兴办教育"的战略部署，为进一步完善民办高等教育支持政策体系提供了依据、指明了方向。下一步加快民办高等教育改革发展，关键是要按照三中全会精神，进一步处理好政府、市场和学校之间的关系，合理定位政府职能，充分发挥市场机制的优势，进一步激发学校办学活力，形成自我发展和约束机制。

一是以三中全会精神为指导，切实解放思想，全面把握民办高校地位作用的内涵。民办高校的重要地位作用，不仅体现在数量上，还应体现在质量上。在我国高等教育体系中，只有发展起来若干高水平民办高校，才能真正形成公办与民办共同发展格局，使得民办体制机制创新的优势得以充分发挥。

二是落实配套政策，对民办高校实行分类管理。解决当前民办教育的诸多问题，都需以分类管理为基础。2010年，国务院部署一些地区和学校开展分类管理试点，已取得明显进展。但由于分类管理涉及诸多配套政策，有的与《民办教育促进法》等现行法律规定和政策存在冲突，在地方和学校层面难以取得突破。建议按照营利性和非营利性分类管理原则，修改完善有关法律法规和政策文件。国家层面及早出台指导意见，尽快落实政府补贴、政府购买服务、助学贷款、基金奖励、捐资激励等配套政策，突破实施分类管理的制度"瓶颈"，形成长效机制。

三是加强政策引导，大力支持非营利性民办高校发展。从国际经验来看，非营利性是民办高校的主流（在当今世界的各类大学排行中，位列全球前100位的大学，绝大多数为非营利性私立大学）。今后，民办高等教育改革发展的核心任务是提升办学水平，非营利性民办高校是重中之重。建议根据《民办教育促进法》和三中全会决定的要求，启动实施"高水平非营利性民办高校支持奖励计划"，支持非营利性民办高校加快发展，进一步提升办学水平。

　　四是加强管理，完善自我发展和约束机制。一方面，引导民办高校确立长远目标，坚持公益性取向，避免追求短期效应。另一方面，本着简政放权原则，加强监督，规范管理，通过质量评估、信息公开、专项审计等方式，引导民办高校建立健全自我发展自我约束机制，走上健康发展轨道。

引导支持民办高等教育转型发展①

（2019 年 3 月）

　　自 20 世纪 80 年代以来，伴随改革开放的春风，我国民办高等教育得以恢复并迅速发展。截至 2018 年底，全国共有民办高校 747 所、在校生约 680 万人，占全国普通高校数、在校生数的比例分别为 28.4%、22.8%。另外，还有 800 所左右非学历教育的民办高等教育机构。可以说，从规模上看，民办高等教育已经成为中国特色高等教育体系不可或缺的重要组成部分，在多渠道筹措办学资源、缓解教育财政压力、满足多样化高等教育需求、激发高等教育体制机制活力等方面，发挥了重要作用，是我国高等教育大众化的重要支撑。但同时也要看到，站在新的历史起点上的民办高等教育面临新形势新挑战。以下几个方面的问题，尤其需要引起高度重视。

　　一是供求问题。改革开放以来，我国民办高等教育之所以能始终保持快速发展的势头，得益于全社会对高等教育的强劲需求。这种需求是公办高等教育体系在短期内难以满足的。可以说，民办高等教育的发展，自始至终都是需求驱动的。而今，我国高等教育即将进入普及化阶段。2018 年，全国高等教育毛入学率已经超过 45%，普通高中升学率已接近 90%。从总体上讲，高等教育已不再稀缺。从提供入学机会这个层面讲，民办高等教育的历史使命已经完成，民办高校以提供入学机会为主要目标的外延式发展模式已难以延续。近年来，已有为数不少的民办高校招生困难。可以预计，在今后一个

---

① 　十三届全国人大二次会议。

时期，这一趋势还将持续。

二是质量问题。这是直接关系民办高等教育未来的核心问题。质量是教育的生命线，没有质量，也就谈不上真正的教育发展。随着高等教育进入普及化阶段，生源的竞争越来越激烈，家庭的教育选择空间越来越大，这对高等教育质量提出了新的更高的要求。总的来看，虽然我国民办高等教育在规模上已举足轻重，在内涵发展上也取得了显著进展，但在质量上仍有不少差距。一方面，体现在办学条件上；另一方面，也体现在办学理念、培养模式、教学科研等方面。在我国的高水平大学格局中，目前还鲜有民办高校的位置。许多家庭在做教育选择时，对民办高校依然存在一些顾虑。随着我国高等教育普及程度的提高，民办高校在质量方面面临的矛盾和压力将越来越突出。能不能在质量问题上取得突破，甚至将直接关系到民办高校的生死存亡。

三是信心问题。这个问题与前两个问题密切相关。在高等教育供求关系发生根本性变化的时代背景下，到底民办高等教育的前景如何，还要不要大发展，这不仅是公共政策要考虑的问题，也是诸多举办者、捐资者要考虑的问题。对家庭而言，就是要不要考虑上民办高校的问题。我们注意到，近年来，民办高等教育领域出现了一些新情况，随着生源的萎缩，个别举办多年的民办高校举步维艰。这一问题尽管是个别的、局部的，但直接影响到全社会对民办高等教育的信心。特别是实施民办高等教育分类管理以来，涉及产权归属、举办者权益、民办高校同等待遇等方面的政策迟迟未明朗，已让各方面有不少担忧。可以说，在当前历史条件下，如何打消方方面面的顾虑，进一步提振办好中国特色民办高等教育信心，需引起足够的重视。否则，将可能因信心不足导致民办高等教育发展的颓势。

四是动力问题。过去40多年来，我国民办高等教育发展的动力在于旺盛的需求，是需求驱动的结果。回顾改革开放以来我国民办高等教育的发展历程，尽管仍有许多问题悬而未决，仍面临这样那样的困难和挑战，但在市场的推动下，仍吸引了大量资金和有识之士投身民办教育事业。下一步，随着高等教育需求在总量上基本饱和，迫切需要为民办高等教育发展注入新的动力。这个问题不解决，也极有可能带来民办高等教育的萎缩。

针对上述问题，必须主动适应新形势，加强政策引导，积极稳妥推动民办高等教育转型发展。

第一，及早谋划应对生源萎缩挑战。高等教育到了普及化阶段后，生源必将出现萎缩，许多高校将面临冲击，在发达国家以及我国台湾地区都已得到印证。民办高校主要靠学费收入维持，生源萎缩对其冲击最为直接、最为强烈。建议以适当方式，密切跟踪每一所民办高校的招生录取情况，建立预警机制。对于生源确实面临重大挑战的民办高校，实行一校一策，逐一研究应对措施，避免因生源萎缩导致学校难以运转，确保高等教育秩序稳定。同时，还要及早研究民办高校的退出机制。

第二，保持高等教育规模基本稳定。目前，我国已建立了全世界最大规模的高等教育体系，在数量上已完全可以满足需求。即便不新设高等学校，按照现行招生规模，也即将进入普及化阶段。建议在今后一个时期，高等教育以结构调整和内涵发展为主，从严控制新设高等学校的数量。对现有高等学校招生规模，也采取严格调控措施，并建立基于质量和就业的动态调整机制。

第三，引导民办高校加快向内涵式发展转型。下一步，民办高校必须走内涵发展的路子。这一方面需要民办高校积极作为，同时也需要政府的政策引导和支持。为此，建议今后政府在支持民办高校内涵发展方面，进一步突出导向性、针对性、政策性和约束性，建立基于质量的支持机制。导向性即政府对民办高校的支持，要聚焦提高质量这一核心目标，向教师、教学、课程等内涵发展环节倾斜。针对性即政府的支持不要搞大水漫灌，不要搞成普惠性，而是针对每一所民办高校的特点，立足每一所学校的内涵发展需求给予支持。政策性即对引导和鼓励民办高校内涵发展加大政策扶持力度。约束性即政府的支持要适当附加条件，对民办学校办学质量提出一定要求。对民办高校，要建立健全质量评估机制，将评估结果作为资源配置的重要依据。

第四，稳妥推进民办高等教育分类管理。对民办高校实行营利性和非营利性分类管理，已写入新修订的《民办教育促进法》。有关部门专门出台文件，对这项工作进行了部署。目前，正在修订《中华人民共和国民办教育促进法实施条例》，将对分类管理做出进一步的制度安排。从已有实践来看，分类管理是必要的、可行的，也是大势所趋。但从具体操作来看，这项工作非常复杂、非常敏感。落实分类管理，需要进一步明确营利性和非营利性两类民办高校的政策待遇及举办者权益，这涉及许多历史遗留问题，有些问题解决的时机还不成熟，需要实事求是推进。当务之急，是成熟一项推进一项。核心是稳定两类民办高校的预期，引导其各安其位，在各自定位上办出特色、办出水平。

第五，大力支持非营利性民办高校向高水平迈进。非营利性民办高校公益性强，体制机制活，是今后民办高等教育改革发展的方向。为此，建议着眼于建设高等教育强国，将建设高水平非营利性民办高校作为一项国家战略，重点引导支持一批基础较好的非营利性民办高校加快向高水平迈进。力争经过 10～15 年的努力，形成一批国内领先、国际上有一定影响力的高水平民办高校，与公办"双一流"形成对照和互补，激发"双一流"建设的活力。

第七编

07

民办高等教育探索实践

全面落实质量年措施　大力夯实本科教育基础①

（2004 年 6 月 18 日）

今年是我院的"质量年"，在相关准备工作全面铺开的同时，一系列规章制度和具体措施也在调查研究、反复论证的基础上也陆续出台。全院人员要深化对"质量年"重要意义的认识，把握"质量年"的主要内容，统一思想，明确目标，进一步做好各项工作。

一、确定为"质量年"的原因

2003 年，我院由原来的专科层次升格为本科，这既是教育主管部门对我们办学 8 年工作成绩的充分肯定和办学质量的高度信任，同时，也对我们提出了新的任务和新的挑战，那就是，3 年后我们这个本科能不能合格？教育部考核时能不能过关？这是我们升本后必须认真思考和对待的问题，也是我们面临的最现实、最紧迫的任务。

虽然现在我们已经升格为本科了，但坦率地说，这对于我们来讲意味着更加任重而道远。要想成为名副其实乃至优秀的本科院校，我们还需付出艰辛的努力和大量深入、具体、细致的工作。我们办学特色的核心就是"练内功，创品牌"，这个核心的支撑点就是教学质量。为了践行"一切为了学生成人、成才、成功"的办学理念，为了实现国内一流民办大学的奋斗目标，我们必须牢牢抓住、始终紧握质量这个学院发展的生命线。

---

① 本文发表于《华桥外院报》。

回顾华桥的发展历史，我们能够从无到有，从小到大，从专升本，走出一条跨越式的发展道路，成为"首届中国民办高校综合实力20强"，靠什么？靠质量。华桥发展和前进的每一步，都离不开质量，今后我们申硕，办多学科、多语种、多层次的应用型外国语大学，仍然要靠质量，狠抓教学质量是我院的一贯做法，是我院精品办学的必然要求，也是学院工作一以贯之的主题，必须常抓不懈，一抓到底，抓出成效。

所以，把今年确定为"质量年"，就是要在全院教职工中树立一种危机意识，形成一种紧迫感，从现在抓起，形成全院上下同心协力狠抓教学质量的形势和氛围，打好本科评估这一"攻坚战"，为下一步"申硕"、办一流外国语大学打下坚实基础。全院各部门、各单位，每位教职员工，都要围绕如何提高教学质量，结合岗位职责和本职工作，去思考问题，去完成工作。一句话，抓"质量年"，就是为了建设合格的本科院校，为将来发展打下坚实基础。

二、影响和制约我院教学质量提高的因素

把问题看得严重一些，把自身估计得过低一些，对我们今后的工作只有好处，没有坏处。因为，把压力变为动力，我们将无往而不胜。在办学中，目前我们还存在一些问题和薄弱环节，以下五个方面的问题值得我们认真研究：一是如何使课程设置更好地体现实用型、复合型、外向型人才培养目标的要求；二是如何使师资队伍建设形成科学合理的学科、年龄、学历结构，培养出更多的学科和学术带头人；三是如何使教学活动更加科学地管理、有效地监控和及时地反馈；四是如何使学生管理工作把严格规范的日常管理和耐心细致的思想工作有机融合在一起；五是如何将学院的管理工作和服务意识有效地融合，并不断地提高管理队伍人员的自身素质和工作水平。

这些问题都直接或间接地制约着教学质量的提高，必须通过明确工作任务、规范工作程序、定量工作指标、评估工作结果、兑现奖惩制度等科学管理方法，充分调动全院教职员工的积极性、主动性和创造性，以突破教学质量上的瓶颈，弥补综合管理上的短板，进一步提高教学质量和办学水平，打

造华桥外院的优质品牌。

三、应对措施和办法

抓"质量年"，主要是为了打好基础，建设合格的本科院校。围绕这一基本目标，针对上述问题，我们主要通过三条途径展开工作。

（一）通过深化教学改革抓质量

主要有四项工作：制定实施各专业人才培养规格方案，完善课程体系；实施精品课程建设工程；推行学分制管理试点；获得学士学位授予权和"申硕"。首先是要按照培养实用型、复合型、外向型外语外事人才的总体培养目标，建立全套人才培养规格方案，体现学院的特色和市场的需求，也使学生一入学就明确目标和方向。这里，直接对应人才培养规格方案的是课程体系建设，这是个基础性工程，也是高校最基本的教学建设，需要不断地实践探索，不断地调整完善。

《民办教育促进法》及其实施条例颁布施行以后，民办院校的专业设置是自主了，但我们的专业设置和拓宽工作还是要针对社会实际需要和培养目标来确定。我们将本着"宽口径、厚基础、强能力、重应用"的原则加强课程体系建设和改造。面向市场是硬道理，与国际交流嫁接是个重要方向。这还要靠我们广大教师、教学研究和教学管理人员集思广益，认真研究。

通过教改抓质量，关键是实施精品课程工程和推行学分制试点。精品课程是一条纽带，通过这条纽带可以带动教师队伍、教学内容、教学方法以及教材和实验室建设等方方面面的工作。这里，首先是优秀教师、高职称教师上讲台，为学生提供精彩的教学内容和创新的思维方法，使学生享受优质的高等教育。学分制是调动学生学习积极性、主动性和创造性的有效手段。它改变了过去单一的人才培养模式，可以为学生提供弹性的学习时间和空间，可以为学生设计自我、发展自我提供广阔的平台，是实现素质教育和能力培养的有效途径。学院计划在2004级新生中进行分层次教学试点，根据学生的实际情况划分教学班，因材施教。公立大学的学分制搞了很多年，也没有完全走通畅。我们的学分制改革和成型也需要时间，需要不断地探索和研究，但与国际接轨应该是我们努力的方向。

达标本科是我们"质量年"工作的基本着眼点。要按照"以评促建，重在建设"的原则进行。争取学士学位授予权和"申硕"工作，一定要扎扎实实去做，不要走形式。要在达标本科的基础上，争取通过教育部的优秀教学评估。这项工作有一定难度，但我们一定要下功夫去争取、去做。

（二）通过建立健全内部机制抓质量

重点是管理和监控两个体系的建设、师资和管理干部两支队伍的建设。管理体系主要是工作的制度化、程序化、规范化，在这个基础上达到法制化，才能通向国际化。监控体系的建设尤为重要。国内过去往往重视管理体系的建设，忽视监控体系的建设，结果使管理工作只做了一半。监控是更重要的一步，缺少这一步，就会使管理制度和管理体系架空。我们的教学质量"三级评估"办法、教学督导、信息员制度等，都是为了加强对教学过程和教学质量实施及时、有效的监控和反馈，及时发现和及时解决问题，准确评估和评价教学质量。

我们在师资队伍建设上过去下了许多功夫，也取得了一定成效，但今后的路子还很长，离合格、优秀的本科教学要求的差距还很大。为此将通过实施"名师工程"，采取一系列具体措施，提升教师队伍的整体水平和素质。师资队伍建设要着眼宏观，加强梯队建设，形成科学合理、后劲十足的学科、专业、年龄、职称、学历结构。要抓住重点，抓两头带中间。一头是学科带头人，一头是年轻教师。目前制定的"质量年"措施还是很有针对性的，还可以进一步拓宽思路，另辟蹊径，有很多高年级教学是否应该聘请一些名校的名师？能不能把一些外校的优秀学术带头人请来，专门用一到两个月的时间带一带青年教师？这些都可以考虑，一定要尝试多种办法，采取多种途径，大力加强师资队伍建设，这是立校之本，强校之源。管理干部队伍建设重点是在明晰职责、规范程序、确立标准的基础上，通过激励优秀、惩戒渎职等措施，挖掘发挥潜能，提高工作质量和工作效率。我们的用人标准是：人品好和能力强。我们提倡的原则是：简单做人和踏实做事。这里的"简单"，不是单纯，也不只是人际关系的纯洁，而是正派、精神、高标准和高境界。

（三）通过"三风"和校园文化建设抓质量

"三风"指校风、教风和学风。风气看似无形实则有形，好像摸不着，实则常常在。风气和文化时时刻刻、潜移默化地影响置身其中的每一个人。"三风"和校园文化建设实际是常抓不懈的精神文明建设工程。校风主要是围绕"正"字和"实"字，无论做人做事、无论建设发展，都要坚持这两个原则和方向。教风的基本内容是敬业爱生，教书育人。学风的基本内容是尊师爱校，勤学苦练。校园文化建设是个系统工程，需要认真总结华侨的历史、传统和文化精髓；需要紧紧围绕"外"字和"桥"字不断挖掘其深刻精神内涵；需要将制度建设和人文关怀有机地统一起来；需要研究当代大学精神的基本理念和学院国际化目标的努力方向。校园文化建设的工作我们一直在做，但目前还没有具体的方案和措施，下一步我们也要制定出来。

总之，我们的基本思路就是"强内功，创品牌"。"质量年"就是按照这一思路提出来的，也要按照这一思路扎扎实实地去做、去落实。

四、今后努力的方向

（一）加强学习和研究

开办本科和将来办研究生教育对我们来说，都是新事物。我们必须通过学习、借鉴别人，包括其他大学、国际同行的办学经验，来研究我们自己怎么搞。这是一个长期的任务。因为华侨是在跨越式发展，如果我们的知识视野、思想观念、经验储备、智慧能力不能走在学院发展的前面，或者至少与其同步，我们的工作就要被动，我们的发展就要受阻。抓好学习，当然也包括对学院"质量年"精神和主要内容的学习，是搞好"质量年"工作的前提，也是我们广大师生和管理干部的首要任务。

（二）努力探索和创新

我们所处的时代是一个创新的时代，我们华侨本身也是创新的产物。我们走的是一条独特的道路，从办学理念、办学思想到人才培养模式和学院发展模式，都具有自己的特色。这也决定了我们不能简单照抄别人的东西。展望华桥今后的发展，探索和创新必将一直伴随我们。我们今天抓制度化、程序化和规范化，搞管理系统和监控系统，本身就是在探索和创新。大胆探索和勇于创新是华桥的品格和精神，自然也应成为我们这个集体中每个人的品格和精神。

（三）增强服务意识和协同观念

学校培养的人才合格、适用，受到用人单位欢迎，得到社会接纳，我们才能服务社会、贡献社会。全院教职员工要围绕提高教学质量、培养合格人才努力工作，这也是服务。各级领导、机关和后勤人员都要为教师和学生服务，始终着眼提高教学质量来开展工作，履行职责，真正做到教书育人、管理育人、服务育人和环境育人。大家岗位不同，职责有别，但我们的目标是一致的。希望大家同心协力，以学院发展大局为重，用共同的目标和合作的力量去赢得华桥和我们个人事业的共同进步。

（四）付诸行动，抓好落实

理念也好，规划也好，方法也好，只是头脑中的美好蓝图。要变为真真切切的现实，就必须按照目标和方案，真抓实做，下大力气把教学质量抓上去。我们应当把学习、创新、合作、实干联系和统一起来，通过"教学质量年"的各项工作，使华桥的办学水平有质的飞跃，使华桥的名字更加响亮。

民办高等教育的发展与吉林华桥
外国语学院的办学实践①

(2004 年 9 月 6 日)

改革开放以来，中国的民办教育事业在中国教育改革大潮中构成了一道亮丽的风景线。尤其是民办高等教育的发展更是突飞猛进。大家知道，中国是穷国办大教育，而且是世界上最大规模的教育。因此，在我国的深化教育体制改革中，着重强调了要坚持发展民办教育和促进公办教育改革协调并进，着重强调了要大力支持和促进民办教育健康发展。2003 年以来，我国相继出台了《民办教育促进法》及其实施条例，使我们这些积极投身于民办教育事业的工作者们有了更加明确的方向和目标，同时，也更加坚定了我们为之奋斗终生的信心和勇气。目前，我国民办高等教育机构已发展到 1000 多所，具有学历教育资格的也已有 175 所。其中，由教育部审批的民办本科院校共有 9 所，我们华桥外院就是这 9 所之一，也是全国唯一的一所民办本科外国语学院。因此，可以说，现在中国的民办高等教育迎来了难得的历史发展机遇期，可以说，我们华桥外院也正是在这样的良好的发展空间中成长起来的。

我院于 1995 年创建，经过了 9 年的艰苦历程，从无到有，从小到大，实现了跨越式的发展。2004 年，在首届民办高校综合实力 20 强评选中，我院光荣入选。现在，我院已建成了占地 70 多万平方米的花园式的现代化大学

---

① 在北京第二届女校长国际论坛上的发言。

校园，拥有在校生 5000 多人，教职员工 400 多人，其中有近 50 位来自美、加、德、法、日等国的外籍专家，他们来自不同的国家，将不同的语言、不同的文化、先进的教育理念和先进的教学方法融入了华桥，使华桥真正成为中华儿女成才走向世界之桥梁，中西文化合璧之桥梁。

我们在 9 年的办学实践中，始终坚持社会效益第一，坚持办学的公益性。记得我在国外攻读教育学博士时，许多百年大学的公益性办学思想给我留下了深刻的印象。那种追求教育事业自身崇高与神圣的执着信念，那种取之于社会、回报于社会的非营利理念，那种为社会培养有教养的合格公民的自觉精神，深深地打动了我，使我日后坚定不移地把走公益性道路的办学思想写入了学校的章程中，规定办学所取得的积累金全部用于教育事业。

在办学实践中，我们始终坚持一切为了学生成人、成才、成功的办学理念，始终坚持紧紧围绕市场，突出特色，苦练内功，精品办学，打造品牌的办学思想。始终坚持外教主讲，小班授课，强化听说，突出特长，全程管理，综合培养的办学模式，始终坚持紧紧抓住民办大学机构简化，全员聘用，一人多专，优胜劣汰，效率高，决策快，机制好，体制新，灵活性强，实用性强的办学优势。与此同时，我们也正在研究和探索着知识、能力、人格三位一体协调发展的全套人才培养规格，探索民办外国语院校如何将德育教育更好地放在首位，探索民办教育发展的新趋势，并立志为社会培养精通外语、谙熟管理，懂一或两门专业、礼仪知识好、公关意识强、综合素质高的实用型、复合型、外向型的外语外事人才。

在办学实践中，我们始终把教育作为精神生态学，坚持把培育均衡发展、全面健康的人放在第一位。我常常考虑，一个人受教育的终极目标到底是什么？那应该不单纯是学习知识，也不是简单的就业，应是做一个高品质的人，一个健全的人。教育要使人活得更有意义、更有尊严，最大限度地发挥人的创造潜能。因此，尽管教育要面向市场，但教育事业是不能算经济账的，教育者在教给学生知识的同时必须致力于塑造一颗纯洁的心灵，交给他们做人的方法和智慧。为此，我们始终向学生灌输"外语 + 诚实 = 择业"的全面成长观，引导学生学会做人，学会学习，学会做事，学会创造，学会关心他人，学会关心社会，努力培养他们强烈的社会责任感、正确的思考方式、良好的习惯和积极的心态。我们坚持每年出资组织中外教师和学生到孤儿院慰问并感受那些孤儿的生活，带动全院师生一同捐款兴建了一所春蕾小学，经常为来自贫困家庭的同学减免学费。这些点点滴滴的行动，为学生们在成人、成才、成功的道路上提供了鲜明的标识。实际上，在华桥外院，这种标识已经成为学生们一致的努力方向。

我始终坚信：特色＋质量＋管理＝品牌。我们也一直注重思想文化和大学精神的建设，先后制定了"会通中外，砺志敦材"的校训和"致远、务实、求精"的校风，着力从内在品质上打造华桥，从精神气质上塑造华桥。

有人说，华桥外院是一所很典雅精致的学院。我想，这不仅仅是因为我这个创办者和校长是一名女性，更重要的是我们注重把女性的爱心、细心和严谨融进教育事业的内涵，这是我们更注重由女性人格修养和魅力而带来的和谐和朝气，是我们更追求超越于经济效益之上的一种教育境界，一种社会责任，一种精神追求。

回顾过去，我们走过了一条不平凡的艰苦创业之路，取得了一些成绩，展望未来，我们深知任重而道远。我和我的老师们将团结一致，力争在较短的时间内使教学上质量，管理上水平，办学上层次。我有一个目标：三年内达标本科，五年"申硕"成功，十年内打造中国一流民办外国语大学品牌，三十年完成与国际接轨，尽快实现民主化、法制化、国际化的办学总体目标。

众所周知，中国民办教育的历史很短，刚刚开始，我希望通过自己的努力与华桥的办学经验，走出具有自己特色的一条新路来。我相信，百年后，中国的民办高校也一定会出现像哈佛大学一样的世界私立名校，而我们这一代人甘愿做中国民办教育发展过程中的铺路石，甘愿通过不懈的努力为社会培养更多的有用人才。同时，也希望在座的中外教育界同人们共同来关注、关心未来一定会更加辉煌的中国民办高等教育！

献身教育 我心永恒①

(2005 年 3 月 7 日)

　　一个人一生有很多梦想，我的梦想就是办教育。这一情结似乎是与生俱来的，从我背上书包走进学校的第一天起，对教师与学校的崇敬和依恋，便伴随着我生命的成长而升华，成为我一生的神圣向往和追求。

　　我在国外工作期间，发现我国许多金融、经贸人才缺乏外语交际能力，而外语人才又缺乏经济和管理等专业知识，很难适应改革开放和国际交流的迫切要求。那时，我便萌生了一种强烈的愿望：要办一所外国语大学，努力为社会培养精通外语、谙熟专业、综合素质高的实用型、复合型、外向型的高级外语外事人才。于是，我决定回国，并从此与教育结缘，开始了我的办学生涯。

　　时值中国改革开放，百业待兴，教育承载着输送人才资源的重大责任。然而，我国是穷国办大教育，单靠政府投资来实施教育是不能满足社会需求的，民办大学填补了这个空间，与公办大学一道肩负着时代的重托。面对这难得的历史机遇，我坚定地校准坐标：要办，就办一所精品学校。

　　将绘在纸上的蓝图变为现实的确很难，而当时的我又是白手起家。为了筹集资金，我开办了一家翻译公司，记得第一天的收入仅有 3.78 元。后来，经过多方筹措、租赁校舍、购置设备、纳聘人才的艰辛努力，终于在 1995 年的教师节前夕创建了吉林华桥外国语学院。

———————

　　①　在第五届"中国十大杰出女杰"表彰会上的发言。

当时，我们是租用的教室。年末时学生们举办了一个 English party（英语晚会），看到同学们在短短 3 个月的时间里就能完成这样一台英语晚会，看到同学们在舞台上表演得那么认真，那么可爱，我的眼里噙满了泪水，心情无法用语言来表达。当时暗下决心，再苦，再难，我也要为学生创建自己的家园。为此，我饱尝了有生以来最大的困难和压力，也深切感受到了辛勤付出之后的成功和喜悦。

为了办好这个学校，我倾注了全部的心血。在不到 9 年的时间里，学校三次搬迁、三次更名、三次飞跃，实现了跨越式发展。2003 年，学院通过了教育部的考核评估，升格为普通高等本科院校，成为全国九所民办本科院校之一，也是唯一的一所民办本科外国语院校，同年又荣获"首届中国民办高校综合实力二十强"的称号，2004 年进入第二批次招生。如今，在北国春城风景秀丽的净月大街上，矗立着一座占地 70 多万平方米、融合中西方建筑风格、彰显人文理念的花园式现代化大学。

办学以来，我们始终坚持社会效益第一，坚持办学要"无愧于社会的关注，家长的信任，学生的时间和教育者的良心"，坚持"一切为了学生成人、成才、成功"的先进理念。我在国外攻读教育学博士时，许多百年大学的公益性办学思想给我留下了深刻的印象，使我日后坚定不移地把走公益性道路的办学思想写入了学院章程。《民办教育促进法》规定，公益性办学有两种，一种是可以要求取得合理回报，另一种是不要回报。我选择了后者，规定办学所取得的积累金全部用于教育事业。因为学生属于国家，学校属于社会，我个人不可能拥有。也只有这样，华桥才能走向世界，成为百年大学。

一所学校、一个民族、一个国家，谁真正把握好教育所特有的先进理念和时代脉搏，并且保持全面、协调、健康的持续发展，谁就会走上成功的光明大道。在办学实践中，我们始终坚持"面向市场、突出特色、苦练内功、精品办学、打造品牌"的指导思想；坚持"外教主讲、小班授课、强化听说、突出特长、全程管理、综合培养"的独特教学模式；坚持使学生知识、能力、人格三位一体协调发展，学会学习、学会做人、学会与人相处、学会关心社会。在华桥外院，中外教师严谨治学，科学施教，敬业爱生。尤其是来自美、加、德、法、日等国的 46 位外籍专家，他们将不同的语言、不同的文化、先进的教育理念和先进的教学方法融入了华桥，使华桥真正成为中华儿女成才走向世界之桥梁，中西方文化合璧之桥梁。

9 年来，从华桥走出的毕业生有 3000 多人，他们大都以"敬业精神好、综合素质高、听说能力强、上岗适应快"的良好形象，得到了用人单位的肯定和欢迎。前不久，按照新的高校毕业生就业率统计办法，我院以专科毕业生 98.2% 的就业率位居全省第一。

我常常思考，一个人受教育的终极目标到底是什么？那不应该是单纯的学习知识和简单的就业，而应是做一个健全性格的人、一个高尚的人、一个全面发展的人、一个对社会有用的人。为此，我们将一个"外语 + 诚实 = 择业"的公式送给学生。我们还定期组织学生到孤儿院送温暖、支援抗洪救灾、为西部贫困母亲修建水窖、安置下岗女工再就业、捐款兴建春蕾小学、积极参加无偿献血等公益性活动，以此来不断提升华桥师生的强烈的社会责任感和崇高的精神境界。

这些年，我不断收到毕业生的来信，他们在汇报了自己走上工作岗位所取得的成绩后，都充满深情地说："是华桥使我拥有了今天，今生无论走到哪里，我都会自豪地说：'我是华桥人！'"学生们的心声让我为之感动，为之欣慰，也为之振奋！

几年来，我先后获得"全国三八红旗手""中国经济发展成功女性"等荣誉称号。在这里，我要对全国的姐妹们说：一个人有多大的精神世界，就有多大的事业；有多大的胸怀，就有多大的人生舞台。感谢这个时代，让我梦想成真。我坚信，一百年以后，中国的民办高等教育一定会出现像美国哈佛大学一样的世界私立名校，而我们这一代人，甘愿做中国民办高等教育发展过程中的铺路石，甘愿为社会培养更多的有用人才，甘愿为这个伟大的事业而奉献终生。我给自己设定了一个目标：再干 30 年，30 年之后，我要把这个学校完整地交给社会。

把德育放在首位　拓展教育新途径①

（2005 年 9 月 25 日）

一、把德育放在首位是拓宽思想政治教育有效途径的前提

如何确定德育在华桥外院办学中的位置，关系到华桥外院的办学性质，关系到培养什么样的人，也关系到华桥外院的生存。

华桥外国语学院作为民办高校，决定了华桥外院的办学性质，在资金来源、生源素质、师资队伍的构成上有其自身的特点。在我们华桥外国语学院的教师队伍中有来自美、英、加、澳、新、德、法、日、韩等 46 国的外籍教师，分别担任口语课和专业课。他们来自不同的国家，将不同的语言、不同的文化、先进的教育理念和先进的教学方法融入了华桥，使华桥真正成为中华儿女成才走向世界之桥梁，中西文化合璧之桥梁。但我们也意识到，外教和留学生，他们信仰不同，世界观、价值观不同，对学生思想会有这样或那样的影响。为了防止宗教传播和其他负面影响，华桥外国语学院的创办者和领导者，在办学中高度重视德育在民办高校中的定位，鲜明地提出"把德育放在首位"的办学理念，提出了"成人、成才、成功"和"知识＋能力＋人格"的培养模式，明确了一条要让学生成功就要让学生成才，要让学生成才就必须先让学生成人的培养道路。

华桥外国语学院培养目标中摆在第一条的就是思想道德目标，即培养热

---

① 发表于《思想教育研究》2005 年第 9 期。

爱祖国，热爱中国共产党，有为社会主义现代化建设服务，为人民服务，为国家富强、民族昌盛而奋斗的志向和责任感，具有艰苦奋斗、热爱劳动、遵纪守法、团结合作的品质，具有良好的思想品德，具有正确的世界观、人生观、价值观，以及社会公德和职业道德的人，关心他人、关心集体、关心社会的人。

和这一培养目标相配套，华桥外国语学院制定了《全套人才培养方案》，在方案中设定了全套人才培养规格。一是从学生入学教育第一天就进行毕业指导，使学生知道 4 年后市场所需人才的标准，以此来设计他们在大学每一阶段里的目标和方向；二是根据学生毕业后主要从事外语外事工作的特点，强化礼仪知识、养成教育和综合素质培养，注重知识、能力、人格三位一体，协调发展；三是在培养目标上，着眼学生成人、成才和成功的综合要求，努力使学生成为健全人格的人，高尚的人，德、智、体、美、劳全面发展的人，对社会有用的人。通过开设思想政治理论课、入学教育、"三风"建设、系列讲座、第二课堂活动等对学生进行养成教育、思想政治和品德教育、心理健康教育，从而在办学方向和理念上明确了思想政治和道德品质教育的地位，并在制度和培养方案中保证这一教育的制度化、经常化、多样化。

在落实培养方案的教学计划中，保证思想政治教育和人文素质教育课程设置的科学性、系统性和实用性，保证思想政治教育主渠道的畅通。华桥被上级部门领导评价为"站位高，定位准、地位好"。

二、公益性办学是拓宽思想政治教育有效途径的基础

民办教育事业属于公益性事业，是社会主义教育事业的组成部分。华桥外院实行公益性办学，而且是不求任何经济回报的公益性办学。我就是一个创办者和组织者，希望做一个好校长和好老师，不希望做拥有者。我坚持民办大学来源于社会，回报于社会，不以盈利为目的，不往自己的腰包里装钱。学校不是企业，教育的产业化不是市场化，更不是盈利化，学校要按照教育规律办学。正是因为这样，学校才能正确地把握民办高等教育的性质，

坚持社会主义办学方向，把德育放在首位，始终把培养合格的人、有用的人、全面发展的人作为办学的目标。

为此，华桥外院肯于在思想政治建设上投入。在队伍建设上，华桥外院已经形成了一支配备完整、结构合理、人员齐全、素质较高的学生德育工作队伍。它包括学生处和团委干部、专职思想政治理论课教师、专职人文素质课教师、专职心理学课教师、心理咨询教师以及专职的学生辅导员。这支队伍保证了对大学生从政治思想、道德修养、人文素质和心理素质上进行全方位和多渠道的德育工作。除政治思想理论课教师队伍外，学院还有一支以文学艺术课为主的人文社会科学课程教师队伍，承担着多门类的丰富的文学艺术必修课和选修课教学，以期通过人文素质课教学将人文科学知识和人文精神内化和发展作为大学生做人所必须具备的基本品质和基本态度。

华桥外院特别把建设一支非教学的专职学生工作干部和学生辅导员队伍当作大事来抓。学院现有专职学工干部和辅导员 38 人，形成了一支强有力的学生工作队伍。辅导员与学生的比例为 1∶134，在当前各高校，特别是在民办高校中来说，辅导员队伍是比较充足的。而且他们都具备大学本科以上的学历。他们的基本素质好，大都年轻有朝气，有事业心和工作责任心，对做好学生管理和思想政治教育工作起到了组织保证作用。现在华桥拥有一支由思想政治理论课和社会科学课专职教师与党政、学工干部及辅导员约 50多人组成的德育工作队伍。在民办高校建设这样一支队伍并非易事，它要求创办者既要目光高远，方向正确，还要肯于投入，着力培养。

思想政治教育设施上的投入也是华桥的一大特色。学校现在建有大学生心理健康教育活动室、大学生社团活动室、大学生地球村等教育教学实践活动场所和设施。

三、抓住学生思想行为特点是拓宽思想政治教育有效途径的重要环节

保证思想政治教育有效性的一个重要环节就是要有针对性地进行思想政治教育和教学，为此我们通过各种形式进行学生思想状况和心理状况的调查和分析。2004 年以来，我们就大学生在理想信念、宗教神学观念、爱国主义、价值观、人生观以及对现实社会主义改革开放的认识、对共产党的认识等方面在上千名学生中进行了"思想政治认识上的咨询与沟通"的书面问卷调查。我们还在两千多名学生中进行了"健康自测量表"的测试，初步建立了学生心理档案。此外，我们在大学生中进行了"大学生消费结构"的问卷调查。

在学生思想政治认识调查和大学生心理健康测试中我们了解到民办高校大学生普遍存在的一些思想政治认识和心理素质上的困惑、矛盾和问题，为开拓新的教育途径，有针对性地进行教育和教学提供了依据。例如，调查中我们发现以下几个方面的共性问题很突出：一是理想、信念上的渺茫；二是宗教神学观念在学生中有一定的影响和作用；三是在人生观和价值观上，有相当人数的同学相信和选择"主观为自己，客观为别人"；四是有的学生无生活目标；五是学习压力问题突出；六是情感问题突出；七是人际交往的问题突出。

把握大学生思想认识和心理上的问题后，我们在思想政治理论教学这一思想政治教育的主渠道中有目的、有意识地联系学生思想实际进行教学。例如，在马克思主义哲学课中，通过世界物质原理、批判唯心主义、批判神学思想帮助学生树立辩证唯物主义世界观，树立无神论思想。

此外，我们还设计利用有重大意义的历史纪念日和历史人物进行专题讲座，以史实和事实对学生进行世界观、人生观和价值观教育。对每一个年级的学生分不同的学期进行以下几个专题讲座：大学生的个性发展与社会责任感的培养；弘扬雷锋精神，树立为人民服务的社会主义价值观；学习千年伟人，坚定马克思主义信仰；五四运动和新时期青年运动方向；纪念"一二·九"运动，大力弘扬和培育革命传统精神；邓小平理论和当代中国的改革与开放；经济全球化与 21 世纪的中国。

这些系统的有针对性的思想政治教育课和专题讲座培养了学生的科学世界观、人生观、价值观和方法论，坚定了大学生的马克思主义理想信念，增强了大学生的民族自豪感和对改革开放的信心。

四、开展心理咨询和心理健康教育，开辟思想政治教育新途径

（一）开展心理咨询，深入进行心理健康教育

学院建立了一支心理学教师队伍，开设心理学课程并建立了心理健康教育中心，成立了心理咨询协会，创办了以《华桥骄子》为名的学生心理期刊。院长十分重视大学生心理健康教育，亲临心理咨询会与师生座谈，了解和指导心理素质教育工作。

（1）及时发现大学生中各种思想认识和心理问题，通过谈心及时解决问题。有些学生的认识和心理问题发生带有偶然性和表象性，通过一次谈心就能解除思想和心理障碍；

（2）可以准确把握某一时期学生思想的脉搏，掌握学生思想中的一些共性问题，如学习上的心理压力问题、人际交往问题、学习意志力问题、女生如何与异性交往等问题，提供给学院领导和其他部门共同开展工作和教育活动；

（3）了解学生思想深处的一些较为严重的心理问题和心理障碍，对此开展重点工作，做到防患于未然。

心理咨询工作是教师与学生思想和心理上的零距离接触，能深入细致地了解学生，深入学生内心世界，让学生感受到亲切、友爱、关心，更容易以情动人，使教育收到实效。

（二）开展心理健康座谈会、系列讲座和专题报告

（1）学院领导与学生心理咨询协会举行"做健康人，做文明人，做华桥骄子，做社会栋梁"主题座谈会。面对社会改革和快速变迁给大学生带来的心理压力、焦虑与浮躁，我们提出，华桥的人要能够成为一个"心静如水，心坚如钢，心宽似海，心明如镜"的健康人。"做健康人，做文明人，做华桥骄子，做社会栋梁"成了华桥学院健康文明的口诀，被贴在各班级教室墙上。

（2）组织心理咨询教师每人每学期为不同年级的学生进行一次讲座。如

我们在大礼堂为同学举办了"走好大学第一步""大学生人际关系""心理压力与环境适应""成功其实很简单""女生如何与异性交往"等系列讲座。

（3）请社会成功人士来校为学生做报告，如我们请全国十大模范青年于海波到校做报告，报告的主题为"给生命一个支点"。他的出现和报告给同学们带来巨大的震撼和深深的感触。同学们纷纷谈体会，写心得。同学们说："一个健康的人，不仅要身体健康，更重要的是心灵健康，于老师身残志坚，她是一个心理健康的人，一个成功的人。""她的健康来自她的坚定信念和对生活的热爱，这是她生命的支点。""作为身体健康的人，我没有理由不坚强，我们所拥有的就是幸福和财富。"我们还利用学院电视台的直播间组织专家教授与同学进行交流。

（三）利用多种形式开展心理健康教育活动

（1）通过播放心理电影进行教育活动。看过《美丽人生》《可可西里》后，同学们根据心理影片的内容，挖掘影片的内涵，结合自己的心灵体悟，写出影评和体会文章，举行征文评奖活动。

（2）举办学生自编心理剧比赛。由学生自编、自导、自演心理剧。要求学生高扬社会主旋律，贴近学生生活，围绕学生关心的问题，揭示只有心理健康才能健康成长的主题。调动学生积极性，让学生成为心理健康教育主体。比赛后，我们评出表演奖、创作奖、导演奖、集体奖等奖项，给予表彰。

（3）建立"心理热线"信箱，创办《华桥骄子》心理期刊。在心理健康教育教师的指导下，同学们撰写文章反映他们的真情实感，解决心理烦恼。同学们的体会和收获都反映在这些文字当中。

（4）举办心理健康教育宣传周活动。目的是提倡文明礼貌，关注身心健康。在学校中心广场，组织同学们进行心理游戏，为同学们进行心理测试和现场心理咨询服务。在心理健康教育中，学院充分发挥学生的主体作用，最大限度地培养和调动学生"自强自律，求是求新"的意识和自觉性。

总之，我们的德育和心理健康教育渗透在学院的各个领域和角落，起到了"润物细无声"的作用。

以规范管理促民办高校健康、可持续发展①

（2007 年 3 月 1 日）

应邀参加今天的座谈会非常高兴。通过这次座谈，不仅能深刻领会国务院办公厅《关于加强民办高校规范管理，引导民办高等教育健康发展的通知》和《中共中央组织部 中共教育部党组关于加强民办高校党的建设工作的若干意见》的精神，而且还能了解一些民办高校贯彻执行这两个文件的好经验和好做法，从而推动华桥外院的工作。所以，我感谢教育部发展规划司为召开这次会议所做的各种工作，并衷心希望以后能多召开一些这样的会议，推动全国民办高等教育事业健康和谐发展。

借这个座谈会，我想谈三个问题。

一、对文件的理解和认识

这两份文件都是去年 12 月下旬先后印发的。国务院办公厅的通知是 12 月 21 日，中组部和教育部党组的若干意见是 12 月 22 日。两份文件相互照应，都是为了引导和保证民办高等教育健康发展的，印发得非常及时。正如文件所说，《民办教育促进法》实施以来，民办高校快速发展，取得了很大成绩，民办高等教育已经成为社会主义高等教育事业的重要组成部分，满足了人民群众接受高等教育的多样化需求，为国家培养了一大批各类适用人

才。民办高校的党建工作也不断加强，党组织的创造力、凝聚力、战斗力不断提高。

但是，在新的历史条件下，一些民办高校在招生、管理、教学等方面暴露出不少混乱现象和严重问题，民办高校的党建工作也凸显出一些亟待解决的问题。在这种形势下，中央审时度势，从国务院办公厅的角度和中组部、教育部党组的角度下发了规范民办高校管理的行政法规和加强党建工作的若干意见，具有重要的指导意义。可以预测，在这两份文件的指导下，《民办教育促进法》及其实施条例的贯彻实施会更为通顺，我国的民办高等教育事业一定会沿着稳定规模、规范管理、提高质量的轨道健康发展。

通过学习国务院办公厅的通知及《民办高等学校规范管理若干规定（试行）》，我个人印象最深的是，当前和今后一个时期，要依法规范民办高校办学行为和内部管理的六个重点方面：一是要坚决贯彻国家的教育方针，坚持社会主义办学方向和教育公益性原则；二是要严格按照国家有关规定开展招生工作，招生简章、广告必须绝对符合学校的实际情况；三是要建立健全学校的党团组织，树立以人为本，以学生为本的办学指导思想，有一套科学的维护学校安全稳定的工作体系；四是要依法健全学校内部管理体制，明确学校理事会为学校的决策机构，依法行使决策权，校长依法行使教育教学和行政管理权；五是学校要坚决支持和配合省级政府教育主管部门向民办高校委派的督导专员的工作，心往一处想，劲往一处使；六是要明确落实民办高校的法人财产权，对学校现有的所有资产，按规定分别登记建账，学校依法设置健全的懂业务的讲原则的会计机构和会计人员。

关于民办高校的党建工作，当前重要的问题是健全组织，理顺关系，明确民办高校党组织的作用和职责。我虽然不是中共党员，是民主党派的成员，但我坚决拥护中国共产党的领导，接受和支持中国共产党在民办高校中的政治核心作用。在民办高校中建立健全党的组织，可以更好地坚持社会主义办学方向和教育公益性原则，可以更好地为社会主义建设事业培养各类合格人才。民办高校有了健全的党的组织和党的生活，教职工就有了政治的归属感，大学生就有了思想进步的主心骨，民办高校与公办高校才能在政治地位上体现出真正的平等，民办高校的师生才能感受到政治生命的光辉前景。这不仅是社会主义制度巩固发展的需要，也是民办高校和谐稳定发展的需要。

二、用文件精神检查我院的工作

按照两个文件的精神，自检自查我院的工作，我觉得有以下几点我们学院做对了，要坚持下去，并在今后工作中不断提高。

（一）认真贯彻国家的教育方针，坚持社会主义的办学方向

我院自 1995 年创办以来，在教育部和吉林省教育厅的领导下，始终坚持全面贯彻国家的教育方针。在反复宣传和贯彻教育方针提出的"为社会主义现代化建设服务，为人民服务，教育与生产劳动和社会实践相结合，培养德、智、体、美全面发展的社会主义事业建设者和接班人"的基础上，结合吉林华桥外院的特点，具体提出了"一切为了学生成人、成才、成功，使华外成为中华儿女成才走向世界之桥梁，中西文化合璧之桥梁"的办学理念，把华桥的校名诠释为看得见的、有操作性的两个桥梁，振奋了师生的教学理想和追求。我们还提出"办学要无愧于家长的信任、学生的时间、社会的关注和教育者的良心"，把公益性办学思想具体化。在具体培养目标上，我们提出，要为社会主义建设事业培养"精通外语，谙熟管理，懂一或两门专业，听说能力强，计算机操作熟练，礼仪知识好，公关意识强，综合素质高的实用型、复合型、外向型高级外语外事人才"。为此，我们要求学校的学生管理工作实行"全员、全过程、全方位、全住宿"的严格管理，加入人文关怀的管理模式，关注学生的人生观、世界观和价值观的培养，坚持对学生"全面培养，德育为先"，引导学生"学会学习，学会做人，学会做事，学会与人相处，学会关心社会"，努力营造"简单做人，踏实做事，和谐发展"的校园文化，不断强化"知识、能力、人格"三位一体的全面成才观。

在上述办学理念和教学思想的指导下，12 年来，我院严格按照国家规定的标准充实和完善办学条件。现有在校学生近 6500 人，按 1∶120 的比例配齐配强了辅导员队伍，辅导员与学生的师生比配备高于国家的规定指标。学

校占地面积 70 多万平方米,建筑面积 18 万平方米,教学设备先进,生活设施齐全。为了提高办学质量,打造品牌,为学生提供最好、最认真、最负责的教育,我们严格按照省教育厅下达的招生计划在全国 24 个省区进行招生。去年和前年两年的招生,坚持二本录取,一分不降。所以,学院多次被国家民政部门授予"诚信自律先进单位"。由于我们学院具体培养目标符合实际,学校还创造并推行了"学生全套人才培养规格方案",学生从入学开始便接受学习目标和择业观的教育,使近三年的毕业生就业率一直在吉林省居于前列,多数毕业生能学有所用,得到用人单位的好评。

(二)坚持公益性办学原则,明确学校资产的处置,设置懂业务、讲原则的学校会计机构

民办高校的资产是社会关注的问题。我们从办学开始就坚持公益性原则,规定办学所取得的积累金全部用于教育事业。我觉得办学不是办企业,不能讲举办者的个人盈利,所以我放弃办学取得的合理回报。我一直认为教育本身就是奉献,我崇尚那种超越于经济利益之上的教育境界,感到那是一种社会责任,是一种精神追求,只有这样,我才能有希望把我创办的大学建设成一个品牌、一个能走向世界的百年大学。为进一步完善我的公益性办学思想,去年 11 月 10 日,我院举行了财产处置公证仪式,我在仪式上郑重地做出具有法律效力的声明:"吉林华桥外国语学院偿还债务后的所有财产,在我身后,全部留给社会,继续用于发展国家的教育事业。"现在,吉林华桥外国语学院已有了近 4 亿元人民币的资产,在今后的岁月中还会不断增加,不管增加多少都要登记建账,它永远属于社会。

为了严肃使用学校的资金,我们把学校的计财办升格为计财处,增加了专业管理人员,由取得会计师资格证书的人担当计财处的负责人;建立健全了内部控制制度,严格执行国家统一的会计制度,随时可以接受省级教育行政部门进行的财务审计。

(三)健全学院内部管理体制,充分发挥民办高校体制新、机制活的特点

我们学院在 2003 年成立了理事会,理事会是学校的决策机构,学校实行

理事会领导下的院长负责制。学校还成立了院务委员会、教授委员会、学位委员会、教学督导组，各有明确的章程和职责，体现了科学、民主、高效、协调的学校管理运行机制。学校还制定了一系列管理制度，出台了两批工作程序，各项工作照章办事，按程序办事，用制度管理人，不搞人管人，使学校基本上实现了制度化、程序化、规范化的管理。所以，学校发展很快：学校三次搬迁，三次更名，三次飞跃，由一所非学历教育的助学机构跃升为一所具有学士学位授予权的教育部正式批准的本科高等学校。学校先后荣膺"首届中国民办高校综合实力二十强""全国学生就业实力十强民办高校"和"中国民办高校教育教学质量二十强"的称号。全校现有16个院系、37个本专科专业，初步形成了以外语为主，文、经、管、教协调发展的办学格局。早在2004年，学校就明确提出了"力争三年本科达标，五年'申硕'，十年打造国内一流民办外国语大学品牌，三十年完成与国际同类大学接轨"的奋斗目标。

民办高校在发展过程中，与公办高校相比，在管理上的最大特点是机制好、体制新、决策快、自主性强、灵活性强。我们充分发挥了这些特点，坚持实行机构简化，全员聘用，以岗定薪，一人多专、多职、多能，多劳多得，优胜劣汰的管理模式，干部不搞终身制，能上能下，能进能出，努力营造良好的、崭新的、和谐的、高效的工作氛围，基本上实现了人财物的科学配置和学校各种教育资源的有效整合，提高了学校的社会效益和经济效益，赢得了社会和学生家长的赞誉。

（四）重视教师队伍建设，稳定师心，不断提高学校的教育质量

提高民办高校的教育质量，关键在于搞好教师队伍建设。有了优秀的教师就能办出高水平的民办大学。当前民办高校的教师队伍基本上是哑铃形状，两头大中间小，退休返聘的老教师和新上岗的年轻教师多，中年骨干教师少。而且，与公办高校相比，教师的稳定性差。为了解决这些问题，我们把教师队伍建设放在学校工作的头等重要位置，坚持培养和引进并重，实施特聘教授制度，注重培养自己的后备力量，做到引进、培养和用好人才三结合。为中青年教师提供发展平台，定计划、定目标、定层次、定时间选送青

年教师读硕、读博，去国外留学。不管新、老教师，被学校聘任后都立即签订聘任合同，明确双方的责任、权利和义务，聘任期满，根据学校和教师个人双方意愿可以续聘。我们学校的教师工资、福利待遇和职称评聘都优于吉林省内其他同类高等学校，并且按国家规定为教师办理了社会保险和补充保险。这些都为稳定师心、使教师全身心投入教育教学活动创造了良好的条件。现在，各院系的专业课和专业基础课均由具有博士、硕士学位的讲师以及国内著名高校退休后聘任的教授、副教授主讲。学校聘用了 46 名外籍教师，讲授英、德、日、法、俄、韩等语种的口语课。由于中外教师治学严谨、施教科学、敬业爱生，深受学生的欢迎。学校的教育教学质量年年有所提高，为学生喜闻乐见的教学形式和教学方法也不断涌现。

（五）建立健全学校党组织，明确党组织的作用和职责，发挥党组织的政治核心作用

我们学院在 2001 年成立了党总支，2005 年经申报上级党委批准建立了党委和党的纪律检查委员会。虽然我院党建工作起步较晚，但起点高，规范化建设抓得好，在宣传和执行党的路线方针政策，执行上级党组织的决议，配合学校中心工作和发挥保障作用上做了大量工作。学校党组织相继制定了 8 项党务工作制度和 9 项工作程序，使党的建设和组织工作制度化、规范化，保证了党组织的生机和活力，有效地提高了党组织的战斗力。党委和学校行政管理配合得十分默契。我们学校一直非常重视校风、教风、学风建设，坚持以抓师德建设为突破口，以教风带学风，以学风促校风，营造教书育人、管理育人、服务育人、环境育人的良好教育环境，对此，学校党委发挥政治核心作用，开展党员的教育工作，对全校党员不断进行理想信念、爱国主义、社会主义、集体主义思想的教育，确保党员的崇高思想境界。党委还紧密围绕学校的"三风"（校风、教风、学风）、"三化"（制度化、程序化、规范化）建设，对党员师生进行华桥外院办学理念的教育，要求党员有身份意识，用党章、党纲规范自己的言行，用自己的先进性行为影响和带动周围的群众，为吉林华桥外国语学院的腾飞建功立业。这些年来，数十名党员师生员工被省市有关部门评为先进个人，成为学校的教学名师、教学标兵、先

进工作者、模范学生干部和优秀学生。现在，我校党委规定，每月的第一周周末为党的活动日，用于党员师生献爱心或参加义务劳动、公益活动；每季度召开一次党支部大会和党小组会议，研究本单位党员和入党积极分子的思想与工作情况；每年进行一次党课学习，强化党员意识；每年"七一"前还要对全体党员进行重温入党誓词和"我为党旗添光彩"的主题教育；每年年末开展一次党员评议活动，开展批评与自我批评，肯定成绩，找出不足，明确今后努力方向，并评议出优秀、合格、不合格的党员；学校党委还每年举办一期党校培训班，为要求入党的积极分子进行 8 个学时的培训，进行党的基本知识和发挥个人先锋模范作用的教育。到去年年底，我校共成立了 12 个党支部，全校有党员 166 人，其中大学生党员有 58 人，学生中递交入党申请书的有 3000 多人，占目前在校生人数的 49% 以上，有 150 名学生被列为党的积极分子。

学校党委还积极开展统一战线工作，支持中国民主促进会吉林省委员会在学校发展了 7 名会员。今年 1 月份，在民进吉林省省直工委的领导下，成立了吉林华桥外院的民进支部，学校党委派人参加民进支部的成立，向民进支部表示祝贺，并希望学校的民进支部为贯彻党的统战政策，为学校的繁荣发展做出贡献。

三、贯彻落实文件的今后打算和意见

严格按照两个文件的精神要求我校的工作，我们感到还有很多差距和不足。例如，我们全校师生员工对两个文件的学习和理解还不够深透，我校的内部管理体制还不够健全，学校的教学质量还需要不断提高，党建工作还要不断加强，等等。我们准备在今年 3 月份，结合讨论学校 2007 年工作要点，全面深入学习和领会国务院办公厅的通知和《民办高等学校规范管理若干规定（试行）》，学习中组部和教育部党组《关于加强民办高等学校党的建设工作的若干意见》，逐条进行讨论，并制定贯彻落实方案。2008 年我校要接受教育部本科教学水平评估，所以，我们把今年定为"评估建设关键年"。学校工作总的指导思想是依据学校五年发展规划，以教学管理规范化为主线，

继续深化教育教学改革，以提高教学质量为中心，以本教学水平评估为契机，全员动员、大胆创新、齐心协力、团结拼搏、全面建设，加强学校内部的规范管理，使学校健康、有序、和谐发展。

作为一所民办高校的举办者和管理者，我理解和拥护国务院办公厅《关于加强民办高校规范管理，引导民办高等教育健康发展》的通知，希望能依法落实民办高校有关扶持政策，希望教育部和地方政府能切实加强对民办高校规范管理工作的领导，这是民办高校繁荣发展必不可少的外部因素。但对于我们民办高校的具体管理者来讲，保障民办高等教育健康发展，更要关注自身的因素，要苦练内功，强化内涵建设，尽快从机遇型向实力型转变；要搞好学校内部的规范管理，靠规章制度管理学校，努力增强办学综合实力；要坚持端正社会主义办学方向，坚持公益性办学原则，深入研究教育规律，以理性和科学的定位处理好办学层次、规范、质量和效益四者之间的关系；要紧紧围绕市场需求办学，以特色求生存，以质量求发展；要坚持办学以教师为本，教学以学生为本，在坚持德育为先中全面推进素质教育。只有这样，民办高校才能持恒地发展下去，并走向百年的康庄大道。

民办高校的党建工作必须得到加强。必须充分发挥出党组织在学校工作中的政治核心作用，这对于全面贯彻党的教育方针，坚持社会主义办学方向，促进民办高校健康发展；对于加强和改进大学生思想政治教育，不断提高人才培养质量，为全面建设小康社会提供强有力的人才和人力资源保障；对于巩固党的阶级基础，扩大党的群众基础，加强党的执政能力建设和先进性建设，具有重要而深远的意义。所以，我们准备在认真学习和领会中组部、教育部党组《关于加强民办高校党的建设工作的若干意见》后，制定具体的落实措施，在巩固已取得的成绩的基础上，结合吉林华桥外院的特点，使党建工作有新的起色。

如何在民办高校切实发挥党组织的政治核心作用是个需要认真研究和对待的事情。民办高校的兴办和发展，得不到国家的财政拨款，开始时靠举办者的个人投资，后来基本上靠自我积累、银行贷款来滚动发展。所以，学校讲求精细管理，注意经济核算。内部管理本着"精兵简政，注重实效"的原则设置教学和办公机构，学校实行理事会或董事会领导下的校长负责制，从决策层到执行层都实行"一长制"，机构简化，保证政令畅通，高效运行。学校人员全部采用聘用制，能者上、庸者下，一人多专、多能，按劳取酬，最大限度地利用人力资源。因为机构精干，分工明确，民办高校基本上杜绝了各种扯皮现象，工作效率比一般公立高校高得多。这就是民办高校机制好、体制新、决策快、自主性强、效率高的优势，也是它区别于公办高校的重要特点。但是在新的历史条件下，为加强党对民办高校的领导，促进民办高校健康发展，维护民办高校的和谐稳定，中央决定加强民办高校的党建工作。这时候，有人认为，民办高校党组织可有可无，作用不大，而且会增加学校的办学成本，丧失民办高校机制好、体制新的优势，这是一种"缺位"思考，是不符合社会主义办学原则的。还有的人认为，学校党的书记是聘任的，与学校举办者是雇佣关系，举办者可以解雇教职工，也可以解聘党的书记，党组织对此无能为力，这是认识上的"错位"，是违背《中国共产党章程》和有关规定的。也有人认为"党领导一切"，民办高校的党委应该同公办高校党委一样，全盘管理学校的大事，校长是党委领导下的行政负责人，这是思想上的"越位"，不符合民办高等教育自身发展的规律，也不符合《民办教育促进法》及其实施条例的精神。所以，健全组织，理顺关系，明确民办高校党组织的作用和职责，是民办高校党建工作的首要问题。

民办高校的党务干部队伍建设，不能搞形式主义和本本主义，要从具体的民办高校实际出发，逐步建立起一支素质优良、精干高效、懂民办高等教育特点和规律的专兼职结合的党务干部队伍。民办高校举办者应当看到党组织的建设对学校健康发展的重要作用，诚心诚意地支持党建工作和党务工作者的工作。而民办高校的党建工作和党务工作也要认真研究民办高校机制好、体制新、决策快、精兵简政、讲求实效的特点，探索新形势下在民办高校开展党建工作的规律，支持民办高校理事会或董事会的各项决策，支持校长依法行使的各项职权，履行好引导和监督民办高校遵守国家法律法规，督促其依法治教、规范管理的职责。

民办高校和公办高校都是社会主义高教事业的重要组成部分。学生属于国家，教师属于国家，任何人都不可能将其私有。所以，不管是党内还是党外的教育工作者，也不管是学校的举办者还是后来的党务工作者，或者是省级教育主管部门向民办高校委派的督导专员，工作目标都是一致的，都是要贯彻国家的教育方针，促进民办高校健康发展，为社会主义事业培养德智体美劳全面发展的建设者和接班人。所以，工作中要心劲一致，和谐共事，同舟共济。即使在工作中出现误解和矛盾，也要在同一工作目标下拨散迷雾，冰解冻释。我相信，在《民办教育促进法》及其实施条例的指引下，在国务院办公厅《加强民办高校规范管理，引导民办高等教育健康发展的通知》的规范引导下，在中组部和教育部党组关于加强民办高校党的建设工作的若干意见的要求下，中国的民办高等教育一定会前程似锦，为中国特色社会主义教育事业写出辉煌灿烂的篇章！

发挥内涵优势，做创新型高素质的女性领导者①

（2009 年 8 月）

女性正式被吸收接受近现代高等教育始于 1920 年的北京大学招收 3 名女生入学，从而开创了中国高等教育男女同校的先河。随着社会的发展进步，女性不仅接受高等教育越来越多，而且，有许多女性直接创办或参与高等教育的管理工作，其中，也有一些出类拔萃的"精英"成为高等学校的创办者、领导者。女性在大学领导中的独特作用的发挥，使得高等学校的领导工作产生了一些新的"润物细无声"的变化，也引发了高等学校办学理念和发展模式的深层次的变革。基于女大学校长视角，结合创办民办大学、领导大学发展的实际，探讨女大学校长的创新创业，发挥内涵优势，推动学院的改革与发展，这不仅对提高女性大学校长综合素质和治校管理水平有积极意义，而且对促进民办高等教育可持续发展、建设具有中国特色的高等教育强国同样具有重要的意义。

一、改革开放与女性的创新创业

中国的改革开放已经走过波澜壮阔的 30 年，是改变中国、振兴中华的 30 年，也是促进民办高等教育事业大发展的 30 年。

经过 30 年的改革开放，我国社会主义市场经济体制已经初步建立起来，

---

① 发表于《中国女性人才》。

经济社会发展的模式也发生了历史性的变化，生产力得到了空前发展，综合国力迅速提高，人民得到了实实在在的实惠，中国在国际社会中的地位和作用越来越重要。我国的高等教育也发生了巨大而深刻的变化，由高等教育小国转变成高等教育世界大国，2007年在校大学生2700万，居世界第一。高等教育毛入学率达到23%，比原计划目标提前8年进入高等教育大众化阶段。中国高等教育改革催生和发展了民办高等教育，民办高等教育从无到有，从小到大，学生人数不断增加，办学层次不断提高，整体结构不断优化，办学实力不断增强，已成为我国高等教育体系中的重要组成部分。到2007年我国民办普通高校297所，民办的其他高等教育机构906所，还有具有民办性质的独立学院318所。学校总数超过1500所。在校本专科生349.69万人，占普通本专科学生总数的18.3%；其他学生为87.34万人。学生总数437.03万人，占全国高等教育在校生的近17%。到2008年10月民办本科高校发展到44所。民办高等教育的复兴和跨越式发展，得益于中国的改革开放，是中国高等教育改革重大成果和显著标志之一，对中国高等教育由精英教育向大众化教育、由高等教育小国向高等教育大国的转变，不断满足人民群众接受高等教育的热切愿望做出了重大贡献。

改革开放为女性创新创业提供了前所未有的机遇和挑战，也提供了更为宽广的发展空间和平台。作为吉林华桥外国语学院的创始人，我正是在中国改革开放的历史潮流中，抓住了机遇，投身于民办高等教育事业中。在创新中发展，在发展中不断完善自我，充分发挥了我们女性的潜质和领导能力，彰显出独特的创造价值和比较优势，在实现社会价值的同时，实现自我价值，不断开拓进取，勇于拼搏，使我们学校实现了跨越式发展。

学院创办于1995年，已经走过了13年的发展历程。13年来，学校始终坚持先进的办学理念，端庄的办学思想，走出了一条从无到有、从小到大的艰苦创业、快速发展的道路。1995年创业时，校名是吉林省华桥外国语专修学院。当时是租用教室，开展了专科起点的自考非学历教育，学生只有247人；1996年克服了重重困难，四处筹集资金开始建设自己的校园，到1998年在卫星路建成了占地面积4.3万平方米、建筑面积3.8万平方米的校园，学生人数也增加到 1500 人，并开展了学历文凭教育；1999 年通过教育部考核评估，率先成为吉林省独立设置的具有统招资格的民办普通高校，开始了专科教育，校名改为吉林华桥外语职业学院，到 2002 年学生人数增加到 3200 人；同年，我们又开始了第二次创业，在净月大街建成了一所占地面积 70 多万平方米、建筑面积 18 万平方米的新校园。2003 年通过教育部考核评估，升格为民办本科普通高校，开始了本科教育，学校更名为吉林华桥外国语学院；2004 年批准成为第二批次招生的民办高校；2005 年成为具有学士学位授予权的民办高校；2005—2008 年连续 4 年同吉林师范大学联合招收英语专业硕士研究生；2007 年被吉林省政府正式批准为省重点高校之一，成为全国第一所也是目前唯——所省属重点民办高校。可以说，学校一年一个台阶，年年都有新发展，因而多次受到民政部、教育部中央教科所等上级机关的肯定，先后被授予"中国民办高校综合实力二十强""全国民间先进组织""中国十佳诚信民办高校""中国民办高校教育教学质量二十强"等荣誉称号。回顾 13 年的发展历史，学校三次搬迁、三次更名、三次飞跃，是一部艰苦创业的历史，一部稳定快速发展的创新史。

截至 2008 年 9 月，学院有全日制在校本科生 6784 人，研究生 28 人；有教职工 769 人，其中教师 407 人（含外籍教师 49 人），高级职称教师 115 人；设有 16 个学院（系、部）、2 个中心、1 个研究所；共有本科专业 19 个，即英语、德语、法语、日语、西班牙语、俄语、朝鲜语、意大利语、葡萄牙语、对外汉语、电子商务、国际经济与贸易、金融学、工商管理、市场营销、教育学、编辑出版学、汉语言文学、旅游管理。这些专业涵盖了 4 个学科门类，五年制英语专业的英德、英法、英日等双外语专业方向填补了国内空白，法语专业填补了省内空白。专业布局结构合理，符合学校定位。今天的华外，已经成为一所具有一定规模的、在省内外有一定声誉的民办应用型本科外国语学院，成为吉林省培养高级外语外事人才的主要基地之一。

二、发挥女性内涵优势，做创新型高素质的女性领导者

在改革开放时代，女性在创新创业方面的内涵优势得到了充分发挥，自身素质快速提升，参与公共事务的能力和管理地位不断提高，其作用将更加重要。女性参与或领导公共事务特别是教育事业的优势是明显的，并以创新开拓精神和先进的理念，推动着高等教育领导方式的变革。据资料显示，女性领导者在甘于奉献、求真务实、坚韧持久、善于沟通、长于合作、善解人意、勇于创新、吐故纳新、人文和谐、个性魅力等方面具有天生的内涵优势，女性的这些特质更符合现代的人文管理理念。她们中的佼佼者表现出特殊的管理才能，更多体现出民主魅力型领导的特点，更适于做创新型的领导者。美国《商业周刊》公布了哈格里贝咨询公司的一项调查结论：女性更适合做CEO。在CEO必备的52项领导技能中，女性有42项高于男性CEO，其中，女性最突出的6项优势是激励他人、建立沟通、产生高质量工作成果、策略性规划、倾听他人意见、分析问题。高校女性领导者在管理中更充分体现出"以人为本，以学生为本"，注重情感投入和沟通的人性化、精细化的管理方式，努力实现"政通人和"，这是女性领导者自身内涵优势与领导岗位管理属性有机结合的一种最佳状态。精心打造领导集体，充分发挥集体的合力，这既是高校女领导者的最明智的选择，也有利于领导管理工作创新，带有十分明显的"女性风范"的管理风格，它适应了现代大学管理的特征，也符合构建和谐文化、和谐校园、和谐社会的发展趋势。在创办发展学院的过程中，我们遇到了许多困难，经过了艰苦曲折的奋斗历程，但是，凭着女性的爱心、细心、耐心，坚韧不拔的执着追求精神，充分发挥女性的内涵优势，以良好的协调能力和"严、精、细"的管理风格，科学有效地配置教育资源，以完善的人格魅力和高尚的人文追求传承优秀文化，一切为了学生，深怀爱学生之心、恪守为学生之责、善谋为学生发展之策。我们面向市场、大胆创新、突出特色、苦练内功、强化管理、精品办学、打造品牌，不照搬国外大学的经验，不仿照国内公办大学的模式，走具有自己特色的办学之路，不断提高核心竞争力，进而培养出了受到社会欢迎的全面发展的高素质

人才，得到了学生和家长的高度认同，赢得了用人单位对毕业生的广泛好评，毕业生就业率始终排在全省前列，学院的社会声誉越来越高，各新闻主流媒体多次报道我校的发展情况，这给予了我们很大的支持与鼓舞。我们的努力逐渐赢得了上级部门领导和社会的关注和支持，赢得了国内外优秀教师和专家来校任教，从而使学院走上持续快速发展的轨道，闯出了一条民办高校又好又快发展的新路。

深入贯彻落实《教育规划纲要》，加快建设非营利性高水平民办大学①

（2013 年 7 月 10 日）

3 年前，党中央、国务院召开全国教育工作会议，发布《国家中长期教育改革和发展规划纲要（2010—2020 年)》（以下简称《教育规划纲要》），对未来 10 年我国教育改革发展做出了系统部署。《教育规划纲要》对民办教育给予了特别关注，有许多新提法、新举措。例如，关于民办教育"三个重要"（民办教育是教育事业发展的重要增长点，是促进教育改革的重要力量，各级政府要把发展民办教育作为重要工作职责）的表述，又如，提出要"积极探索营利性和非营利性民办学校分类管理""规范民办学校法人登记""办好一批高水平民办学校"，等等。《教育规划纲要》颁布后，教育部采取了一系列支持民办教育发展的举措，如清理针对民办教育歧视政策、部署开展了民办教育综合改革试点、支持民办学校开展专业学位研究生教育、出台吸引民间资金进入民办教育的政策文件等。总体来看，《教育规划纲要》是指导我国民办教育改革发展的纲领性文件，它的颁布实施推动了我国民办教育政策环境的改善。下面，根据会议的要求，我重点汇报两个方面的情况：一是学校贯彻落实《教育规划纲要》的思路和做法；二是促进民办高等教育创新发展的建议。

---

① 在教育部召开的促进民办教育创新发展座谈会上的发言。

一、我校贯彻落实《教育规划纲要》的思路和做法

《教育规划纲要》颁布后3个月，我校即被国家确定为非营利性民办高校办学模式改革试点。以此为契机，这3年我校把贯彻落实《教育规划纲要》与高标准推进试点，与学校的快速健康发展，与加快建设非营利性高水平民办大学有机结合，有力地促进了学校的快速、健康发展。我们主要做了以下工作。

（一）加强理论研究，形成改革共识

通过学习《教育规划纲要》和对非营利性民办高校办学模式的深入研究，我们形成了五个基本共识。

第一个基本共识是：办好非营利性民办大学，首先要界定非营利性的认定标准，明确其法人属性。我们认为，是否把扣除办学成本后净收入分给机构成员，是区分营利性和非营利性的基本标准。捐资办学和出资办学不求回报的，为非营利性；投资办学谋求回报的，为营利性。

第二个基本共识是：办好非营利性民办大学，必须以高水平的内涵建设做支撑，必须在人才培养、科学研究、社会服务、文化传承创新等方面都有所建树，为经济社会发展提供高素质应用型人才和提供高质量的相关服务本身就是办非营利性大学的目的所在。

第三个基本共识是：办好非营利性民办大学，需要国家层面出台一系列配套制度，对营利性民办学校和非营利性民办学校实行分类管理、分类指导，给予不同的政策待遇，主要包括公共财政支持制度、法人财产权制度、财务会计制度、师生权益保障制度、税收优惠制度等。

第四个基本共识是：办好非营利性民办大学，需要完善学校内部治理结构，在学校层面建立健全一系列制度，主要包括理事会或董事会制度、监事会制度、基金会制度、财务管理制度、资产管理制度、人事管理制度和民主管理制度等。这些制度要与国家层面的制度有效衔接，目的是为非营利民办学校设置"防火墙"，确保公益性。

第五个基本共识是：办好高水平非营利性民办大学，离不开政府和社会

各界的支持。办好高水平非营利性大学，需要长期不懈的努力，任何个人都无法担当这一历史重任，需要政府和全社会共同努力。只有这样，才可能形成非营利性民办大学可持续发展的长效机制。

（二）完善法人治理结构，建设现代民办大学制度

我们结合推进国家非营利性民办高校办学模式改革试点，重点加强了内部治理结构建设。一是完善理事会建设，体现广泛性和代表性，切实发挥决策职能；二是成立监事会，加强对学校办学行为的监督；三是加强执行机构建设，特别加强了校务委员会建设；四是加强民主议事、民主监督机构建设；五是进一步加强专业委员会建设；六是发挥党组织的政治核心作用。进一步完善了教职工代表大会、学术委员会、教授委员会、财务委员会、仲裁委员会等议事或决策机构；完善了一系列配套制度，特别健全和强化了财务、资产管理和审计等制度，强化财务信息公开，每年向学校理事会、校务委员会、教职工代表大会报告收支情况，接受校内外审计。最近，我们按照国家教改办的部署，对试点工作进行了阶段性总结。省教改办已推荐我校改革试点为示范项目。我们将以此为契机，把改革试点引向深入，进一步完善改革方案设计，丰富试点内容（如建立基金会），巩固保证公益性的制度屏障，营造良好发展环境，通过深化体制机制改革和创新，形成完善的集体决策、民主管理、依法办学的内部运行机制，进一步完善现代民办大学制度，为办好非营利性高水平民办大学提供有力的制度保障。

（三）加强以质量为核心的内涵建设，进一步提升学校办学水平

一是以经济社会发展需求为导向，优化学科专业结构，加强学科交叉与融合，形成特色鲜明、更为完善的专业格局。同时，生源一志愿比例逐年提升，今后我们将在保持现有二本招生生源质量稳步提升的基础上，尽快实现其中龙头专业的批次提升。二是适应国家对高层次翻译人才的迫切需要，借助吉林省外语类应用型人才培养研究中心（省人文社科重点研究基地），组建东北地区第一个高级翻译学院，着力打造翻译本科和专业学位研究生教育应用型人才培养的特色和优势，努力把翻译专业建成在国内有影响力的品牌

专业。三是围绕人才核心能力，构建"突出行业性和职业性、强化综合专业知识结构、平台加模块"的课程体系。四是强化高层次人才培养平台建设，推进深层次合作教育和实践育人，拓展合作形式，丰富合作内容，特别加大力度建设了国内独一无二的大型综合性语言文化实践教学基地——地球村，联合国教科文组织已决定将为地球村挂牌。五是加强质量监测与评价，构建"管理与监控两条线、校内评价与社会评价结合"的质量保障体系。六是多项重要办学指标实现跃升。如学校新增国家级实验教学示范中心、国家级大学生校外实践基地、国家级专业综合改革试点各1个；新增省级重点学科、省级文科基地及省级人才培养模式创新实验区各2个，省级实验教学示范中心3个，教学团队6个，特色专业8个，精品课程9门。毕业生就业质量不断提升，近两届毕业生平均专业对口率分别达到80%和84%。近3届毕业生进入世界500强及行业100强企业的比例分别达到10%、14%、20%。麦可思公司最新调查显示：与全国非"211"本科院校相比，我校2012届毕业生的就业现状满意度高15个百分点，总体能力满足度高3个百分点；总体知识满足度高2个百分点；毕业生愿意推荐母校的比例高12个百分点。在全国大学生就业形势严峻的情况下，今年我校就业工作再创佳绩。

总之，3年来我校通过贯彻落实《教育规划纲要》和实施改革试点，紧紧围绕"办好高水平非营利性民办高校"这一核心目标，进一步完善治理结构，强化内涵建设，初步理顺了学校与政府、社会的关系，与现阶段我国国情和民办高等教育发展阶段基本适应的非营利性民办高校办学模式初步形成，学校办学特色更加鲜明，为经济社会发展服务的能力进一步增强，办学层次和办学水平明显提升，实现了前所未有的快速健康发展。

二、关于促进民办高等教育创新发展的建议

我国民办高等教育取得的成绩有目共睹，但同时也面临不少深层次的矛盾和问题：一是受高等教育供给能力迅速扩大、人口出生率下降、高中"出国热"等多种因素影响，民办高校普遍面临生源数量减少、质量下降的挑战；二是社会资金进入民办高等教育领域仍存在体制机制障碍，民办高校运

转过度依赖学杂费，稳定充足的经费保障机制尚未形成；三是民办高校大都存在教师法人地位难落实、收入和社保待遇低、发展空间受限等问题，难以吸引优秀人才，教师流失现象十分普遍；四是现代民办大学制度体系需进一步完善。民办高校应当如何登记？民办高校经费收支如何核算？民办高校法人财产权如何真正落实？民办高校校长如何遴选？这些问题都亟待通过制度建设予以解决。

应当说，这些问题是我国民办高等教育改革发展中长期存在的深层次问题。当前之所以愈加凸显，是因为随着高等教育大众化全面实现，高等教育入学机会紧缺的问题基本解决，优质高等教育资源不足成了新的主要问题，民办高等教育改革发展面临的形势发生了深刻变化。过去，民办高等教育发展的主要任务是规模扩张，在争取生源、空间拓展等方面做文章；而今，则需要更加注重内涵发展，在提高质量上狠下功夫。过去，民办高校更多参照市场规律、经济规律办学；而今，则需更多遵循教育自身的规律办学。过去，民办学校往往按管企业的方式管学校；而今，需更加注重科学民主管理。面临新形势、新任务，必须重新审视民办高等教育在我国高等教育未来发展中的地位作用，加大改革创新力度，在新的起点上推进民办教育健康持续发展。

（一）加快推进民办高校分类管理

分类管理是《教育规划纲要》的明确要求，是我国民办高等教育改革发展的重要方向，也是深化民办教育改革中的"突破口"。当前民办教育发展中的许多问题，都需要以分类管理为基础。2010年，国家部署一些省份和高校开展分类管理改革试点。两年多来，在教育部指导下，试点工作有了明显进展。例如，浙江温州出台了专门的文件，全面推进民办学校分类管理。吉林省对我校非营利性改革试点给予了大力支持，去年省政府常务会议决定，对我校改革试点提供财政支持，帮助解决教师队伍建设等方面的突出问题。从目前看，虽然各地方和学校层面的改革试点有了进展，但急需国家层面出台指导意见，否则许多深层次问题难以取得实质性突破，如民办学校的分类标准问题、法人属性问题、教师身份和待遇问题、会计核算问题等。建议国家层面尽快出台关于民办学校分类管理的指导意见，加快分类管理的推进步伐。

（二）尽快启动实施"国家级示范性民办高校奖励支持计划"

民办高等教育发展到今天，已不可避免地出现了分层、分化，今后还可能出现优胜劣汰。从国际比较来看，这是民办高等教育发展到一定阶段必然会出现的现象。对此，一方面，要建立健全民办高校退出机制；另一方面，应采取扶持措施，让一批非营利性民办高校脱颖而出，这样既能扩大优质高等教育资源供给，又能为现行高等教育体制增添活力。建议政府本着"扶强""奖优"的原则，通过竞争性遴选，将办学方向正确、基础条件好、特色鲜明、成效显著、社会声誉好的民办高校作为奖励支持对象，在师资队伍建设、学科专业建设等方面予以扶持；将不谋求任何合理回报的非营利性民办高校作为奖励支持重点。

（三）推动建立健全民办高校自我发展和自我约束机制

国家大力支持民办教育，需要民办高校进一步完善自我发展、自我约束机制。这一机制的形成，需要引导民办学校确立长远发展目标，坚持公益性办学取向，避免追求短期效应。政府要本着简政放权的原则，在加大对民办高校扶持力度的同时，要加强监督，规范管理。尤其应加强对高校的质量评估，定期以适当方式发布民办高校相关信息。要重视综合运行信息公开、年度审计等多种手段，加强对民办学校的监督，引导民办高校建立健全自我发展、自我约束机制，走上健康发展轨道，借此提高社会声誉。

我们很高兴地看到，教育部对民办高等教育越来越重视，今年将召开全国民办教育工作会议，出台支持民办教育发展的意见。希望国家支持民办高校改革发展的力度更大一些、步子迈得更快一些，希望国家各相关部门支持民办高等教育的政策措施更加协调，希望国家对民办高等教育的支持尽快从文件变成实实在在的行动。我坚信，有国家的支持，有健全的制度保障，有举办者的热情和付出，我国民办高等教育一定能健康持续发展。作为"探索非营利性民办大学办学模式"改革试点学校，我们一定立足国情，在学校力所能及的范围内，努力探索更多的经验，为我国民办教育改革发展贡献一份微薄之力。

遵循教育规律，面向市场需求培养应用型高级翻译人才①

（2014 年 1 月 16 日）

一、学校基本情况

华桥外院地处中国东北的吉林省，是省内唯一一所专门外国语大学，是一所伴随中国改革开放春风发展的民办大学。学校创办于 1995 年，至今不到 20 年，已走过一条艰难但卓有成效的办学之路，成为中国民办高等教育改革发展的见证和缩影。关于学校基本情况及特色，我重点介绍以下五个方面。

（一）发展十分迅速

根据中国政策，举办高校须从专科起步。我校创办相对较晚，但仅用 8 年时间就获得举办本科层次教育资格，用 16 年时间获得举办研究生教育资格。目前，中国数百所民办高校中，仅 5 所具有研究生教育资格。2010 年，学校作为首批高校圆满通过教育部组织的质量评估。由于办学成绩显著，学校被国务院确定为国家教育体制改革试点校，被吉林省确定为十大重点建设高校之一。

（二）坚持应用型定位

我们将学校定位为应用型大学，致力于培养具有社会责任感和国际视野，掌握 1~2 门专业，外语听说读写能力强，知识、能力、人格全面发展的

---

① 在日内瓦召开的国际翻译院校联盟 2014 年度论坛上的发言。

应用型、复合型、外向型高级外语外事人才。在人才培养环节，学校始终立足岗位需求，以培养应用型人才为核心目标。

（三）非营利性办学

我校始终坚持公益性办学，所有收入用于学校发展，举办者从未谋求任何经济回报。2006 年，作为学校创办人，我已郑重承诺放弃校产所有权，并进行了财产处置司法公证，以法律形式明确学校所有资产属于社会。2013 年 12 月 12 日，我校发起成立了全国非营利性民办高校联盟，已有 50 多名成员。

（四）从严控制规模

从建校之初，我们就定位于创办一所高水平民办大学。在办学过程中，学校坚持"不求大而全，但求特而精"的精品办学思想，始终把质量摆在首要地位，不盲目举办助学考试和社会培训，严格控制招生规模，高度重视内涵发展。目前，全校在校生严格控制在 8000 人左右，生均办学资源充裕，内涵发展已显成效。

（五）校园文化多元开放

我们认识到，校园文化是大学个性的表征，是办学思想升华，是一种无形但却无处不在的教育力量，对学生产生着深远影响。为此，我校高度重视文化建设，突出"多元"和"开放"，积极发展留学生教育，着力打造"会通中外"的桥梁精神。目前，学校已与世界上 20 多个国家和地区的百余所大学和教育机构开展了教师交流、学生交流以及教育教学和科学研究交流。建设了大型实践教学基地——地球村，融汇了 20 多个国家的民族文化。2013 年 10 月，联合国教科文组织将我校"地球村"指定为"世界多元文化教育中心"，已正式挂牌。

（六）毕业生就业情况良好

我校毕业生以实践动手能力强、职业素养高见长，深受用人单位欢迎。近几年，我校毕业生就业率始终保持在 96% 以上，就业质量不断提升，不少学生在塔塔信息技术（中国）有限公司、李尔集团、麦格纳集团等世界 500

强企业就业。

二、翻译硕士人才培养的主要做法

2011 年，中国政府启动实施"服务国家特殊需求人才培养项目"，在全国遴选一批特色鲜明的大学，承担专业硕士培养任务，促进高层次人才培养与产业、行业、企业紧密结合，满足国家有关行业领域对高层次专门人才的需求。经竞争性选拔，我校顺利入选该项目，获得专业硕士培养资格，开启了中国民办高校实施研究生教育的先河。

针对中国高层次职业翻译人才和复合型翻译人才紧缺的现状，以及吉林省经济社会发展和东北亚区域经贸合作对小语种翻译人才的迫切需要，我校专业硕士教育开设了 6 个专业，即英语笔译、英语口译，俄语口译、日语口译、朝鲜语口译和日朝双语口译，涉及 4 个语种。围绕人才培养模式、课程设置和实践教学等方面，我们进行了一系列探索。

（一）构建"外语＋专业方向"和"双外语"翻译硕士人才培养模式

"外语＋专业方向"在强化外语语言运用能力，尤其是口笔译实践和实战能力的基础上，以市场需求和职业需要为导向，强化经贸、商务、旅游等方向，侧重翻译实务。确保学生既精通外语，又通晓一或两个专业方向，成为应用型、复合型口笔译人才。"双外语"主要指日朝双语，设置目的是满足东北亚经济社会发展对日朝两个语言高级翻译人才的需求，培养目标是力求使学生"双语双强"，具有较强中、日、朝互译能力。

（二）实施国际化培养战略

我校的翻译硕士实行中外联合培养的方式，学生在读期间至少要在相应专业语言的国家进行一个学期或一个学年的语言文化实践，重点拓展学生的国际视野，提高跨文化交际能力。"外语＋专业方向"的学生采取"1（强化语言）＋0.5（国外留学）＋0.5（国内实践）"的方式；"双外语"的学生采取"1（强化语言）＋1（国外留学）＋1（国内实践）"的方式。

（三）实现课程设置多元化

在进行必要基础理论讲解和基本技能训练的同时，开设"中国语言文化与翻译""西方文化简史"和"今日东北亚""地方传统展会/特色节日"等课程，对学生进行广泛人文知识教育；开设外经、外贸、旅游、会展、汽车等课程，使学生具有一定专业方向；开设"翻译行业与管理""翻译职业道德"和"国际礼仪与规则"等课程，使学生会管理、通外事，养成良好职业素养。尤其加大交替传译、同声传译、专题口译、商务口译、经贸文体翻译、翻译实务等实践课建设力度，着力提高学生口笔译能力。同时，将人格养成和职业道德教育贯穿人才培养全过程。

（四）实现实践训练系列化

第一学年以校内课堂教学和实训为主；第二学年开展实习、实践，撰写毕业论文。学生在读期间至少有半年到合作单位顶岗实习，必须通过参加翻译项目等形式完成10万字以上笔译实践或通过提供国际会议志愿服务等形式完成400小时以上的口译实践。我校为学生创建了良好的校内外实践和实战环境。校内有同时使用5种语言的同声传译厅和同声传译实验室；同时播放11种语言的校园电视台；有翻译工作室、机辅翻译实验室等先进的翻译教学和实践设施；建设了大型综合性语言文化实践教学平台——地球村，即"世界多元文化教育中心"。依托这个平台，学生可以通过语言感受文化，通过文化熏陶语言，将语言学习与实践训练融入相应国度的文化氛围中。另外，我校与吉林省外事办、贸促会以及国内知名翻译公司建立了合作关系，开辟了校外实践实训基地，为学生营造真实的翻译工作环境，使教学目标与未来岗位需求紧密对接，为成为合格的职业翻译奠定坚实基础。

（五）实现毕业论文实战化

学位论文突出应用性和实践性，选题与行业、企业紧密结合，重点培养和考查学生解决实际翻译问题的能力和水平。主要采取项目研究报告的形式。笔译方向学生在导师指导下选择中外文本进行翻译，字数不少于1万字，并根据译文就翻译问题写出不少于5000字的研究报告；口译方向学生根据口译实践，选择有代表性的案例写出不少于 1 万字的研究报告。

（六）实行"双导师制"

学校为每个学生同时配备校内导师和行业导师。校内导师负责理论课教学和学生的校内翻译实践实训。行业导师是从各个行业聘请的资深翻译，主要为学生开设专业方向系列讲座，并负责校外翻译实践的设计和指导，保证学生理论学习和专业学习相互融合，校内翻译实训和校外翻译实践有机结合。

我校开展翻译硕士研究生教育的时间虽然不长，但由于我们在培养过程中紧密结合区域经济社会发展的需求，注重人才培养的顶层设计和科学规划，积极进行人才培养模式和人才培养方案的改革创新，着力强化学生的职业技能和实训实践，人才培养成效和社会声誉已初步显现。两年来，被我校录取的学生初试分数均高出国家控制线 30 分以上；我校的翻译硕士连续两次在吉林省口译大赛中取得优异成绩；在美国进行语言文化实践的翻译硕士，多次被当地州政府聘请担任重要会议翻译；2012 年，我校的翻译硕士专业被确定为吉林省首批专业学位研究生教育综合改革试点单位。

翻译硕士教育在中国属于新生事物，我校也正处于积极探索和初步实践阶段，需要学习借鉴先进的国际经验。我们愿意与来自五湖四海的同行一起，加强交流合作，不断创新人才培养模式，更多更好地培养经济社会发展和国际交流合作急需的高层次翻译人才，为世界的和谐与进步做出应有的贡献。

加强多元文化教育，培养高素质外语外事人才①

（2014 年 7 月 8 日）

"多元文化"这一概念的提出并得到广泛认可，是顺应全球化趋势的客观需求，同时也是全球化带来的必然结果，更是人类文明进步的重要表征。在世界历史的演进过程中，两种力量一直在激烈碰撞：一种力量主张促进文化交流与理解；另一种力量反对文化的沟通与融合。经过历史的选择与较量，人们越来越认识到，不同地区、不同民族、不同信仰、不同种族、不同社会制度之间的文化沟通，有利于化解仇恨、减少矛盾，有利于资源的共享与互补，最终必将促进相互之间的理解，促进经济社会的发展，也有利于文化的传承，从而带来更多的福祉。可以说，多元文化的并存与交融，是历史的必然选择，是世界的主流，代表了人类社会发展进步的方向。正是基于这一共识，多元文化教育得以可能，成为现代大学实践探索的认识基础。实施"多元文化教育"，就是要通过开展教育活动，加深个体对不同类型文化的理解和认同，并促进各种文化的交流与传承。通过开展多元文化教育，尽最大可能推动实现各种文化间的互相尊重，克服或消除文化傲慢与偏见。

吉林华桥外国语学院是在中国改革开放事业的大潮中兴办和发展起来的民办高校。学校校名中包含"华桥"二字，"华"即"China"，"桥"即"Bridge"，"华桥"二字寓意学校"致力于为年青一代搭建一座跨越不同种族文化而融入世界的桥梁"。从成立伊始，我们便以"加强多元文化教育，

---

① 在"2014 亚欧教育论坛"上的讲话。

促进多元文化理解，培养高素质外语外事人才"为重要使命，不仅向学生传授知识，更引导他们尊重、理解和欣赏不同的文化，成为世界公民。多年来，华桥外院在多元文化教育方面主要有以下做法。

一、校园规划建设体现多元文化

错落有致的教学楼首尾呼应，体现出"桥"的象征。连接教学楼的长廊、中心广场四周的拱桥、廊桥，反映出学校的"桥梁"情结。精致宽敞的红砖楼群依山而立，形成了端庄、典雅的风格，体现了学校"中西合璧"的理念，彰显了外国语学院的"外"字特色。

二、多样化师生构成体现多元文化

中国本身就是一个由多民族构成的国度，各民族间有不同的文化。华桥学院有8000多名来自中国各地的学生，其中绝大多数来自农村或者中等规模城市，还有一部分非汉族学生和来自世界不同国家的留学生。学校近700名教职员工来自中国多个省市和地区，具有不同语言文化和教育背景，其中10%的教师分别来自埃及、法国、德国、意大利、日本、韩国、毛里塔尼亚、葡萄牙、俄罗斯、西班牙和美国等，他们不仅教授自己国家的语言，也将不同的文化带进了校园。

三、专业课程设置体现多元文化

学校开设了英语、法语、德语、意大利语、阿拉伯语、俄语、日语、韩国语等10个外语语种专业，还有中英、中日、中俄、中朝以及日朝双语等5个翻译硕士项目以及五年制英法、英德、英西、英日等双外语专业方向。在课程设置上，学校不仅有中文课和外国历史、文学、艺术课，还有跨文化交际课和世界文化习俗课。在教学过程中，教师不仅教给学生新的词汇和语法，还引导他们深入了解源语国家及其文化，提高学生与源语国家人民的沟通联系能力，使他们变得更加宽容，能够更好地理解自己的母语和文化以及世界其他语言文化。

四、校园生活多姿多彩体现多元文化

学校校园生活中西交融。来自世界许多国家的外籍教师和讲学专家以及留学生构成了一道亮丽的风景线。同时我们还开展了"国际文化艺术节"和"地球村主题日"等多种形式的校园文化活动。国际文化艺术节迄今已举办七届，共计5万余人次参加，是学校规模最大、影响最广的传统文化活动，每次历时近一个月。艺术节期间集中展示世界众多国家的民俗风情和文化，并开展各种形式的专业社团活动，努力营造中西合璧的校园文化氛围，培养学生的国际视野，提高学生的跨文化交际能力及文化修养。地球村主题日是以我校世界多元文化教育中心为依托举行的国际语言文化系列活动，包括茶道、美食节、模拟联合国、世界杯论坛等，使学生通过语言感受文化，通过文化熏陶语言。

五、国际交流合作彰显多元文化

学校高度重视开展形式多样的国际交流与合作，积极为学生走出国门、亲身体验国外文化搭建平台，努力使学生走向世界、融入世界、贡献世界。目前，已与世界上近20个国家和地区的近百所高校和教育机构建立了友好合作关系，实行多种形式的教育文化交流活动，年度出国留学学生已超过当届学生总数的30%。

总之，在华桥外院近20年的发展历程中，多元文化已深深根植于学校的每一片土壤之中，多元文化教育已贯穿于学校教育教学和人才培养的全过程。

在全球化时代，加强多元文化教育，增强相互理解、包容和共享，是大学的使命所在，是我们每一个人的职责所在。2012年，联合国启动了"教育第一全球倡议行动"，在"培养全球公民"中明确指出：教育必须培养人们主动呵护这个世界，呵护生活在这个世界上的所有人。教育也必须能够回答当今世界的重大关切，帮助人们构建更加公平、和谐与包容的社会。2014年，亚欧教育论坛为我们提供了一个良好的探讨多元文化教育、构建多元文化教育平台的机会。我衷心希望全球相关机构和大学能够携手共建多元文化教育网络，开放各自的多元文化教育资源，明确并承担起彼此的责任，以更加包容的态度和务实的行动，强化世界各种语言文化的交融，促进相互理解和相互尊重。我相信，各高校和教育机构的务实合作，一定会有力地促进不同文化和国家间的相互信任与和平相处，使我们的多元文化教育更加卓越，使我们的世界变得更加和谐、美好！

大学校长的职责与女性领导力的培养①

（2014 年 9 月 6 日）

自 2001 年以来，世界女大学校长论坛为我们提供了一个很好的沟通交流平台，我很荣幸地连续参加了多次，并深感受益匪浅。今天，借此机会，我非常愿意与大家分享我们学校的办学实践以及我个人对女性领导的认识与思考，以期得到各位同人的批评指正。

我热爱教育、信仰教育，办教育一直是我的梦想和追求。早在 20 世纪 90 年代，我在国外工作期间，看到中国许多项目官员懂外语不懂专业或懂专业不懂外语，便萌生了创办一所外国语大学的想法，努力为社会培养既精通外语又懂专业的高素质应用型人才。于是，我和我的同事们开始了艰苦卓绝、负重拼搏的办学历程。今天，吉林华桥外国语学院历经三次搬迁，三次更名，三次飞跃，已成为中国东北地区外国语语种最全的本科院校和吉林省培养应用型高级外语外事人才的重要基地，是中国民办高校持续快速发展的见证和缩影，被誉为中国民办高等教育的一面旗帜。

在学校的创建和发展过程中，我们始终坚持公益性办学，始终坚持内涵发展，着力凝练和培育大学精神和华桥文化，积极为区域经济社会发展培养高素质应用型外语外事人才。

---

① 在第六届世界大学女校长论坛上的报告。

一、加强顶层设计，着力凝练办学方向

学校始终立足全国高等教育改革发展和地方经济社会发展的全局，结合自身条件和优势，进行科学顶层设计，明确了办学方向。我们的发展目标是：10年打造在国内具有影响力、特色鲜明的应用型民办外国语大学；30年建设成国内同类高校一流、国际上有一定影响力的非营利性高水平民办外国语大学；经过几代人的努力，最终建成百年名校。我们的定位是应用型大学，致力于培养具有国家意识和国际视野，掌握1~2门专业，外语听说读写能力强，知识、能力、人格全面发展的应用型、复合型、外向型高级外语外事人才。

二、加强体制机制建设，着力建设现代民办大学制度

我们从建校起就启动相关工作，承担国家非营利性民办高校办学模式改革试点后，我们进行了更深入的研究与探索。一是不断完善法人治理结构。坚持理事会领导下的院长负责制，实行理事会决策、院务会执行、监事会监督和党委保障的领导体制。二是不断完善科学、民主管理和集体决策的体制机制。建立了教职工代表大会、学术委员会、教授委员会等20多个议事或决策机构，保证其有效开展工作，真正发挥作用，做到行政和学术相对分离，行政权和学术权相互协调。三是不断完善人事、财务、审计、教务、学生事务、后勤等方面的管理制度，确保学校高效运行。四是加强精细化、标准化和规范化建设，向管理要质量，向管理要品牌，向管理要效益。

三、加强内涵建设，着力培养高素质应用型人才

一是以国家及地方经济社会发展需求为导向，优化学科专业结构，加强学科交叉与融合，形成特色鲜明、较为完善的专业格局；二是进一步强化优势学科专业建设，组建东北地区第一个高级翻译学院，着力打造翻译本科和专业硕士学位研究生应用型人才培养优势，努力将翻译专业建成在国内有影响力的品牌专业；三是围绕人才核心能力，完善突出行业性和职业性，强化

综合专业知识结构、平台加模块的课程体系；四是推进深层次合作教育，强化实践育人；五是加强质量监测与评价，构建"管理与监控两条线、校内评价与社会评价结合"的质量保障体系；六是通过搭建教师专业发展平台，加大力度培养引进学科专业领军人才，提高教师收入和养老保险水平、改善工作条件等实实在在的举措，形成事业留人、待遇留人、文化留人、感情留人、环境留人的良好氛围。

四、加强校园文化建设，着力培育华桥精神

我们兼收并蓄国内外先进教育思想，形成了既符合民办教育发展规律，又具鲜明时代特征、志趣高雅的校园文化和具有学校自身特色的华桥精神，包括"求公致远，追求百年"的公益精神、"会通中外，服务祖国"的桥梁精神、"开拓进取，负重拼搏"的创业精神。

在华桥精神的熏陶和感召下，学生的社会责任感显著增强，回报社会、服务社会的意识明显提升。学生以良好的礼仪、娴熟的外语语言运用能力、较强的国际文化理解力和跨文化交际能力活跃在东北亚贸易投资博览会、欧盟洽谈会和瓦萨国际冰雪节等大型涉外活动中，承担绝大部分的陪同翻译和现场口译。我校的学生志愿者已经成为吉林省对外交流的一张名片。

五、加强国际交流与合作，着力营造国际化环境氛围

一是同世界 19 个国家和地区的近百所高校和教育机构建立了友好关系，开展教师交流、学生交流、教育教学和科学研究。二是常年聘请50 多个外籍教师和 20 余位短期讲学专家，他们不仅承担 10 个语种专业的口语课、文学文化课教学，而且还积极参与指导学生的第二课堂活动和地球村的语言文化实践活动。他们不仅带来了先进的教学理念、经验和方法，也带来了优秀的异国文化。同时，学校还构建了比较完整的外国留学生教育体系，每年接收留学生近 200 名，包括语言学习生、本科学历生和翻译硕士专业学位研究生。三是实施"千人留学计划"，努力通过交换生项目、假期实践项目、双学位项目、本硕连读项目、研究生语言实践项目和国家留学基金委项目，加大派

出学生力度。目前，学生出国留学人数超过当届学生总数的30%，其中韩语系将近80%，意大利语系达到100%。到"十二五"末期，学生出国人数将占到当届学生总数的40%。四是积极主办或承办国际会议和国际文化交流活动，浓郁校园国际化氛围，促进世界多元文化的交流与融合。今年6月，我校成功承办了"2014亚欧教育论坛"。此次论坛由联合国教科文组织协会世界联合会、联合国教科文组织国际教育局、亚太地区联合会、欧洲联合会、中国联合国教科文组织全国委员会、中国联合国教科文组织协会全国联合会、中国民办教育协会等共同主办，吸引了160余位来自全球19个国家的联合国教科文组织协会代表和教育学术界等领域的代表，在总结联合国教科文组织可持续发展教育十年规划所取得成就的基础之上，就进一步深化可持续发展教育，加强教育的国际交流，促进多元文化的相互理解、相互借鉴，推进教育国际化水平的提高进行了充分的研讨和交流。我校教师和学生志愿者为论坛提供了同声传译、交替传译和陪同翻译等服务。

作为新兴民办高校，学校不到20年的发展历程充满了曲折与艰辛，未来也必将面临诸多问题与挑战。作为大学校长，我将时刻牢记自己的使命与责任，带领我的团队执着前行，力争早日将学校建成国内同类高校一流、国际上有一定影响力的非营利性高水平民办外国语大学，进而实现百年私立名校的梦想。

作为一名女大学校长，结合个人经历，我认为女性要想走向成功，成为领导者，必须把握好三个核心要素。首先是坚韧不拔。多数情况下，成功的道路是艰辛的，没有捷径可走。由于生理心理原因，女性似乎比男性脆弱。但作为追求卓越的女性，必须在这方面淡化性别身份意识，勇敢一些，坚韧一些，敢于与男同胞们同台竞技、一搏高低。其次是保持乐观。这一点尤为重要。我们时常发现，许多能力相当的人，有的成才，有的失败。胜利者往往赢在了乐观的心态。成功的女性，普遍乐观豁达，有着对成功的坚定信仰，这是她们之所以成功的重要法宝。最后是发挥优势。女性有先天的劣势，同时也有先天的优势。对个体而言，同样也都有优势和劣势。作为女性，一定要对自我有清醒的认识，不仅认识自我的知识和技能储备情况，认识自己的兴趣爱好，还要认识自己的性格和气质类型，合理确定目标，把自身优势充分发挥出来。如果我们将女大学校长看作成功的女性，那么要想成为一名优秀的女大学校长，还应当有着对教育、对学生的大爱。

　　不管在哪一所大学，校长这一岗位，不会因为性别而有什么变化，但从女性的角度，从现代人的角度，女大学校长必须认识到自己担负的责任，站在促进社会协调发展和可持续发展的高度，引导、影响自己的老师和学生，使女性人力资源的潜力得到充分发挥。我相信，女大学校长在未来女性领导人的发展中必将扮演着不可或缺的角色，而且我们完全有能力扮演好这个角色。

坚持公益性办学　积极探索非营利性
民办高校办学模式①

（2015 年 4 月 9 日）

华桥外院创办于 1995 年，今年正好走完第二个"十年"。目前，学校已成为吉林省重点建设的十所高校之一，是东北地区培养应用型高级外语外事人才的重要基地。回顾学校艰苦卓绝但富有成效的发展历程，有许多经验值得总结，其中最为重要的一条就是坚持非营利性办学，将学校的事业办成全社会共同的事业。2010 年 10 月，学校被国务院确定为国家教育体制改革试点单位，承担"探索非营利性民办高校办学模式改革试点"任务。四年多来，在省委省政府和教育部等有关方面的大力支持下，学校立足校情、省情、国情，大胆探索，取得显著成效，带动办学水平全面提升。学校被教育部评估专家誉为"是一所有境界、有品位、有追求、讲究修养、很阳光、很有定力的民办大学，是全国民办高校的旗帜"。

一、高举公益性旗帜，明确非营利性属性

从创设之初，学校就明确将公益性思想写入学校章程。创办人于 2006 年郑重承诺放弃校产所有权，并进行了财产处置司法公证，以法律形式明确学校所有资产属于社会。这一举动从根本上明晰了学校的公益属性。公益性办学思想已经成为华外的核心精神和核心文化，极大增强了师生员工的主人翁意识和凝聚力。学校改革发展不再受产权归属的束缚，赢得了广阔的发展空

---

① 在非营利性民办高校联盟年会上的发言。

间，为开展改革试点奠定了基础。

二、完善内部治理结构，规范学校运行

一是组建了具有广泛代表性的理事会，成员由举办者、政府部门代表、教职工代表、教育界知名人士、相关行业专家和社会贤达人士等组成。

二是成立了监事会，加强对学校办学行为的监督。

三是加强校务委员会建设，建立起一套行之有效的内部行政运行机制。

四是加强党组织建设，发挥党组织政治核心作用，确保党的教育方针在学校的全面贯彻落实。

五是加强教职工代表大会、学生代表大会等民主议事和监督机构建设，逐步实现民主管理、集体决策、依法办学。

六是加强学术机构建设。组建学术委员会、学位评定委员会等20多个委员会，积极发挥各种学术组织在学科专业设置、学术评价、人才培养和科学研究中的作用。

七是为加强财务监管，专门设立了财务委员会，实行财务公开制度，并从建校之初一直坚持向教职工代表大会汇报学校每年所花的每一分钱。通过这些举措，初步形成了符合非营利性民办大学特色的治理结构，不仅降低了改革发展中的潜在风险，还广泛争取了各方面对非营利性民办教育事业的认可和支持。

三、建立健全制度，规范学校管理和运行

学校立足实际，以保障公益性、体现非营利性为导向，完善了学校章程等数十个制度文件。通过全面加强制度建设，即使管理工作逐步实现制度化、程序化、规范化，也初步构建了保障公益性的制度屏障，为学校最终实现民主化、法制化和国际化办学的总体目标奠定了坚实基础。

四、争取省委省政府大力支持，不断改善发展环境

一方面，省委省政府在财政投入上大力支持。例如，从2011年起，将华桥外院纳入省重点高校建设项目，每年安排500万元。从2012年起，每年拨

款 3000 万元，支持学校进行非营利性民办高校办学模式改革试点；另一方面，给予公办高校同等政策待遇。例如，在省重点学科、特色专业、实验教学示范中心等项目遴选中，享受与公办高校和省重点高校的同等待遇。目前，学校有国家级和省级特色专业 8 个，国家级和省级实验教学示范中心 3 个，省重点一级学科 2 个，省级精品课 19 门，省级优秀课 32 门，省级教学团队 10 个。获国家教学成果二等奖 1 项、省级优秀教学成果奖 10 项。又如，从 2007 年起，省里授予学校教师系列高、中级职称独立评审和聘用权。在政府大力支持下，学校办学资源进一步拓展，改革发展动力明显增强。

五、坚持应用型定位，着力提高人才培养质量

学校始终严格控制规模，坚持精品办学。

一是着力优化专业结构。发挥外语优势，不断调整和优化专业结构，形成了适应市场需求、特色鲜明的专业格局。

二是着力加强课程体系建设。自主开发了一系列课程，如同声传译课程、双外语课程、汽车课程、商务英语课程等，形成一批优质课程资源。

三是着力构建实践教学体系。先后建设了地球村、同声传译实验室等实践教学场所。地球村里几乎每一个文化元素都渗透着各语种国家丰富的文化内涵，学生通过语言感受文化，通过文化熏陶语言，将语言学习与训练融入文化氛围中，增强语言运用和跨文化交际能力。

四是着力开展合作教育。包括校企合作、校校合作、校政合作、国际合作等。目前，学校已与世界上 20 个国家和地区的 102 所高等学校建立了友好合作关系，构建了多元化留学项目体系。近年来，全校毕业生中超过 40% 在合作单位直接就业。

五是着力加强教师队伍建设。注重提高教师待遇，从 2011 年起，学校按 10% 的平均幅度连续为老师涨工资。专任教师每人年均收入与地方公办高校水平大致相当。学校还探索建立了教职工"五险一金 + 补充养老保险"缴纳机制，解决教师的后顾之忧，确保教师退休时基本能达到公办学校教师收入水平。实施人才强校工程，加大高层次人才引进力度，并结合外语院校需

求，长期聘请 50 余名外籍教师。通过实行"四个留人"，学校已初步形成了一支中外结合、数量适宜、发展趋势良好的师资队伍。

六是构建内部质量保障体系。成立教学质量评价处，全方位开展教学质量监测和评价。

在非营利性办学的引领下，学校改革发展焕发出蓬勃生机与活力，人才培养质量和办学水平稳步提升。近年来，英语专四通过率始终保持在 80% 以上；俄语专四通过率 100%，并取得全国最高分 184 分，超过全国平均分 43分。学生在各类学科专业竞赛中，获 70 多个奖项，如大学生韩语演讲比赛全国总冠军，全国"意大利语桥"比赛总冠军，"海峡两岸口译大赛"东北赛区我校翻译硕士获得第一名，连续四年获"CCTV 杯"全国英语演讲大赛吉林赛区第一名，全国高校俄语专业大赛总分第二名，全国高校德语辩论赛第三名等。学校每年毕业生近 2000 名，就业率持续保持在 96% 以上，本科生专业对口率 85%，研究生专业对口率达到 94%。进入世界 500 强和国内 100强企业比率达到 25%。在麦可思公布的东北地区非"211"本科院校就业能力排行榜上，我校位列前三。2014 年，我校成功入选"全国毕业生就业 50所典型经验高校"。可以说，学校的办学定位及人才培养模式已经受了劳动力市场检验，多项重要办学指标跃居全国民办高校前列。

目前，学校正积极贯彻落实吉林省委省政府高教强省战略，决心用 10年时间打造国内具有影响力、特色鲜明的应用型民办外国语大学，用 30 年时间建成一所国内一流、国际上有一定影响的非营利性高水平民办外国语大学，最终创建百年私立名校。

在改革试点中，我们对办好中国特色非营利性高水平民办高校有以下几点认识和体会：一是办好非营利性民办大学，要界定非营利性认定标准，明确法人属性；二是办好非营利性民办大学，需要国家层面出台一系列配套制度；三是办好非营利性民办大学，需要完善学校内部治理结构，在学校层面建立健全一系列制度，设置"防火墙"，确保公益性和非营利性；四是办好高水平非营利性民办大学是全社会的事业，离不开政府和社会各界的支持；五是促进民办高校健康发展，实行分类管理、分类指导势在必行。

积极参与和稳步推进国际化，全面提升国际化办学水平①

（2015 年 9 月 20 日）

高等教育国际化有着悠久的历史，并非新近出现的现象。早在 11 世纪后半叶，也就是人类历史上第一所现代意义的大学，即意大利博洛尼亚大学诞生之初，高等教育已具有超越地域、国家和民族的属性，大学教员、学生均已体现出国际化的特征。高等教育之所以先天就具有国际化的特性，从根本上讲，是因为大学是追求真理、创新思想、传承知识的场所，而真理、思想、知识本身具有客观性、普世性，具有超越地域、国家和民族的属性。

当然，在历史发展的长河中，高等教育与特定国家、民族、政治的联系越来越紧密，被赋予越来越丰富的内涵，肩负着越来越多样的使命。相应地，高等教育国际化无论形式还是内涵都在不断发生变化。我们今天正在经历的高等教育国际化，既有与历史一脉相承的一面，同时又具有鲜明的时代特征。近年来，高等教育国际化出现了一些值得关注的趋势和特征，特别是全球化的深入推进和信息技术的飞速发展，为知识、经验、课程的跨国界、跨文化分享提供了越来越便捷的渠道，高等教育国际化从形式到内容都面临深刻的调整。唯有在全球化、信息化的时代大背景下，我们才能准确把握高等教育国际化的内涵，才能充分认识高等教育国际化的重要性、紧迫性，才能准确把握高等教育国际化的历史大势，从而自觉肩负起历史的使命。

---

① 在 2015 年中外大学校长论坛的讲话。

我们认为，国际化是现时代高等教育历史发展的重要趋势，无论发达国家还是发展中国家，无论知名大学还是新兴大学，都无法完全置身国际化之外，都应当积极参与和推动高等教育的国际化进程。一方面，高等教育国际化有利于加强人才、知识和经验的共享，对科学研究具有重大推动作用，是全人类携手解决问题、应对挑战的必然选择。另一方面，高等教育国际化有利于多元化，必将促进国家之间、民族之间、宗教之间相互沟通、相互理解、相互包容，有利于国际社会的和谐共处。对大学校长而言，国际化是不可回避的；参与国际化、提升国际化水平，是大学获得竞争力、提升综合实力的重要途径，是大学校长的职责所在。

华桥外院是伴随中国改革开放的进程成长起来的新兴民办外国语院校。学校创办于1995年，经过20年的不懈努力，已发展成为一所规模适中、结构合理、声誉良好、具有硕士学位授权的应用型高校，是吉林省重点建设的大学。20年来，学校始终坚持公益性、非营利性办学，牢牢把握应用型定位，着力培养高层次复合型外语外事人才。回顾学校20年的发展历程，之所以能在不太长的时间内不断实现飞速发展，与我们坚持开放办学的理念、积极倡导多元文化、坚持不懈推进国际化是密不可分的。

作为外国语院校，华桥外院对国际化高度重视。学校校名本身就具有国际化的寓意。"华"即"China"，"桥"即"Bridge"。"华桥"二字寓意学校"致力于为年青一代搭建一座跨越不同种族文化而融入世界的桥梁"。从建校之初，我们便以"加强多元文化教育，促进多元文化理解，培养高素质外语外事人才"为使命，不仅向学生传授知识，还引导他们尊重、理解、欣赏不同文化，成为世界公民。

在推进国际化方面，我们主要开展了以下几个方面的工作。一是与境外教育机构开展多层次、宽领域、高质量的交流与合作。目前，与美国、俄罗斯、加拿大、法国、德国、意大利、西班牙、葡萄牙、韩国、日本等24个国家和地区的100多所高校或教育机构建立了合作关系，并与美国新泽西城市大学共同举办了金融学专业本科教育项目，联合建设了孔子学院，与韩国世宗财团联合创建了中国东北地区唯一一所独立运营的世宗学堂。二是大力发展"双向留学"。一方面，千方百计为学生出国学习深造创造条件。近三年，每年都派出 500 多名学生出国出境进行交流学习，部分专业学生出国学习比例近 100%；另一方面，广泛接收国际学生。目前，全校已接受国际留学生1000 余人，来自韩国、日本、俄罗斯、白俄罗斯、乌克兰、意大利、喀麦隆和尼日利亚等 10 多个国家。三是提高教师队伍国际化水平。采取多种举措，大力引进外籍教师。学校现有 50 名外籍教师，占全校教师的 13.3%，这一比例在我国高校中处于较高水平。四是积极为教师出国学习访学、参加学术交流活动等创造条件。2010—2014 年，学校累计有 64 名教师到 10 个国家学习交流。五是开设多元化课程。学校开设了英语、法语、德语、意大利语、阿拉伯语、俄语、日语、韩国语等 11 个语言类专业，还有中英、中日、中俄以及日韩双语 4 个翻译硕士项目以及五年制英法、英德、英西、英日等双外语专业方向。不仅开设语言类课程，还开设大量跨文化课程。六是为学生跨文化学习体验创造条件。建成综合性国际语言文化实践教学基地，即地球村，将世界不同国家的文化元素融入其中，学生通过学习语言感受文化，通过文化体验促进语言学习，切实增强语言运用和跨文化交际能力。七是举办或承办"中外大学校长联席会议"、联合国教科文组织"2014 亚欧教育论坛"、中国韩国（朝鲜）语教育研究学会 2015 年度国际学术大会等重要国际会议和论坛，搭建国际交流与经验分享平台。

　　总之，参与高等教育国际化、提升学校国际化办学水平，是华桥外院的重要战略。我们愿意与兄弟院校一起，主动顺应高等教育国际化的大势，遵循高等教育国际化的规律，加强互相学习、互相借鉴，积极稳妥地推进国际化进程，在跨文化人才培养、跨国界教育合作、国际经验借鉴与分享等方面迈出大的步伐，切实肩负起历史的责任。